Inhalt

Vorwort

Umgang mit Textinhalten: Die Inhaltsangabe 1

Analysieren und Interpretieren 13
1 Allgemeines zur Analyse und Interpretation 13
2 Kombination von Analyse und Interpretation 15

Umgang mit lyrischen Texten 23
1 Die Interpretation von Gedichten 23
2 Gedichte als kreative Anregung und Vorlage 33

Menschen beschreiben und charakterisieren 37
1 Bedeutung typologischer Charaktere 38
2 Charakteristik literarischer Figuren 41

Gestaltendes Interpretieren 49
1 Einen Paralleltext gestalten 50
2 Einen Gegen- oder Kontrasttext entwerfen 51
3 Gestaltendes Interpretieren als Rollenspiel 54

Diskutieren und Erörtern 59
1 Information, Fantasie und logisches Denken 60
2 Der Wert einer Stoffsammlung 63
3 Zeitungsartikel als Anregung und Vorlage für Diskussionen 64
4 Freier Diskussions- bzw. Erörterungsaufsatz 70

Fortsetzung nächste Seite

Präsentieren 73
1   Allgemeines zur Präsentation 73
2   Eine Buchvorstellung als Präsentation 75
2.1 Einen Aufhänger oder eine Einleitung finden 76
2.2 Figuren eines Buches vorstellen 77
2.3 Die Figurenkonstellation eines Buches vorstellen 78
2.4 Aufbau und Struktur eines Buches darlegen 78
2.5 Bewertung eines Buches 80

Lösungsvorschläge 83

Autor: Winfried Bös

Vorwort

Liebe Schülerin, lieber Schüler,

dieser Trainingsband bietet in sieben Kapiteln eine kompakte Einführung und Übersicht zu den **wichtigsten Arbeitstechniken**, die ein Absolvent der 10. Klasse im Fach Deutsch beherrschen sollte. Er richtet sich an Schülerinnen und Schüler, die ihre im Verlauf der 10. Klasse erworbenen Schreibfähigkeiten sichern und zum Erfolg führen wollen. In gleicher Weise ist der Band auch für Elft- und Zwölftklässler geeignet, die spezifische Schreibdefizite bei sich feststellen und diese aufarbeiten wollen.

Das Buch enthält neben den **Überblicksdarstellungen** eine große Zahl von **konkreten Aufgabenstellungen**, die Sie **eigenständig** bearbeiten und anhand der sorgfältig erstellten **Lösungsvorschläge** überprüfen können. Sie entscheiden selbst, welche Aufgaben Sie sich vornehmen. Das Buch ist so aufgebaut, dass es nicht in der Reihenfolge der Kapitel durchgearbeitet werden muss, da jedes seinen eigenen Schwerpunkt hat.

Zum **Aufbau:**
- Zu Beginn jedes Kapitels steht eine knappe, präzise **Einleitung**, die Sie über die Bedeutung der jeweiligen Arbeitstechnik und ihrer spezifischen Ausprägung in der Praxis informiert.
- Blau eingerahmt finden Sie wichtige **Informationen** und **methodische Hinweise**, wie Sie am besten vorgehen.
- Die **Aufgaben** führen Sie beispielhaft in die Praxis des Schreibens ein und sind auf andere Kontexte problemlos übertragbar. Sie führen von einfachen Formulierungsübungen zu komplexen Zusammenhängen, wobei die Fragestellungen dann so aufgeteilt und differenziert sind, dass man sie **schrittweise** gut bewältigen kann. Bei schwierigeren Aufgaben sind **Stichwörter** angegeben, die Ihnen das Schreiben erleichtern.
- Die ausführlichen **Lösungsvorschläge** werden zum Großteil durch Stichwörter in der **Marginalspalte** strukturiert, sodass Letztere auch als Orientierungspunkt für die eigene Ausarbeitung dient.

Viel Erfolg!

Winfried Bös

Umgang mit Textinhalten: Die Inhaltsangabe

Der Umgang mit Textinhalten bereitet immer wieder Schwierigkeiten, obwohl er seit der Mittelstufe eingeführt ist und geübt wird. Das Wesentliche eines Textes zu erfassen und darzustellen, ist aber grundlegend für jede weitere Beschäftigung mit einem Text. Wo ein Text detailliert beschreibt, diskutiert oder erzählt, **fasst** die Inhaltsangabe ergebnisorientiert **zusammen**. Die Inhaltsangabe achtet dabei auf **Übersicht**, denn der Leser oder Zuhörer soll sich eine klare und hinreichende Vorstellung von dem Text machen können, ohne ihn zu kennen. Das setzt voraus, dass der Verfasser einer Inhaltsangabe den Text grundlegend verstanden hat und seine Aussagen auch **gedanklich strukturiert** (unter Verwendung spezifischer Adverbien und Konjunktionen: *deswegen, da, weil, infolge, obwohl, so, um zu*). Insofern ist der **Stil** der Inhaltsangabe **nüchtern** und **sachlich**, weil sie nicht der Unterhaltung, sondern der Information dient. Um nicht den (Erzähl- oder Diskussions-)Stil des Autors zu kopieren, ist es wichtig, dass man sich strikt an das **Präsens als Tempus der Inhaltsangabe** hält und alle **Äußerungen und Gedanken einer Person oder Figur in indirekter Rede** wiedergibt.

Inhaltsangabe

- Gut ist, wenn Sie einleitend **das Geschehen oder das Thema** eines Textes **in einem Satz** zusammenstellen. Legen Sie dazu den Text beiseite und formulieren Sie nur aus der Erinnerung.
- Auch wenn ein Text gut gegliedert erscheint, müssen Sie nicht automatisch den Abschnitten und damit der „Chronologie" des Textes folgen. Diese kann eine Hilfe sein, aber Sie können sich **frei im Text bewegen** (also auch von der Mitte oder dem Ende her).
- In die Inhaltsangabe müssen Sie nicht jede Formulierung oder jeden Gedanken des Textes einbringen. Ihre Aufgabe besteht eher darin, den **„roten Faden"** wiederzugeben.

2 Umgang mit Textinhalten: Die Inhaltsangabe

Aufgabe 1
a) Stellen Sie aus dem Vergleich der folgenden zehn Inhaltszusammenfassungen die Aspekte zusammen, die für die Geschichte wichtig sind.
b) Vergleichen Sie die Inhaltszusammenfassungen und überprüfen Sie diese auf ihren Informationsgehalt: Verteilen Sie Minuspunkte, wenn etwas Wichtiges fehlt.

Inhaltszusammenfassungen von Schülern zu der Geschichte „Das Verbrechen auf der Post" von Karel Čapek in einem Satz:

1. In der Geschichte geht es um einen Mordfall, den Wachtmeister Brejcha alleine und professionell löst. *Bewertung:*

2. In der Geschichte „Das Verbrechen auf der Post" von Karel Čapek geht es um einen unnötigen Suizid, in den sich die junge Helene stürzt, und der von Wachtmeister Brejcha ehrgeizig aufgeklärt wird. *Bewertung:*

3. In der Geschichte „Das Verbrechen auf der Post" von Karel Čapek geht es um eine Postangestellte, die sich ertränkt hat, weil sie angeblich 200 Kronen aus der Postkasse gestohlen haben soll, und den Wachtmeister Brejcha, der die Geschichte erzählt und den wahren Täter für den Diebstahl finden und bestrafen will. *Bewertung:*

4. In der Geschichte „Das Verbrechen auf der Post" von Karel Čapek erzählt ein Wachtmeister einem Herrn die Geschichte vom Tod des Postfräuleins Helene. *Bewertung:*

5. In der Geschichte „Das Verbrechen auf der Post" geht es um den Wachtmeister Brejcha, wie er Fälle löst und auf seine eigene Art und Weise Gerechtigkeit an den Schuldigen ausübt. *Bewertung:*

6. Karel Čapek erzählt in „Das Verbrechen auf der Post" die Geschichte des Wachtmeisters Brejcha, der nach dem Tod des jungen Postfräuleins, namens Helene, der Wahrheit auf der Spur ist und nach erfolgreichen Nachforschungen sich die Frage nach einer gerechten Strafe stellen muss, bei der er darauf bedacht ist, dass auch dem Postfräulein nach ihrem unheilvollen Tod noch eine gewisse Gerechtigkeit widerfährt. *Bewertung:*

7. In der Geschichte „Das Verbrechen auf der Post" von Karel Čapek erzählt Wachtmeister Brejcha, wie er den Selbstmord von Helene, die sich wegen eines angeblichen Diebstahls umbrachte, aufklärt und rächt. *Bewertung:*

8. Die Geschichte „Das Verbrechen auf der Post", geschrieben von Karel Čapek, handelt von einer jungen Postangestellten, die sich selbst ertränkt, weil in ihrer Postkasse 200 Kronen fehlen und man sie des Diebstahls bezichtigt, was der Wachtmeister Brejcha allerdings stark bezweifelt, er somit eigene Ermittlungen anstellt und den Schuldigen ausfindig macht, um ihn auf eigene Art zu bestrafen. *Bewertung:*

9. Die Geschichte „Das Verbrechen auf der Post" von Karel Čapek erzählt von einem Wachtmeister, der auf eigene Faust die Unschuld eines Mädchens auf der Post beweist und den Täter bestraft. *Bewertung:*

10. Die Geschichte „Das Verbrechen auf der Post" von Karel Čapek handelt von dem Wachtmeister Brejcha, der sich – aus Glauben an die Unschuld der Postangestellten Helene, die sich wegen falscher Beschuldigungen in einem Teich ertränkt – auf die Suche nach den wahren Schuldigen des Diebstahls begibt und sie ihrer gerechten Strafe unterzieht. *Bewertung:*

Wenn Sie die erste Aufgabe gelöst haben, werden Sie feststellen, dass es gar nicht so einfach ist, alle wichtigen Informationen in einen Satz zu packen. Es ist aber unbedingt empfehlenswert, dies immer wieder zu üben, denn **auch im Alltag** sind wir **auf umfassende und präzise Informationen in beschränkter Zeit angewiesen**. Zeitungen und Zeitschriften tragen dem Rechnung, indem sie einen **Vorspann** (Einleitung, die dem eigentlichen Text vorangeht) oder ein **Abstract** (kurzer Abriss eines Artikels) mitliefern.

Die Ein-Satz-Zusammenfassung

Wenn Ihnen eine „Ein-Satz-Zusammenfassung" schwerfällt, erweitern Sie die enge Beschränkung eines Satzes auf **zwei bis drei Sätze**. Zur Ein-Satz-Zusammenfassung gehört eine **Handlungsskizze mit den wichtigsten Personen; Ort, Zeit und Umstände** der Handlung werden **je nach Bedeutung** berücksichtigt.
Überarbeiten Sie Ihre Ein-Satz-Zusammenfassung am Ende der Beschäftigung mit dem Text. Sie werden Änderungen vornehmen und so Fortschritte machen.

Aufgabe 2 Formulieren Sie zu der folgenden Kurzgeschichte von Thomas Bernhard eine Inhaltsübersicht in einem Satz. Verwenden Sie dabei einen Kausalsatz *(da, weil)* oder Modalsatz *(indem)* und einen Konsekutivsatz *(mit der Folge, dass)*.

Thomas Bernhard, Der Diktator

1 Der Diktator hat sich aus über hundert Bewerbern einen Schuhputzer ausgesucht. Er trägt ihm auf, nichts zu tun als seine Schuhe zu putzen. Das bekommt 5 dem einfachen Manne vom Land, und er nimmt rasch an Gewicht zu und gleicht seinem Vorgesetzten – und nur dem Diktator ist er unterstellt – mit den Jahren um ein Haar. Vielleicht ist das auch 10 zu einem Teil darauf zurückzuführen, daß der Schuhputzer dieselbe Kost ißt wie der Diktator. Er hat bald dieselbe dicke Nase und, nachdem er seine Haare verloren hat, auch denselben Schädel. 15 Ein wulstiger Mund tritt heraus, und wenn er grinst, zeigt er die Zähne. Alle, selbst die Minister und die nächsten Vertrauten des Diktators fürchten sich vor dem Schuhputzer. Am Abend 20 kreuzt er die Stiefel und spielt auf einem Instrument. Er schreibt lange Briefe an seine Familie, die seinen Ruhm im ganzen Land verbreitet: „Wenn man der Schuhputzer des Diktators ist", sagen 25 sie, „ist man dem Diktator am nächsten." Tatsächlich ist der Schuhputzer auch dem Diktator am nächsten; denn er hat immer vor seiner Tür zu sitzen und sogar dort zu schlafen. Auf keinen 30 Fall darf er sich von seinem Platz entfernen. Eines Nachts jedoch, als er sich stark genug fühlt, betritt er unvermittelt das Zimmer, weckt den Diktator und schlägt ihn mit der Faust nieder, so daß 35 er tot liegen bleibt. Rasch entledigt sich der Schuhputzer seiner Kleider, zieht sie dem toten Diktator an und wirft sich selbst in das Gewand des Diktators. Vor dem Spiegel des Diktators stellt er fest, 40 daß er tatsächlich aussieht wie der Diktator. Kurz entschlossen stürzt er vor die Tür und schreit, sein Schuhputzer habe ihn überfallen. Aus Notwehr habe er ihn niedergeschlagen und getötet. 45 Man solle ihn fortschaffen und seine hinterbliebene Familie benachrichtigen.

Bernhard, Thomas: Werke. Hg. v. M. Huber und W. Schmidt-Dengler. Bd. 14: Erzählungen, Kurzprosa. Hg. v. H. Höller, M. Huber und M. Mittermayer. Frankfurt/M. (Suhrkamp) 2003. S. 223.

Mit der **Ein-Satz-Zusammenfassung** gewinnen Sie einen **guten Überblick** über die Handlung, der Ihnen hilft, die Inhaltsangabe zu beginnen bzw. fortzusetzen. Bei der Ausarbeitung der Inhaltsangabe müssen Sie sich aber nicht sklavisch an die vorgegebene Abfolge des Textes halten:

Strukturierung der Inhaltsangabe von einem Orientierungspunkt aus

Es bietet sich an, bei der Inhaltsangabe zu einem Text zunächst einen **Orientierungspunkt** auszumachen, von dem aus man das Geschehen und die Personen einordnen und gruppieren kann. Das kann z. B. der **Höhe- und/oder Wendepunkt** der Geschichte, aber auch ihr **Schluss** sein.

Beachten Sie dabei folgende Regeln:

- Geben Sie nicht abschnitts- oder zeilenweise jeden Handlungsschritt oder die Äußerung einer Person wieder, sondern gehen Sie von einem **Einschnitt**/einer **Zäsur** oder dem **Schluss** aus und fragen dann, wer vor oder nach diesem **Wendepunkt** welche Rolle spielt bzw. wie das Ende der Geschichte entwickelt oder begründet wird.
- Eine gute Inhaltsangabe setzt also auch **Textverstehen** voraus: Gliedern und strukturieren Sie den Text sinnvoll, um den Blick dafür zu schärfen, worauf es ankommt.
- Zur Untermauerung der eigenen Aussagen kann man **zentrale Textstellen zitieren**; bei der **Wiedergabe von wörtlicher Rede** ist auf den **Gebrauch der indirekten Rede** zu achten.

Aufgabe 3 Gestalten Sie die Inhaltsangabe zu „Der Diktator" aus, indem Sie die Geschichte vom Ende her logisch aufrollen und entwickeln.

Aufgabe 4
a) Formulieren Sie zu der folgenden Kurzgeschichte von Gabriele Wohmann zunächst eine Inhaltsübersicht in einem Satz.
b) Schreiben Sie eine Inhaltsangabe zu „Ein netter Kerl", wobei Sie vom Höhe- bzw. Wendepunkt der Geschichte ausgehen und auf die spezifischen Redeanteile und die Gestik der Familienmitglieder achten.
Zur Klarheit und Sicherheit empfiehlt es sich, diese vorab jeweils farbig im Text zu markieren.

Gabriele Wohmann, Ein netter Kerl

1 Ich habe ja so wahnsinnig gelacht, rief Nanni in einer Atempause. Genau wie du ihn beschrieben hast, entsetzlich.
    Furchtbar fett für sein Alter, sagte 5 die Mutter. Er sollte vielleicht Diät essen. Übrigens, Rita, weißt du, ob er ganz gesund ist?
    Rita setzte sich gerade und hielt sich mit den Händen am Sitz fest. Sie sagte: 10 Ach, ich glaub schon, daß er gesund ist. Genau wie du es erzählt hast, weich wie ein Molch, wie Schlamm, rief Nanni. Und auch die Hand, so weich.
    Aber er hat doch dann doch auch 15 wieder was Liebes, sagte Milene, doch, Rita, ich finde, er hat was Liebes, wirklich.
    Na ja, sagte die Mutter, beschämt fing auch sie wieder an zu lachen; recht lieb, 20 aber doch gräßlich komisch. Du hast nicht zu viel versprochen, Rita, wahrhaftig nicht. Jetzt lachte sie laut heraus.

Auch hinten im Nacken hat er schon Wammen, wie ein alter Mann, rief Nan-
25 ni. Er ist ja so fett, so weich, so weich! Sie schnaubte aus der kurzen Nase, ihr kleines Gesicht sah verquollen aus vom Lachen.

Rita hielt sich am Sitz fest. Sie
30 drückte die Fingerkuppen fest ans Holz.

Er hat so was Insichruhendes, sagte Milene. Ich find ihn so ganz nett, Rita, wirklich, komischerweise.

Nanni stieß einen winzigen Schrei
35 aus und warf die Hände auf den Tisch; die Messer und Gabel auf den Tellern klirrten.

Ich auch, wirklich, ich find ihn auch nett, rief sie. Könnt ihn immer ansehen
40 und mich ekeln.

Der Vater kam zurück, schloß die Eßzimmertür, brachte kühle nasse Luft mit herein. Er war ja so ängstlich, daß er seine letzte Bahn noch kriegt, sagte
45 er. So was von ängstlich.

Er lebt mit seiner Mutter zusammen, sagte Rita.

Sie platzten alle heraus, jetzt auch Milene. Das Holz unter Ritas Finger-
50 kuppen wurde klebrig. Sie sagte: Seine Mutter ist nicht ganz gesund, soviel ich weiß.

Das Lachen schwoll an, türmte sich vor ihr auf, wartete und stürzte sich
55 dann herab, es spülte über sie weg und verbarg sie: lang genug für einen kleinen schwachen Frieden. Als erste brachte die Mutter es fertig, sich wieder zu fassen.

60 Nun aber Schluß, sagte sie, ihre Stimme zitterte, sie wischte mit einem Taschentuchklümpchen über die Augen und die Lippen. Wir können ja endlich mal von was anderem reden.

65 Ach, sagte Nanni, sie seufzte und rieb sich den kleinen Bauch, ach ich bin erledigt, du liebe Zeit. Wann kommt die große fette Qualle denn wieder, sag, Rita, wann denn? Sie warteten alle ab.

70 Er kommt von jetzt an oft, sagte Rita. Sie hielt den Kopf aufrecht.

Ich habe mich verlobt mit ihm.

Am Tisch bewegte sich keiner. Rita lachte versuchsweise und dann konnte
75 sie es mit großer Anstrengung lauter als die andern, und sie rief: Stellt euch das doch bloß mal vor: mit ihm verlobt! Ist das nicht zum Lachen!

Sie saßen gesittet und ernst und bewegten vorsichtig Messer und Gabeln.

He, Nanni, bist du mir denn nicht dankbar, mit der Qualle hab ich mich verlobt, stell dir das doch mal vor!

Er ist ja ein netter Kerl, sagte der Vater. Also höflich ist er, das muß man ihm lassen.

Ich könnte mir denken, sagte die Mutter ernst, daß er menschlich angenehm ist, ich meine, als Hausgenosse oder so, als Familienmitglied.

Er hat keinen üblen Eindruck auf mich gemacht, sagte der Vater.

Rita sah sie alle behutsam dasitzen, sie sah gezähmte Lippen. Die roten Flecken in den Gesichtern blieben noch eine Weile. Sie senkten die Köpfe und aßen den Nachtisch.

In: Gabriele Wohmann: Habgier. Erzählungen. Düsseldorf (Eremiten-Presse) 1973.

Sie haben bereits erfahren, dass Zeitungsartikel umfassend und präzise informieren wollen. Entsprechend sind sie wie die meisten Sachtexte klar gliederbar:

Das Drei-Schritt-Modell zur Gliederung von Sachtexten

Die meisten Zeitungsartikel können Sie mit einem Drei-Schritt-Modell übersichtlich gliedern:
1. Welches **Thema** liegt zugrunde?
2. Welche **Gründe** oder **Ursachen** werden angegeben.
3. Welcher **Ausblick** erfolgt oder welche Lösungen werden angeboten?

Sie können dieses Modell erweitern, indem Sie (bei 1) noch die **Brisanz oder Dramatik** des Themas einbeziehen (Journalisten wollen den „Puls der Zeit" spüren und einfangen) und (bei 2 und 3) nach den **beteiligten Personen oder -gruppen** fragen.

Aufgabe 5 Verfassen Sie ein Abstract (einen kurzen Abriss) des folgenden Zeitungsartikels. Beginnen Sie dabei mit einer Ein-Satz-Zusammenfassung, die Sie möglichst allgemein und kurz gestalten. Das Abstract soll sechs Sätze nicht überschreiten. Achten Sie dabei auf den Gebrauch der indirekten Rede.

Black-out im Bett
Wie die aussterbenden Deutschen Lust auf Kinder kriegen können

Von Susanne Gaschke

Ist die Gesellschaft tatsächlich schon „weiter" als die Politik? Manchmal ja – zum Beispiel in Mecklenburg-Vorpommern, einem aussterbenden Bundesland, wo unter der Schirmherrschaft von *Super Illu TV* kürzlich ein bemerkenswertes bevölkerungspolitisches Experiment ablief. Die Veranstaltung hieß „Poppen für Meck-Pomm", das Ziel war die schnelle Steigerung des Babyaufkommens – unter Einsatz von Kerzen, Alkohol und extra angemieteten Hotelzimmern für fortpflanzungswillige Pärchen.

So weit ist die Politik wirklich noch nicht. Aber unsere Nachwuchs-Lage erfordert in der Tat fantasievolle Vorschläge: Die Nettoreproduktionsrate sinkt seit Jahren und ist jetzt bei 1,29 angekommen. 2,1 Kinder pro Elternpaar wären aber nötig, um die Bevölkerungszahl konstant zu halten. In 50 Jahren wird mehr als ein Drittel der deutschen Bevölkerung älter sein als 65 Jahre, während in freier Wildbahn nur noch 15 Prozent Kinder und Jugendliche herumlaufen werden.

Dass Deutschland an einem Fortpflanzungs-Blackout leidet, haben alle Parteien erkannt. Die CSU stellte gerade ein hoch kontroverses Konzept für eine „Kinderrente" vor; sie soll die Altersversorgung von Eltern verbessern und dafür die Kinderlosen mit höheren Beiträgen belasten. [...]

„Deutschland 2010 – Zukunft mit *mehr Kindern*" hieß denn auch der sich harmlos gebende Leitantrag zum SPD-Parteitag vergangene Woche. [...] Die Rezepte für mehr Kinder freilich klingen eigentümlich mechanistisch und ökonomistisch: Vor allem die „Opportunitätskosten", also die Verdienstausfälle der Mütter während der Kindererziehung seien es, die Frauen heute daran hinderten, Kinder zu bekommen. Folglich bekämpft die SPD den neuen Feind mit Plänen für eine umfassende Kinderbetreuung, möglichst von null bis 18 Jahre und rund um die Uhr. Auch die CDU ist für die „Vereinbarkeit von Familie und Beruf", ergänzt um ein „Familiengeld", das es erschwinglich machen soll, daheim zu bleiben.

Nun müsste man schon ein bisschen wahnsinnig sein, um sich gegen Kinderbetreuung und mehr Geld für Familien zu wehren. Und doch bleibt das nagende Gefühl, dass das Leben so nicht funktioniert. Dass sich Paare nicht vor den Taschenrechner setzen, ihr erstes Kind durchrechnen und dann bedauernd sagen: Es geht nicht Schatz, die Opportunitätskosten sind zu hoch. Die gewichtigere Rolle bei der Entscheidung spielen Lebensstil, aktuelle Karrieresituation, Freundeskreis, Vorbild der Eltern und persönliche Definition des Begriffs „Wochenende". Der Hauptgrund für die geplante Kinderlosigkeit ist so groß, dass wir ihn offenbar völlig übersehen: Die gesamte Kinderfrage hängt nach wie vor an den Frauen.

Wieso? Nach 30 Jahren ist der Feminismus in Deutschland, aller Jammerrhetorik der Frauenbeauftragten zum Trotz, äußerst erfolgreich gewesen, was Selbstbestimmung und Chancen der Frauen betrifft. Mehr Mädchen als Jungen legen heute das Abitur ab, und das mit besseren Ergebnissen. Frauen studieren ebenso oft und erfolgreich wie Männer, Promotionen und Habilitationen nehmen zu. [...]

Alles, alles hat sich für die heutige Entscheiderinnen-Generation zwischen 30 und 40 im Vergleich zu deren Müttern geändert: die Spielräume, die Freiheiten, die Anforderungen. Nur die Männer sind gleich geblieben, jedenfalls soweit es um die Pflege des Nachwuchses geht. [...] Kinder sind Frauensache, immer noch. Natürlich gibt es dafür biologische Gründe: Bonding spielt sich nun einmal zwischen Mutter und Kind ab, noch werden die Babys nicht aus Flaschen entkorkt. Offensichtlich ahnen aber gerade die gut ausgebildeten Frauen, dass sie zwischen einem Kind, an dem sie hängen, und einer anspruchsvollen Karriere zerrieben werden – und entscheiden sich immer später und immer seltener für das Kind.

Auf den ersten Blick ist das durchaus rational, denn nach allem, was man beobachten kann, teilen Männer die Verantwortung für Kinder nach wie vor nur sehr begrenzt. Haus- und Familienarbeit leisten sie in einem weit geringeren Umfang als ihre Frauen, auch wenn diese voll berufstätig sind. „Elternzeit" nehmen gerade 2,5 Prozent der Väter. [...]

Denn versagt hat die Frauenbewegung im Bereich der *sexual politics:* Die Beziehung zwischen den Geschlechtern hat sich eben nicht wirklich verändert. Die Männer sind keine neuen, weichen, Teilzeit arbeitenden Väter geworden, nur weil die Frauen Karriere machen wollten. Offenbar ist die Vaterrolle ohne den Starauftritt des Ernährers und Versorgers so wenig attraktiv, dass die Männer im Zweifel lieber dankend verzichten. Und die Frauen? Sie schieben das erste Kind bis ultimo hinaus: Weil es im Prinzip jederzeit geht, ist nie der richtige Zeitpunkt. [...]

Und, machen wir uns nichts vor: Frauen verhalten sich auch widersprüchlich. Sie haben zwar ihr berufliches Biografie-Design optimiert, aber ihr Männerbild folgt dem alten, inkonsequenten Muster: Sicher wäre ein Hausmann schön für die rückwärtige Familienarbeit. Aber für das Paarungsverhalten gilt weiterhin, dass die ehrgeizigen Machos ihre sanfteren, bescheideneren Geschlechtskollegen ausstechen.

Wir stehen also vor der bekannten Situation, dass uns ein reflexhafter Ruf nach „der" Politik nicht weiterhelfen wird. Sie kann Familien allenfalls unterstützen, aber sie setzt sie nicht in die Welt. Der eigentlich politische, der *beziehungspolitische* Konflikt spielt sich im Privaten ab, zwischen Männern und Frauen. Und was erfordert er? Erstens, dass Frauen ihrer atavistischen Programmierung einen Tritt verpassen und sich ihre Partner besser aussuchen. Und zweitens, dass die Männer den Ernst der Lage begreifen. Nachwuchs ist endgültig auch ihre Angelegenheit. Es geht, knallhart, um Rente, Pflege, Wohlstand – Begriffe, die Männer vielleicht leichter verstehen als Liebe.

In: Die Zeit, Nr. 49, 27. November 2003, S. 1 (leicht gekürzt).

Häufig sind Aufgaben zur Textwiedergabe (z. B. „Wie bewertet und beurteilt Susanne Gaschke die Bevölkerungsentwicklung?") gekoppelt mit einer Analyse der Art und Weise, wie der Autor/die Autorin argumentiert. Eine solche Aufgabe zielt also auf **argumentativ-sprachliche Gegebenheiten** ab. Sie sollten daher genau darauf achten, wie der Autor/die Autorin seine/ihre Gedanken entwickelt und was er/sie sprachlich jeweils tut.

Die **Schreib-, Sprech- oder Redehandlungen** eines Autors sind so vielfältig, wie sich Menschen auch in der mündlichen Kommunikation begegnen können. Je präziser Sie sie benennen, umso klarer können Sie den Charakter des Textes bestimmen.

Umgang mit Textinhalten: Die Inhaltsangabe

Schreib-, Sprech- oder Redehandlungen

Mögliche Schreib-, Sprech- und Redehandlungen können Sie sich am besten in Frageform vergegenwärtigen:
- **Stellt** der Autor nur **Thesen auf** oder **belegt** oder **begründet** er auch?
- **Stützt** er sich **auf** eine Statistik oder **vermutet** er nur?
- **Beruft** er sich **auf** eigene oder fremde Erfahrungen, **nennt** er Beispiele und **schlussfolgert** er, **wertet** also **aus**, was er **darlegt**?
- Welche Dinge **hebt** er **hervor** oder **unterstreicht** er, welche **übersieht** oder **verschweigt** er?
- **Entwickelt** der Autor seine **Gedanken nüchtern** und sachlich oder **bewegt** er den Leser **emotional**, indem er **ausruft, Fragen stellt** oder zu etwas **auffordert**?

In der folgenden Aufgabe finden Sie jeweils einen Sachverhalt (Substantive als Stichworte), der mit einer Handlung (in Form eines Verbs in der Grundform) kombiniert ist.

Aufgabe 6 Ergänzen Sie als Übung folgende Wortvorgaben zu Susanne Gaschkes Artikel zu einer vollständigen Aussage. Erweitern Sie jeweils zur Klarstellung die Aussage um mindestens einen Nebensatz. Behandeln Sie die Wortvorgaben einer Zeile als Einheit, indem sie danach immer einen Absatz einfügen. Das Ergebnis sollte ein fortlaufender aufsatzähnlicher Text sein. Setzen Sie dabei Zitate aus dem Text konsequent in Anführungszeichen.
- sich auf eine Prognose/Statistik (Bevölkerungsentwicklung) stützen
- als Blickfang benutzen (vgl. den englischen Begriff)
- Aktion einer Zeitschrift (als „Aufhänger") vorstellen
- Konzepte von Parteien darlegen, infrage stellen
- Konzepte/Rezepte der Parteien kritisieren
- Entscheidungen/Verhalten der Paare dagegenhalten
- These bezüglich der Kinderfrage entwickeln
- Erfolge des Feminismus einräumen
- Freiräume der Frauen den Rollenklischees der Männer gegenüberstellen
- Verhalten der Frauen (Karriere contra Kind) schlussfolgern
- Fazit mit der „Elternzeit" belegen
- Kritik an Vaterrolle bzw. an Frauen bezüglich des Kinderwunsches üben
- widersprüchliches Frauenverhalten eingestehen
- Verantwortung der Politik einschränken, Verantwortung von Frau und Mann unterstreichen
- zur Änderung des Rollenverhaltens auffordern/Frauen und Männer getrennt dazu aufrufen

Mit der genauen **Charakterisierung der Schreibhandlungen** hat man nicht nur den Inhalt des Artikels angemessen skizziert, sondern gleichzeitig **Distanz** zu dem Text gewonnen. Er erscheint nicht als allgemeine Verlautbarung mit unbegrenztem Wahrheitsanspruch, sondern als bewusstes Handeln einer Autorin, die schreibend Sachverhalte darlegt und bewertet. Die **indirekte Rede** unterstreicht dabei unmissverständlich, dass es sich um die Gedanken eines anderen handelt, nicht um die eigenen. Für eine spätere Auseinandersetzung mit dem Text ist dies unverzichtbar, denn nur so kann man klar und kritisch hinterfragen, ob man die entsprechenden Sachverhalte ähnlich oder anders sieht und beurteilt. Je schärfer das Profil der Autorin vor Augen steht, desto zielsicherer kann man sich bei der Texterörterung mit eigenen Bewertungsmaßstäben davon abheben.

Gleichzeitig legt eine solche Inhaltsangabe **die argumentative Struktur** eines Textes offen, die zeigt, wie die einzelnen Elemente des Textes zusammenhängen **(Textkohärenz)** und welcher **Logik** der Text folgt. Entsprechend dem Textaufbau entwickelt die Inhaltsangabe **ein chronologisches und funktionales Raster** und/oder **logische Verknüpfungen**. Raster und Verknüpfungen zwingen zu genauem Lesen, wie was zusammengehört oder wozu etwas geäußert wird.

Bei der **Analyse von Sprache und Stil** eines Artikels ergeben Raster bzw. Verknüpfungen schon Hinweise, ob ein Text versucht, nüchtern und sachlich seine Thesen und Begründungen zu entwickeln, oder ob es eine Kampfschrift (Pamphlet) für oder gegen eine Sache ist. Ein weiteres Indiz für den **Charakter eines Textes** ist, wie mit verschiedenen Personen oder Personengruppen umgegangen wird, die von der Thematik berührt werden. Begegnet man ihnen mit Fairness und Respekt oder erfolgt eine einseitige Parteinahme für eine Gruppe. Der **Stil eines Artikels** ist sprachlich messbar: Sind Ausdrücke und Formulierungen der Sache und den Themen angemessen oder kommen Übertreibungen (z. B. Superlative) und Verzerrungen vor, die nur zu einseitiger Parteinahme überreden wollen statt zu überzeugen?

Analyse der Argumentation

Raster oder Verknüpfungen bilden vor allem Adverbien und Präpositionalausdrücke (Präposition mit Substantiv):

- **chronologisches Raster:** zuerst, nach, später, dabei, am Anfang, im Folgenden, in der Mitte, am Ende
- **funktionales Raster** (wozu etwas formuliert wird): als Überschrift, als Aufhänger, als Fazit, als Zwischenbilanz; als Frage, als Antwort, als Behauptung, als Urteil
- **logische Verknüpfungen:** deswegen, deshalb, so, daraus, dagegen, in Übereinstimmung mit, im Kontrast zu, im Vergleich zu

Aufgabe 7
a) Tragen Sie anhand des Lösungsvorschlags zu Aufgabe 6 zusammen, welche Raster und Verknüpfungen benutzt werden:
- chronologische Raster
- funktionale Raster
- logische Verknüpfungen

b) Überprüfen Sie anhand der Argumentation und des Stils des Artikels von Susanne Gaschke, welche Absichten sie mit ihrem Artikel verfolgt.

Analysieren und Interpretieren

1 Allgemeines zur Analyse und Interpretation

Analyse und Interpretation eines Textes erfordern eine **intensive Auseinandersetzung mit dem Text**. Es handelt sich dabei nicht um eine überflüssige oder gar sinnlose Spielerei, sondern um etwas, was wir privat und beruflich häufig brauchen.
Jeder Text bedarf der Auslegung und somit eines genauen Verständnisses. Deutlich wird das bei Gebrauchstexten wie einer Bauanleitung (im Modellbau) oder einer Gebrauchsanweisung für ein technisches Gerät. Indem Sie diese lesen, werden sich Ihre Finger nicht automatisch bewegen und das Modell in eigener Regie zusammenbauen oder ein Abspielgerät bedienen. Sie werden sich **vergewissern**, d. h., **noch einmal lesen** müssen, um **Missverständnisse** oder **Unklarheiten** auszuschließen. Ihr Erfolg wird zum einen davon abhängen, dass Sie **genau lesen und Begriffe verstehen und zuordnen können**, und zum anderen davon, dass bzw. ob Sie **Erfahrungen im Umgang** mit dem Modellbau oder bestimmten Geräten haben. Wer schon mehrere Flugzeuge oder Schiffe gebaut oder einen Drucker installiert hat, wird sich mit sachdienlichen Hinweisen leichter tun.
Um **Verstehen** und **Verständnis** muss man sich also **aktiv bemühen**. Sicher haben Sie schon einmal einen Brief oder Zeitungsartikel gelesen, der Sie hilflos zurückgelassen hat: Was will der Verfasser oder Autor eigentlich sagen? **Aussagen und Sinn eines Textes** liegen so manchmal im Dunkeln und müssen erst erschlossen werden.
Dabei ist wichtig, dass man **„zwischen den Zeilen" lesen lernen** muss, wenn man mehr von Texten verstehen will. Obwohl viele Texte einen geschlossenen und vollständigen Eindruck vermitteln, spüren wir häufig, dass es **Aussparungen** oder **Lücken** gibt, vielleicht sogar Sprünge und Ungereimtheiten, über die wir uns Gedanken machen können.
Analyse und Interpretation entsprechen mit ihrem **nüchternen** und **sachlichen Stil** der Inhaltsangabe; auch gilt hier das **Präsens als Tempus**. Alle Formulierungen und Gedanken eines vorliegenden Textes, die man wörtlich übernimmt, muss man als **Zitate in Anführungszeichen** setzen.

Analyse und Interpretation

Analyse und **Interpretation** kann man leicht unterscheiden:
- **Analysefragen** beziehen sich auf die Textgestalt (Wortwahl, Satzbau, Motive). Im Text Auffälliges können Sie mit farbigen Markierungen und Unterstreichungen hervorheben.
- **Interpretationsfragen** zielen auf die Auslegung und Deutung des Textbefundes, sodass Sie selbstständig bewerten und sich fragen können, warum und wofür dies so formuliert und gestaltet ist, was Sie im Text (farblich) gekennzeichnet haben.

Aufgabe 8 Zur Analyse:
a) Erarbeiten Sie die syntaktische Struktur (den Satzbau) der Geschichte „Der plötzliche Spaziergang" von Franz Kafka, indem Sie die Nebensätze ersten Grades (von denen u. U. wieder andere abhängen) farblich kennzeichnen.
b) Aus wie vielen Sätzen besteht der Text und welche Nebensätze dominieren?
c) Wodurch wird der Aufbruch der Hauptfigur zunächst behindert?
d) Welche Gründe führen dennoch zum Aufbruch?
e) Was bedeutet der Aufbruch für die Hauptfigur?

Franz Kafka, Der plötzliche Spaziergang

Wenn man sich am Abend endgültig entschlossen zu haben scheint, zu Hause zu bleiben, den Hausrock angezogen hat, nach dem Nachtmahl beim beleuchteten Tische sitzt und jene Arbeit oder jenes Spiel vorgenommen hat, nach dessen Beendigung man gewohnheitsgemäß schlafen geht, wenn draußen ein unfreundliches Wetter ist, welches das Zuhausebleiben selbstverständlich macht, wenn man jetzt auch schon so lange bei Tisch stillgehalten hat, daß das Weggehen allgemeines Erstaunen hervorrufen müßte, wenn nun auch schon das Treppenhaus dunkel und das Haustor gesperrt ist, und wenn man nun trotz alledem in einem plötzlichen Unbehagen aufsteht, den Rock wechselt, sofort straßenmäßig angezogen erscheint, weggehen zu müssen erklärt, es nach kurzem Abschied auch tut, je nach der Schnelligkeit, mit der man die Wohnungstür zuschlägt, mehr oder weniger Ärger zu hinterlassen glaubt, wenn man sich auf der Gasse wiederfindet, mit Gliedern, die diese schon unerwartete Freiheit, die man ihnen verschafft hat, mit besonderer Beweglichkeit beantworten, wenn man durch diesen einen Entschluß alle Entschlußfähigkeit in sich gesammelt fühlt, wenn man mit größerer als der gewöhnlichen Bedeutung erkennt, daß man ja mehr Kraft als Bedürfnis hat, die schnellste Veränderung leicht zu bewirken und zu ertragen, und wenn man so die langen Gassen hinläuft, – dann ist man für diesen Abend gänzlich aus seiner Familie ausgetreten, die ins Wesenlose abschwenkt, während man selbst, ganz fest, schwarz vor Umrissenheit, hinten die Schenkel schlagend, sich zu seiner wahren Gestalt erhebt.

Verstärkt wird alles noch, wenn man zu dieser späten Abendzeit einen Freund aufsucht, um nachzusehen, wie es ihm geht.

In: Franz Kafka: Erzählungen.
Hg. von Max Brod.
Frankfurt/M. (Fischer Tb) 1983, S. 26.

Aufgabe 9   Zur Interpretation:
a) Wie real ist das Geschehen des „Plötzlichen Spaziergangs" einzuschätzen: Bricht der Protagonist (die Hauptfigur) der Geschichte tatsächlich auf? Beachten Sie die Syntax und auch, wer erzählt.
b) Nehmen Sie danach eine Gesamteinschätzung der Geschichte vor, wobei Sie zu klären suchen, was eigentlich Thema der Geschichte ist (wie treffend ist die Überschrift?), und wie dieses entwickelt wird (vgl. dazu die sprachliche Form).

2   Kombination von Analyse und Interpretation

Analyse- und Interpretationsfragen lassen sich auch sinnvoll kombinieren. Die Unterscheidung wird dadurch nicht hinfällig. Ganz im Gegenteil: Wenn Sie alle wichtigen **Textelemente** erarbeiten können, wird Ihre **Bewertung** fundierter sein. Gute Gedanken können Sie noch besser untermauern und wirken lassen, wenn Sie alle Textbelege berücksichtigen und einbeziehen. Folgendes ist hierbei besonders wichtig:

Unterscheidung von Analyse- und Interpretationsfragen

- **Unterscheidung zwischen äußerem und innerem Geschehen**
  Bei vielen Geschichten ist die Unterscheidung zwischen äußerem und innerem Geschehen sehr hilfreich. **Äußeres Geschehen** ist das, was man beobachten und sehen kann oder was eine Figur oder Person tut, **inneres Geschehen** bezeichnet das „Innenleben" einer Figur, also das, was sich an Gedanken und Gefühlen im Innern abspielt.

- **Auktorialer und personaler Erzähler**
  Wenn der Erzähler die Geschichte überblicksartig (sozusagen aus der Vogelperspektive) gestaltet, spricht man von einem **auktorialen** Erzähler. Ein **personaler** Erzähler entwickelt das Geschehen vorwiegend aus dem Blickwinkel einer Figur. Der personale Erzähler kann in der Ich-Form auftreten oder in der 3. Person („er, sie") die Perspektive einer Figur einnehmen.

Aufgabe 10 a) Vergleichen Sie die Erzählperspektive der Geschichte „Der plötzliche Spaziergang" mit der der folgenden „Heimkehr".
b) Welche Schlussfolgerungen kann man aus der unterschiedlichen Erzählweise ziehen?
c) Was ist das Besondere am Auftreten des personalen Erzählers in der folgenden Geschichte? Die Frage zielt in gleicher Weise auf die Besonderheit der Syntax bzw. Satzstruktur, die Sie farblich kenntlich machen können.
d) Beschreiben und interpretieren Sie genau Beginn, Verlauf und Ende bzw. Ergebnis der „Heimkehr". Achten Sie dabei auf den Zusammenhang zwischen äußerem und innerem Geschehen. Binden Sie dabei alle Fragen, die sich der Ich-Erzähler stellt, als Zitate in Ihren Text ein.
e) Vergleichen Sie beide Geschichten, indem Sie Gemeinsamkeiten und/oder Unterschiede zu folgenden Aspekten/Stichwörtern herausstellen: Thema, Bedeutung der Familie, Lese- und Vortragsstil in Verbindung mit der sprachlichen Gestaltung, Realitätsgehalt, Stimmung (Aussicht auf Zukünftiges), Deutungsmöglichkeiten über den familiären Rahmen hinaus.

Franz Kafka, Heimkehr

1 Ich bin zurückgekehrt, ich habe den Flur durchschritten und blicke mich um. Es ist meines Vaters alter Hof. Die Pfütze in der Mitte. Altes unbrauchbares Gerät in einander verfahren verstellt den Weg zur Bodentreppe. Die Katze lauert auf dem Geländer. Ein zerrissenes Tuch einmal im Spiel um eine Stange gewunden hebt sich im Wind. Ich bin angekommen. Wer wird mich empfangen? Wer wartet hinter der Tür der Küche? Rauch kommt aus dem Schornstein, der Kaffee zum Abendessen wird gekocht. Ist dir heimlich, fühlst du dich zu Hause? Ich weiß es nicht, ich bin sehr unsicher. Meines Vaters Haus ist es, aber kalt steht Stück neben Stück als wäre jedes mit seinen eigenen Angelegenheiten beschäftigt, die ich teils vergessen habe, teils niemals kannte. Was kann ich ihnen nützen, was bin ich ihnen und sei ich auch des Vaters, des alten Landwirts Sohn. Und ich wage nicht, an der Küchentür zu klopfen, nur von der Ferne horche ich, nur von der Ferne horche ich stehend, nicht so, daß ich als Horcher überrascht werden könnte. Und weil ich von der Ferne horche, erhorche ich nichts, nur einen leichten Uhrenschlag höre ich oder glaube ihn vielleicht nur zu hören, herüber aus den Kindertagen. Was sonst in der Küche geschieht, ist das Geheimnis der dort Sitzenden, das sie vor mir wahren. Je länger man vor der Tür zögert, desto fremder wird man. Wie wäre es, wenn jetzt jemand die Tür öffnete und mich etwas fragte. Wäre ich dann nicht selbst wie einer, der sein Geheimnis wahren will.

In: Franz Kafka: Beschreibung eines Kampfes. Novellen, Skizzen, Aphorismen aus dem Nachlaß. Hg. von Max Brod. Frankfurt/M. (Fischer Tb) 1983, S. 107..

Bei der folgenden Geschichte wird deutlich, dass der Autor nicht mit der Figur /den Figuren einer Geschichte gleichzusetzen ist. Man muss immer sorgfältig **zwischen Autor, Erzähler und Figuren einer Erzählung oder einer Geschichte unterscheiden**. Natürlich steckt hinter dem Erzähler der Autor, aber der Erzähler in einer Geschichte kann sich ganz anders verhalten (z. B. rücksichtsvoller oder zurückhaltender) als der Autor. Der Erzähler ist also auch (wie die handelnden Personen) eine erfundene oder fiktionale Figur, in die der Autor wie in einem Rollenspiel hineinschlüpft.

Aufgabe 11
a) Bestimmen Sie Zeit und Ort des Geschehens in der folgenden Geschichte.
b) Unterscheiden Sie die Ich-Erzählerin von dem Erzähler: Markieren Sie alle Äußerungen und Formulierungen, die eine Vierzehnjährige so nicht gebraucht hätte (die also eher der Position des Erzählers entsprechen). Begründen Sie anschließend.
c) Kommentieren Sie die Erzählperspektive insgesamt.
d) Entwickeln Sie thesenhaft Aussagen/Absichten der Geschichte, indem Sie von der persönlichen Situation der Ich-Erzählerin ausgehen.

Hans Bender, Forgive me (1953)

1 Herr Studienrat Runge sagte mit einschläfernder Stimme: „forgive me" ist ein starker Ausdruck. Der Engländer gebrauchte ihn eigentlich nur Gott gegen-
5 über, im Gebet, in der höchsten Gefühlsaufwallung. Ihr werdet ihn selten hören, selten gebrauchen. Häufiger kommen vor „excuse me" und „sorry", ja, vor allem „sorry". „Sorry" könnt ihr
10 bei jeder Entschuldigung anwenden. Wenn ihr an jemandem vorbeigehen wollt, wenn ihr jemandem auf den Fuß getreten seid, sagt „sorry" ...
 Ich war vierzehn Jahre alt. Ich saß in
15 der letzten Bank und war nicht besonders aufmerksam. Vor mir, auf der polierten Platte lag ein blaues Oktavheftchen, in das ich die neuen Worte eintragen sollte. Doch ich malte rechts und
20 links von meinem Namen eine Blume. Unter dem Oktavheftchen lag ein Spiegel, in den ich ab und zu sah. Ich sah gerne in den Spiegel, zupfte an meinen Haaren vor der Stirne und schnitt Ge-
25 sichter. Ich wollte nämlich Schauspielerin werden. Auf dem Heimweg überholten mich drei Jungens der Parallelklasse: Walter, Horst und Siegbert. Siegbert sagte: „Da geht die Brigitte
30 Horney!" Die anderen lachten. – Was hatte nur dieser Siegbert gegen mich? Er reizte, neckte, blies die Backen auf, ich aber freute mich, wenn ich ihn sah ...
35 Es war Anfang April. Der Krieg ging dem Ende zu. Von Vater kamen keine Briefe mehr. Mutter saß am Abend ohne Worte an meinem Bett.
 Einige Tage später wurden wir aus
40 der Schule nach Hause geschickt. Um die Mittagszeit surrten amerikanische Tiefflieger über die Dächer. In der Nacht fuhren Lastwagen mit SS-Leuten der Rheinbrücke zu, und die Fenster schüt-
45 terten vom Gedröhn der Front. Dann drängten sich Autos, Pferdewagen und Panzer durch die Straßen, über die Trottoirs. Infanteristen zogen zurück,

in Gruppen, vereinzelt, abgerissen, verwundet.

Die Stadt wurde aufgewühlt von Angst, Unruhe, Ungewißheit und der Erwartung, daß alles zu Ende sei. Beck, ein fanatischer Anhänger Hitlers, bewaffnete Freiwillige und Gezwungene. Er verteilte Gewehre und Panzerfäuste, er ließ Sperren errichten, Gräben ausheben. Vor allem junge Menschen taten mit. Mit gärendem Kopf.

Siegbert lag unter dem Befehl eines ehemaligen Weltkriegsoffiziers auf einem Hügel vor der Stadt. Ich trug Wasser zum Hügel, Kaffee, Kuchen, Zigaretten, und die letzte Tafel Schokolade, die Vater zu Weihnachten geschickt hatte, brachte ich Siegbert. Ich saß im Graben neben ihm. Er sagte: „Du, ich habe mich getäuscht, du bist kein Flittchen – eher ein Junge." Das machte mich stolz. Ich rauchte kurz danach meine erste Zigarette, ohne zu husten. Aber ich war kein Junge! Nein, ich war kein Junge...

An einem frühen Vormittag ging ich wieder zum Hügel. Die Wege und Felder lagen wie ausgestorben, nur die Lerchen stiegen aus den Furchen. Seit diesem Morgen weiß ich, wie schön Gesang der Lerchen ist. Auf dem Hügel wurde ich nicht gerade freundlich empfangen. Einer sagte: „So'n Wahnsinn." Und der Weltkriegsoffizier sagte: „Tolles Mädchen, du kannst nicht mehr zurück."

„Warum?" fragte ich.
„Es geht los", sagte er.
„Was? Was geht los?"

Niemand antwortete. Eine unheimliche Stille. Ich stolperte über den Hügel zu Siegbert. Er riß mich in den Graben, neben sich, preßte meinen Kopf in seine Arme und sagte: „Warum bist du nur gekommen! Warum bist du nur heute gekommen!"

Dann explodierte die Ruhe. Einschläge schüttelten den Hügel. Zornige Granaten durchwühlten die Erde, die wenigen Leben herauszuwerfen, herauszupflügen wie Kartoffeln auf dem Felde. Hatte ich Angst?

Hatte ich keine Angst? Ich weiß es nicht.

Erdfontänen sprangen hoch. Splitter regneten, und der Rauch nahm den

Atem.

Eine Stimme gellte: „Sie sind auf der Straße!"

Dann wurde es ruhig, doch in der Ruhe war ein dunkles Rollen.

Siegbert sagte: „Mal nachsehen." Er richtete sich auf und schaute, den Kopf über dem Grabenrand, zur Straße hinüber. Ich sah zu ihm auf und fragte: „Siehst du etwas? Siehst du ---?" Da schoß das Blut aus seinem Hals, ein roter Strahl, wie aus einer Röhre...

In der Kirche war ein Bild: Das Lamm Gottes über einem Kelch. Blut, ein roter Bogen, wölbte sich aus einer klaffenden Halswunde zum Kelchrand. So war es bei Siegbert. Ich hatte das Bild in der Kirche lange nicht gesehen. Jetzt sah ich es genau. Das Bild war mein einziger Gedanke, ein dummer Gedanke. Lähmend. Ich konnte nicht schreien, nichts tun. Ich sah das Blut seinem Hals entströmen – und dachte an das Bild in der Kirche... Dann brach sein Körper zusammen, nach vorne, zu mir, sackte in die Hocke, wie er vorher saß, die Stirne schlug auf die Knie, und die Hände legten sich, nach unten geöffnet, neben die Füße auf die Erde.

In die Unheimlichkeit meiner Angst fiel ein Schatten. Oben, am Grabenrand, stand ein Soldat, ein fremder Soldat, in fremder Uniform, mit einem fremden Stahlhelm und einer fremden Waffe, die noch nach Siegbert zielte.

Sein Mörder!

Aber der senkte die Waffe, warf sie zur Erde und sagte: „Forgive me." Er beugte sich herab, riß meine Hände an seine Brust und sagte: „Forgive me."

In: Hans Bender: Die Hostie. Vier Stories. Frankfurt/M. (Eremiten-Presse) 1953, S. 31–34.

Unabhängig davon, ob eine Geschichte in der Er- oder Ich-Form erzählt ist, kann der Erzähler überblicksartig ein Geschehen darstellen, aber zugleich auch einen **Einblick in das Innenleben** seiner Figuren geben, indem er das Geschehen aus ihrer Sicht **kommentieren** lässt:

Unterscheidung zwischen Handlung und Kommentaren

Wichtig ist, immer klar zu unterscheiden,
- was in der Handlung des Textes **faktisch geschieht**,
- welche **Gedanken und Gefühle** der beteiligten Personen in die Kommentare einfließen.

Aufgabe 12
a) Kennzeichnen Sie alle Kommentarteile des Ich-Erzählers in der folgenden Geschichte.
b) Stellen Sie dann kurz und übersichtlich die Fakten der Geschichte in einem eigenen Text zusammen, ohne auf die Kommentare zu achten.
c) Stellen Sie aus dem Kommentarteil zusammen, wie der Feuerwehrmann den Selbstmörder beurteilt.

d) Was ist der eigentliche Grund dafür, dass der Feuerwehrmann am Ende versagt und seiner Pflicht nicht gerecht wird?
e) Verfassen Sie eine kurze Anklageschrift gegen den Feuerwehrmann.

Sławomir Mrożek, Routine

1 Ich bin Feuerwehrhauptmann. Zu meinen Pflichten gehört es, Brände zu löschen und Personen zu retten, die Selbstmord begehen möchten.
5 Ihre Zahl nimmt zu. So sieht meine Routine aus:

Wir erhalten die Meldung, daß in der Sowiesostraße Nummer soundsoviel jemand die Absicht hat, aus einem 10 hochgelegenen Stockwerk, meistens sogar vom Dach herunterzuspringen. Wir fahren hin. Keine Mühe, das Haus zu finden, eine beträchtliche Menschenmenge schaut bereits nach oben.
15 Auf dem Gesims steht der Selbstmörder. Wir stellen die Leiter an, ich steige hinauf. Je höher, desto vorsichtiger, um ihn nicht zu erschrecken. Das heißt, damit er nicht springt, bevor wir 20 ihn retten können.

Meiner Meinung nach braucht man das nicht zu befürchten. Er wartet ja gerade auf mich. Er hätte ja sogleich springen können, nicht nur vor unserer 25 Ankunft, sondern sogar bevor sich die Menge versammelte. Er hätte zehn-, zwanzigmal springen können, ehe jemand ihn bemerkte. Aber nein, er wartet auf die Menschenmenge und an-30 schließend auf uns. Erst dann beginnt die Vorstellung.

Ich steige also die Leiter hoch, immer näher zu ihm, und tue so, als wäre mir unerhört viel daran gelegen, daß er 35 einverstanden ist, am Leben zu bleiben. Das erwartet er ja von mir, dafür werde ich bezahlt. Außerdem – wenn ich weniger so täte als ob, wäre das unten versammelte Publikum mit mir weniger 40 zufrieden.

Heute bin ich schlechter Laune, dazu das ekelhafte Wetter, kalt, windig, vor allem hier oben. Hätte ich mir die warme Unterwäsche angezogen, wäre ich 45 vielleicht in besserer Form. Bei schönem Wetter fällt es leichter, den Dummkopf zu spielen. Nicht aber, wenn der Wind dir bis ins Mark dringt. Außerdem werde ich älter, wie oft habe ich schon die-50 se Rolle gespielt!

Ich nähere mich ihm langsam, und er tut wie gewöhnlich, als ob: Noch einen Schritt, und ich springe! Ein Typ ähnlich den früheren, schlampig, ärm-55 lich, mit stumpfem Gesichtsausdruck. Dieses Vergnügen ist die Spezialität der Debilen. Leute, die Grips im Kopf haben, bringen sich ohne solche Zeremonien und wirklich um.

60 Ich weiß, was ich jetzt zu tun habe. Anhalten und zu ihm sprechen, mit möglichst sanfter Stimme. Ihn beruhigen, ihm auseinandersetzen, wie schön das Leben und wie sehr uns allen daran 65 gelegen sei, daß er lebt. Mir persönlich, denen da unten und überhaupt der ganzen Gesellschaft. Ganz besonders liegt uns daran, daß noch ein Trottel in der Welt herumgeistert und die Luft ver-70 pestet!

Und die da unten tun auch so. Sie sind ihrer Wege gegangen, ein Tag wie alle anderen, Langeweile. Und nun erleben sie dieses Schauspiel. Der Selbst-75 mörder auf dem Gesims. Fast springt er schon – Sensation. Natürlich wissen sie, daß die Feuerwehr kommt und die Rettung stattfindet und sonst nichts weiter daraus wird. Aber sie hoffen bis zum 80 Schluß, daß er doch springt. Sie wissen, daß alles ohne Effekt endet wie immer, trotzdem ... Sie denken, vielleicht diesmal ... Vielleicht rutscht er aus oder ... Vielleicht bricht das Gesims ab ... Sie können nur mit einem Zufall rechnen, folglich warten sie darauf. Und ich muß mich bemühen, daß sie nicht enttäuscht sind von der Vorstellung, aber enttäuscht werden in dem, woran ihnen am meisten gelegen ist. Widerwärtig!

Wir tun darum alle so. Der Selbstmörder, als wollte er sich umbringen, obwohl es genau umgekehrt ist. Er möchte ein Held sein, auf sich aufmerksam machen, ein Publikum haben, und man soll über ihn in der Zeitung schreiben. Vor allem möchte er leben, und deshalb tut er so, als wollte er nicht. Die Menge tut so, als fürchtete sie sich vor dem Gräßlichen, das geschehen soll, und rührt sich nicht von der Stelle, um zu sehen, wie es nicht geschieht. Ausgerechnet! Im Grunde wünscht sie nichts so sehr, wie etwas Aufregendes zu sehen. Seit die öffentlichen Hinrichtungen abgeschafft wurden, gibt es für die Menge keine andere Chance. Und ich tue so, als glaubte ich dem Selbstmörder und glaubte denen da unten, und ich muß so handeln, als wüßte ich nicht, um was es ihm und denen in Wirklichkeit geht. Zu ihrem Vergnügen muß ich mich dümmer stellen, als ich bin.

Ich nähere mich ihm auf der Leiter, und kaum bin ich nahe bei ihm, aber noch nicht zu nahe, macht er einen Schritt hin zum Rand, als wollte er springen, ehe ich ihn aufhalten kann. Jetzt muß ich haltmachen und mit meiner Nummer beginnen. Folglich mache ich halt. Unten sind schon die Journalisten eingetroffen und fotografieren uns. Die Fernsehwagen sind da, die Kameras laufen. Die Verkäufer von gebrannten Mandeln sind gleichfalls gekommen und die Händler mit Brötchen. Sie wissen, daß sie ein gutes Geschäft machen werden, denn das Grauen macht dem Publikum Appetit. Ich aber habe heute fast nichts gegessen, denn morgens früh bringe ich nichts herunter, es ist noch recht zeitig, überhaupt fühle ich mich vormittags nicht besonders wohl. Auf den Fotos und im Fernsehen sieht man mich von hinten, ich bin hier nur der Schauspieler Nr. 2, der auf dem Gesims ist die Nr. 1. Im übrigen bin ich in dieser Vorstellung schon so oft aufgetreten, daß sie mir gleichgültig geworden ist und mir überhaupt nichts mehr daran liegt. Außerdem bin ich ein ganz gewöhnlicher Feuerwehrmann, technisches Personal, Bedienung, ich tue nur, was ich zu tun habe. Der wirkliche Star ist der auf dem Gesims, mit dem Gesicht zur Kamera.

Doch was hilft's, man muß anfangen. So fange ich an mit meinem Zureden. Ich wende mich so sanft wie möglich an ihn: „Hallo, Mann! Einen Moment mal, was wollen wir da gerade tun?"

Der da schmollt scheinbar, macht einen Schritt vorwärts, geht nicht zurück, aber auch nicht mehr weiter. Anscheinend hört er nicht auf mich, aber natürlich wartet er doch auf die Fortsetzung. Ich will nicht behaupten, er habe darin Übung, aber jeder von ihnen, auch wenn er's zum ersten Mal macht, benimmt sich wie ein Fachmann. Punkt für Punkt wie nach einer Vorschrift.

„Verstehe, verstehe, selbstverständlich haben wir Gründe. Doch wir wollen lieber gemeinsam überlegen ..."

Was denn nur überlegen, verdammt? Alles ist klar. Aber ich habe eine Anweisung, und die Anweisung sagt: Zeit gewinnen! Alles möglichst hinziehen, angeblich, damit er weich wird und seinen Entschluß aufgibt, in diesem Augenblick, und dann selbst herunterklettert, falls er nicht von bester Qualität ist, oder meine Leute ihn oben schnappen, falls er erstklassige Spitze ist. Darin liegt die Kunst des gesamten Teams: je näher der „letzte Augenblick" kommt, desto schöner wird es, vor allem im Fernsehen. Es gibt großartige Talente, die, wenn wir sie schnappen, beinahe schon fliegen. Doch sie gehören zu den seltenen Ausnahmen wie eben jedes große Talent.

Er hat die Stirn gerunzelt, schmollt und tut so, als hörte er nicht auf mich. Aber natürlich wartet er nur auf meinen nächsten Satz. Ich räuspere mich, weil ich schon seit gestern erkältet bin – und hier, im achtzehnten Stockwerk, zieht es auch noch –, und fahre fort, so vorsichtig, so süß ich nur kann.

„Denk an deine Familie und deine Freunde, und wenn du keine Familie hast, denk..."

Ich denke daran, woran er noch denken soll. Gewöhnlich überlege ich mir das nicht, ich kann es ja auswendig, heute aber ist es mir entfallen. Eigentlich nicht entfallen, es sitzt mir irgendwo im Kopf, hat aber selbst verstanden, wie dumm es ist, und schämt sich herauszukommen. Das mit der Familie und den Freunden ist schon dumm genug. Was denn, wenn er gerade um derentwillen diese ganze Geschichte aufführt? Aber sagen muß man es. Folglich sage ich es, um Zeit zu gewinnen.

„Es weht heute mächtig, wie?"

Zum ersten Mal hat er mich etwas bewußter angeblickt. Offensichtlich hat er das nicht erwartet, ich bin aus der Rolle gefallen. Ein Fehler. Um mich zur Ordnung zu rufen, macht er noch einen halben Schritt vor zum Rand. Sein Fuß hängt über dem Abgrund. Doch ich hatte plötzlich keine Lust mehr.

„Dann spring doch, du Sturkopf", sagte ich und begann die Leiter herunterzuklettern.

Meint ihr, er sei gesprungen? Ja, er ist gesprungen.

Jetzt warte ich auf die Verhandlung und das Urteil. Die Arbeit bei der Feuerwehr habe ich natürlich verloren, da gibt es keinen Zweifel. Und mit Recht, weil ich meinen beruflichen Pflichten nicht genügt habe. Ich bin angeklagt wegen... Aber das ist unwichtig. Der Anklage stimme ich auch zu. Nur einem stimme ich nicht zu, stimme ich absolut nicht zu. Die Schlagzeilen lauteten ‚Selbstmord', aber meiner Ansicht nach war das ein Unfall. Auch im Selbstmörderberuf ereignen sich tödliche Unfälle.

Aus: Sławomir Mrożek: Mein unbekannter Freund und andere Geschichten. Aus dem Polnischen von Klaus Staemmler. Zürich (Diogenes) 1999, S. 165–170.

Umgang mit lyrischen Texten

Lyrische Texte repräsentieren einen kulturellen Bereich, den wir im Alltag nicht missen möchten. Wir alle hören gern Musik verschiedenster Richtungen und haben auch Spaß an den Texten, die damit transportiert werden. **Lyrik** heißt nämlich nichts anderes als **„zum Spiel der Lyra gehörend"**. Die Lyra ist ein antikes Saiteninstrument. Dazu sprach man nicht wie im Alltag, sondern rhythmisierte die Sprache, dass sie zum Spiel der Lyra passte. Am Anfang stand also die Idee, einmal ganz anders zu sprechen, als wir es gewohnt sind: **die Sprache der Musik anzunähern**, sodass sie einen **Rhythmus** bekam und **singbar** wurde. Viele Liedermacher und Popsänger haben zuerst eine Melodie im Kopf und finden dann den entsprechenden Text dazu. Wir wissen umgekehrt von vielen Volksliedern, die als Gedichte entstanden sind, dann aber vertont wurden. Welchen Weg Liedermacher oder Komponisten auch einschlagen: **Aussagen und Formulierungen verwandeln sich**, wenn wir sie in eine Versform bringen, ihnen einen bestimmten Rhythmus verleihen, ihnen eine „Melodie" einhauchen. **Verse und Reime klingen** ganz anders in unseren Ohren als ein fortlaufender Prosa-Text.

1 Die Interpretation von Gedichten

Gedichte ermöglichen es, **Erfahrungen und Eindrücke** so **zu verdichten**, dass sie eine einmalige Form erhalten. Viele Menschen sind von der Gedichtform begeistert, weil sie sich konzentriert zwingen müssen, wirklich **Wesentliches von Beiläufigem oder Nebensächlichem zu unterscheiden**. Bei Gedichten muss man eben mehr weglassen, als man sagen kann. Und das ist nicht unbedingt ein Fehler.
Entsprechend ergibt sich dann auf der Leser- bzw. Hörerseite die Schwierigkeit, ein solches **auf das Wesentliche konzentriertes Sprachkunstwerk** zu entschlüsseln und seinen Gehalt zu entfalten. Dabei kommt eine Fülle von inhaltlichen und sprachlichen Details in Betracht. Für die Analyse eines Gedichtes ist es somit sinnvoll, mithilfe einer **Reihe von Fragen** an den poetischen Text heranzugehen:

Leitfragen für die Gedichtinterpretation

1. Wie lautet die **Überschrift**? Taucht sie wörtlich im Gedicht wieder auf? Welche Erwartungshaltung erweckt sie? Erfüllt sich diese oder steht die Überschrift eher im Kontrast zum Text?
2. Wovon handelt das Gedicht? Was ist das **Thema**? Lässt es sich zusammenfassen? Kann man Ereignisse/Vorgänge (was passiert?) bzw. Empfindungen/Gedanken/Kommentare/Vorstellungen ausmachen?
3. Lässt sich das Gedicht einer **Gedicht-Art oder -Gattung** zuordnen: **motivisch** als Friedens-, Herbst- oder Liebesgedicht, **gattungsspezifisch** als Lob- und Preisgedicht oder politisches Gedicht?
4. Wie liest sich das Gedicht (die Frage nach dem **Rhythmus**): Ist es leicht eingängig oder gibt es Lesehindernisse (Unterbrechungen, unvollständige Sätze oder komplizierte Aussagen)?
5. Welche Besonderheiten zeigt der **Satzbau** (die Syntax)? Welche Satzarten kommen vor oder überwiegen? Wie lang sind die Sätze (enden sie mit dem Vers oder reichen sie weiter, gar strophenübergreifend)?
6. Gibt es besondere Ausdrücke (**Wortwahl**) oder Formulierungen, die fremd oder ungewöhnlich scheinen?
7. Welche **Kommunikation** gestaltet das Gedicht: Welche Figuren/Personen treten auf oder werden angesprochen?
8. Wie ist das Gedicht aufgebaut (**Aufbau**/Strophik): Wie hängen die einzelnen Aussagen der Verse zusammen? Kann man das Gedicht sinnvoll gliedern?
9. Welche **Aussageabsicht und Wirkung** ist erkennbar? Hierbei müssen Inhalt und Form in Beziehung gesetzt werden.
10. Welche **zusammenfassende Einschätzung und Wertung** ist möglich (Bedeutungshorizont des Gedichts)? Gibt es sinnvolle Assoziationen oder Gedanken, die man verallgemeinern kann?

Die meisten der hier genannten Leitfragen gelten oder passen auch – in modifizierter Weise – für Prosatexte. Die hervorgehobenen Begriffe sollten als Checkliste parat sein. Wichtig ist ferner, dass Sie die spezifischen formalen Gestaltungselemente von Gedichten kennen und benennen können.

Umgang mit lyrischen Texten | 25

Formmerkmale von Gedichten (1. Teil)

- **Vers, Strophe, Refrain, Zeilenstil und Enjambement**
  Die Zeile eines Gedichts nennt man **Vers**. Eine durch Absatz getrennte Einheit von Versen (mindestens zwei) heißt **Strophe**. Wird eine Aussage bis hin zu einer Strophe mehrmals wiederholt, spricht man wie bei Liedern von einem **Refrain**. Endet eine Aussage/ein Satz mit dem Vers (in der Regel mit einem Satzzeichen), spricht man von **Zeilenstil**. Wird die Aussage/der Satz versübergreifend weitergeführt, so ist dies ein **Zeilensprung (Enjambement)**.

- **Parataxe, Hypotaxe, rhetorische Frage**
  Parataxe nennt man die Aneinanderreihung oder Aufzählung/Beiordnung von gleichen Sätzen. **Hypotaxe** bezeichnet die Kombination von Hauptsatz und Nebensatz (Unterordnung/ Satzgefüge). Die **rhetorische Frage** ist eine unechte Frage, also eine Frage, auf die der Schreiber oder Sprecher keine Antwort erwartet.

Aufgabe 13

a) Welche Sätze beherrschen das folgende Gedicht? Markieren Sie die Sätze, die davon abweichen, farbig. Halten Sie das Ergebnis in drei selbst formulierten Aussagen fest.

b) Wie heißt der Refrain?

c) Zeigen Sie, inwiefern man den Refrain als zentrale Aussage des Gedichtes begreifen kann.

d) Inwiefern stützen die kurzen Aussagesätze die zentrale Aussage des Gedichtes?

e) Welche Bereiche des Lebens stellt Erich Kästner in seinem Gedicht besonders heraus?

f) Erarbeiten Sie, was Kästner an und in seiner Zeit kritisch unter die Lupe nimmt. Achten Sie auf besondere/ungewöhnliche Formulierungen: Klären Sie im Einzelfall, wie man sie sinnvoll verstehen kann.

g) Fassen Sie Ihre Ergebnisse kurz zusammen, indem Sie kommentieren, wie Kästner seine Zeit sieht.

Erich Kästner, Die Zeit fährt Auto (1928)

1 Die Städte wachsen. Und die Kurse steigen.
  Wenn jemand Geld hat, hat er auch Kredit.
  Die Konten reden. Die Bilanzen schweigen.
  Die Menschen sperren aus. Die Menschen streiken.
5 Der Globus dreht sich. Und wir drehn uns mit.

Die Zeit fährt Auto. Doch kein Mensch kann lenken.
Das Leben fliegt wie ein Gehöft vorbei.
Minister sprechen oft vom Steuersenken.
Wer weiß, ob sie im Ernst dran denken?
10 Der Globus dreht sich und geht nicht entzwei.

Die Käufer kaufen. Und die Händler werben.
Das Geld kursiert, als sei das seine Pflicht.
Fabriken wachsen. Und Fabriken sterben.
Was gestern war, geht heute schon in Scherben.
15 Der Globus dreht sich. Doch man sieht es nicht.

Erstdruck: Neue Leipziger Zeitung, 6. 3. 1927, Unterhaltungsbeilage.

Formmerkmale von Gedichten (2. Teil)

- **Metrum**
  In Gedichten gilt die Betonung der Alltagssprache: Die **Wortakzente**, die wir bei der üblichen Aussprache setzen, bleiben erhalten.
  Nach der Abfolge bzw. Reihenfolge der Betonungen (es gibt betonte und unbetonte Silben) sprechen wir von **Jambus** (unbetont, betont), von **Trochäus** (betont, unbetont), von einem **Daktylus** (betont, unbetont, unbetont) oder einem **Anapäst** (unbetont, unbetont, betont).

- **Reim**
  Der Reim bezeichnet den **Gleichklang von Wörtern** nach dem letzten betonten Vokal (z. B. „r-ágen, s-ágen, T-ágen, w-ágen" – „h-égen, R-égen, S-égen, w-égen" – „Nót, Tód" – „Mút, Wút") am Ende einer Verszeile.
  Die Reime werden fortlaufend mit Kleinbuchstaben „a, b, c …" bezeichnet, wobei gleiche Reime auch den gleichen Buchstaben erhalten. Reimlose Wörter erhalten ein „x", weil man kaum so viele Reimwörter hat, dass man diesen Buchstaben braucht.

- **Reimformen**
  Wenn der gleiche Reim in zwei Versen aufeinanderfolgt, sprechen wir von einem **Paarreim** (aa, bb, cc). Schließen zwei Reime einen Vers oder mehrere ein, sprechen wir von einem **„umarmenden Reim"** (abba, cddc). Der **Kreuzreim** wechselt die Reimwörter fortlaufend (abab, cdcd). **Schweifreim** heißt eine Reimfolge, wo jeweils der letzte Vers einer Strophe das gleiche Reimwort hat (aab, ccb).
  Die bisher genannten Reimformen sind **Endreime**, weil sie am Ende eines Verses/einer Zeile stehen. **Binnenreim** heißt dagegen die Reimform, bei der sich ein Wort inmitten der Zeile auf das am Ende stehende reimt.
  Allerdings gibt es einen **„unreinen" Reim**, wenn der Gleichklang der Reimwörter nur ähnlich ist (z. B. bei der Kombination von „e"- und „ä"-Vokalen). Dann versieht man den Reimbuchstaben mit einem Hochkomma („Féhler – Täler"; a, a').

- **Kadenz**
  Die Kadenz unterscheidet den Versschluss: Endet ein Vers **betont**, sprechen wir von einer **„männlichen Kadenz"** („klár – wáhr" oder „míld – wíld"), endet er **unbetont**, von einer **„weiblichen Kadenz"** („líndern – míndern" oder „schmíegen – wíegen").

- **Rhythmus**
  Rhythmus bezeichnet den **Vortragsstil**, also die Art und Weise, wie man einen/mehrere Vers(e) oder eine ganze Strophe vortragen kann. Dabei spielt die **Metrik** eine zentrale Rolle, aber auch die **Reime** und der **Satzbau** (Wo gibt es welche Satzzeichen?). Ebenso ist wichtig, wie die Aussagen und Gedanken miteinander verknüpft sind (mehr assoziativ-zufällig oder logisch) und wie sie gemeint sind (z. B. anklagend, gefühlvoll oder provozierend). Je nachdem ergibt sich ein **fließender**, **vorwärtsdrängender** oder eher **verhaltener** oder gar **stockender Rhythmus**.

Ein Tipp zur Metrik: Wenn Sie mit den Betonungen noch Schwierigkeiten haben, gehen Sie immer von zwei- oder mehrsilbigen Wörtern aus. Teilen Sie diese in Silben und erproben Sie durch Übertreibung der wirklichen oder Setzung einer falschen Betonung die Wortakzente. So vergewissern Sie sich, wo die **gebräuchliche und vertraute Betonung eines Wortes** liegt. Die einsilbigen Wörter kann man dann „betonungsmäßig" ergänzen, wenn man den Vers zu einem regelmäßigen Metrum (Jambus, Trochäus, Daktylus oder Anapäst) ergänzt und vervollständigt.

Aufgabe 14
a) Im vorhergehenden Gedicht (vgl. S. 25 f.) liegt als Metrum ein Jambus, im jetzt folgenden ein Trochäus vor. Versehen Sie beide Gedichte mit entsprechenden Betonungszeichen (auf dem Vokal der betonten Silbe), um sich zu vergewissern, wo die Betonungen liegen. Kennzeichnen Sie die Reime jeweils fortlaufend mit Kleinbuchstaben.
b) Vergleichen Sie den Rhythmus von „Die Zeit fährt Auto" mit dem von „Im Auto über Land" und legen Sie kurz dar, wie Sie das Gedicht vortragen würden. Beziehen Sie auch das Anliegen/die Intention beider Gedichte mit ein.
c) Vergleichen Sie das Motiv des Autofahrens in beiden Gedichten und zeigen Sie, welche Gedanken der Autor jeweils damit transportiert bzw. verbindet.

Erich Kästner, Im Auto über Land (1959)

1 An besonders schönen Tagen
  ist der Himmel sozusagen
  wie aus blauem Porzellan.
  Und die Federwolken gleichen
5 weißen, zart getuschten Zeichen,
  wie wir sie auf Schalen sahn.

Alle Welt fühlt sich gehoben,
blinzelt glücklich schräg nach oben
und bewundert die Natur.
10 Vater ruft, direkt verwegen:
„n' Wetter, glatt zum Eierlegen!"
(Na, er renommiert wohl nur.)

Und er steuert ohne Fehler
über Hügel und durch Täler.
15 Tante Paula wird es schlecht.
Doch die übrige Verwandtschaft
blickt begeistert in die Landschaft.
Und der Landschaft ist es recht.
Um den Kopf weht eine Brise
20 von besonnter Luft und Wiese,
dividiert durch viel Benzin.
Onkel Theobald berichtet,
was er alles sieht und sichtet.
Doch man sieht's auch ohne ihn.

25 Den Gesang nach Kräften pflegend
und sich rhythmisch fortbewegend
strömt die Menschheit durchs Revier.
Immer rascher jagt der Wagen.
Und wir hören Vatern sagen:
30 „Dauernd Wald, und nirgends Bier."

Aber schließlich hilft sein Suchen.
Er kriegt Bier. Wir kriegen Kuchen.
Und das Auto ruht sich aus.
Tante schimpft auf die Gehälter.
35 Und allmählich wird es kälter.
Und dann fahren wir nach Haus.

*Erstdruck: Doktor Erich Kästners Lyrische Hausapotheke.
Zürich (Atrium) 1936.*

Umgang mit lyrischen Texten / 29

Moderne Lyrik verzichtet häufig auf regelmäßige Metrik und ein bestimmtes Reimschema. Sie arbeitet vor allem mit **Zeilensprüngen (Enjambements)**, d. h., dass die Aussagen oder Gedanken sehr bewusst oder auch willkürlich am Ende des Verses unterbrochen und erst in der nächsten Zeile fortgesetzt werden.
Zeilensprünge können die **Spannung erhöhen**, indem man zur Vervollständigung der Aussage eben auf eine neue Zeile springen muss, oder sie können auch willkürlich gesetzt sein, indem sie sogar zusammengehörende Wortgruppen, in der Regel Satzglieder, auseinanderreißen.

Aufgabe 15
a) Schreiben Sie das folgende Gedicht in Prosa, also in einem fortlaufenden Text, wobei Sie nur zwischen den beiden Strophen einen Absatz (und damit einen Punkt) machen. Ergänzen Sie für die zweite Strophe die gewohnten Satzzeichen.
b) Schreiben Sie nun den Prosatext so, dass jedes Satzglied, also jede selbstständige Einheit eines Satzes, eine Zeile beansprucht.
c) Vergleichen Sie Prosa- und Satzgliedfassung mit dem Originalgedicht. Beschreiben und skizzieren Sie kurz, wo die Zeilensprünge einen Sinn ergeben (indem ein vollständiges Satzglied zur Spannungssteigerung auf die folgende Zeile verschoben wird) und wo sie willkürlich Satzglieder auseinanderziehen.
d) Werten Sie das Ergebnis aus, indem Sie es im Zusammenhang mit den Aussagen des Gedichtes erklären und deuten. Achten Sie auf die Änderung der Sprechhaltung in der zweiten Strophe.
e) Welche Bedeutung wird der Mobilität in diesem Gedicht beigemessen und welche Problematik ergibt sich daraus?

Volker von Törne, Im Fahrtwind (1980)

1 Vom Fließband rollen
   Die verschwitzten Tage, aus
   Plastiktüten steigt
   Des Feierabends kurzer
5 Atem, erloschen sind
   Die Neonsonnen, leer
   Die Straßen, morgen
   Ist Sonntag und die Leute
   Glauben an ein Leben
10 Nach dem Tod
   Stülp dir den Sturzhelm
   Übern Schädel, zeig
   Der Welt dein Rücklicht

Die Sterne spiegeln sich
15 Auf deinem Rücken im
Schwarzen Lack der Lederjacke
Im Fahrtwind glaubst du
Dass du lebst

In: Volker von Törne: Im Lande Vogelfrei.
Berlin (Wagenbach) 1980, S. 150.

Ähnlich wie bei Prosatexten unterscheidet man auch in der Lyrik den **Autor**, die **Figuren** und den **Leser**. Den Sprecher im Gedicht bezeichnet man nicht als Erzähler, sondern als „**lyrisches Ich**". Es kann sich in der Ich-Form zu Wort melden, aber auch diskret im Hintergrund bleiben. Wichtig ist immer, die so entstandene **Kommunikation in einem Gedicht** klar wahrzunehmen und zu kennzeichnen: Wer spricht zu wem über was oder wen in welcher Weise?

Aufgabe 16 Vergleichen Sie die Position des lyrischen Ichs in den beiden Kästner-Gedichten (vgl. S. 25 f., 27 f.) und bei Törnes „Im Fahrtwind" (S. 29 f.).

Stilfiguren sind besondere sprachliche Ausdrücke oder Formulierungen, die ihren festen Stammplatz in der Alltagssprache haben. Wir benutzen sie häufig – um nicht zu sagen ständig –, ohne jedoch zu reflektieren oder zu wissen, was wir da gebrauchen. Dichter bedienen sich keiner Spezialsprache; sie setzen Stilfiguren nur gehäufter und gezielter ein.

Stilfiguren gehören vor allem in den Zusammenhang der Rhetorik, also der **Redekunst**, etwas wirkungsvoll vorzutragen. Sie dienen dazu, etwas besonders anschaulich, ergreifend oder intensiv darzustellen oder vorzuführen. Deswegen ist es wichtig, nicht nur die **Stilfiguren** zu **benennen**, sondern jeweils zu fragen, **was der Redner oder Dichter mit einem bestimmten Ausdruck bezweckt**. Die Beschäftigung mit der Funktion einer Stilfigur nennt man „funktionale Betrachtungsweise". Sie ist bei der Interpretation von Gedichten und Reden besonders wichtig.

Stilfiguren

- **Anapher:** Gleicher Beginn von Sätzen
  Beispiel: Alles, was …/Alles, was …
- **Antithese:** Gegenüberstellung von Gegensätzen (in Worten, Wortgruppen oder ganzen Sätzen)
  Beispiele: gut – böse; stehen – sitzen; gestern – morgen; Sieger – Verlierer; „Die Konten reden. Die Bilanzen schweigen." (Kästner); Vertrauen ist gut, Kontrolle ist besser (sprichwörtlich)
- **Asyndeton:** Reihung ohne Bindewort
  Beispiele: Glaube, Hoffnung, Liebe – gestern, heute, morgen
- **Chiasmus:** Überkreuzstellung (im Satzbau)
  Beispiel: Was *dieser* heute *baut*,
  reißt jener morgen ein"
- **Hendiadyoin:** Zwei Wörter für einen Begriff
  Beispiele: Leib und Leben, lieb und teuer, Mann und Maus, Saus und Braus, Feuer und Flamme
- **Klimax:** Steigerung
  Beispiele: groß, größer, am größten – Bekanntschaft, Freundschaft, Liebe - möglich, wahrscheinlich, sicher
- **Litotes:** Hervorhebung des Gegenteils durch doppelte Verneinung
  Beispiele: keine kleine Anstrengung (für „große Anstrengung"); es gab keinen, der nicht … (für „jeder")
- **Metapher:** Bildhaftes Sprechen (mit übertragener Bedeutung)
  Beispiele: sich krank/sich tot lachen; im siebenten Himmel sein; Steine aus dem/in den Weg räumen; aus allen Wolken fallen; mit dem Kopf durch die Wand gehen
- **Oxymoron:** Zwei sich widersprechende Ausdrücke in einem Wortlaut
  Beispiele: bittersüß; beredtes Schweigen
- **Parallelismus:** Gleicher Bau von Sätzen
  Beispiele: Heute war seine Chance. Heute war sein Tag.
  Geh sofort in dein Zimmer! Räum sofort dein Zimmer auf!
- **Periphrase:** Umschreibung
  Beispiel: „gepresste Milch" für Käse
- **Personifikation:** Gegenständen oder Vorgängen werden menschliche Eigenschaften zugesprochen
  Beispiel: „Der Saal tanzt."
- **Pleonasmus:** Zusatz zu einer Formulierung, der das entfaltet, was in dem Hauptbegriff schon enthalten ist, also nichts Neues hinzufügt
  Beispiele: bedeutungslose Kleinigkeit, betagter Greis, aktuelle Neuigkeit
- **Polysyndeton:** Reihung mit Bindewort
  Beispiele: ausdauernd und lang; Milde und Güte; Anstrengung und Fleiß
- **Synästhesie:** Aussage oder Vorstellung, die mehr als ein Sinnesorgan anspricht
  Beispiele: „knallrot", „schreiendes Grün", „warme Farben od. Töne"

Aufgabe 17 Interpretieren Sie das Gedicht „Septembermorgen", indem Sie alle behandelten Interpretationshinweise berücksichtigen (Überschrift, Thema, Satzbau, Metrik, Strophik, Reime, Rhythmus in Verbindung mit dem Vortrag, Auftreten des lyrischen Ichs, Ansprache des Lesers, Aussagen/Intention, abschließende Bewertung).

Eduard Mörike, Septembermorgen

1 Im Nebel ruhet noch die Welt,
Noch träumen Wald und Wiesen:
Bald siehst du, wenn der Schleier fällt,
Den blauen Himmel unverstellt,
5 Herbstkräftig die gedämpfte Welt
In warmem Golde fließen.

In: Eduard Mörike: Sämtliche Werke in zwei Bänden. Bd. 1. München (Winkler) 1967, S. 743.

Die **Natur** oder andere beobachtbare Vorgänge stehen in Gedichten häufig als **Symbol** für etwas anderes. **Erfahrungen und Gefühle von Menschen werden in wahrnehmbaren Naturerscheinungen gespiegelt**, um sie zu verdeutlichen oder zu intensivieren.

Aufgabe 18 a) Welche andere und neue Funktion hat der „Nebel" in dem folgenden Gedicht im Vergleich zu „Septembermorgen" von Mörike? Beachten Sie dazu besonders die Überschrift, die Refrainzeilen und die Rolle der Natur.
b) Interpretieren Sie das Gedicht „Im Nebel". Nehmen Sie dabei die Gliederung des Gedichts zu Hilfe.
Beurteilen Sie das Gedicht abschließend, indem Sie seinen Charakter mit einbeziehen.

Hermann Hesse, Im Nebel

1 Seltsam, im Nebel zu wandern!
Einsam ist jeder Busch und Stein,
Kein Baum sieht den andern,
Jeder ist allein.

5 Voll von Freunden war mir die Welt,
Als noch mein Leben licht war;
Nun, da der Nebel fällt,
Ist keiner mehr sichtbar.

Wahrlich, keiner ist weise,
10 Der nicht das Dunkel kennt,
Das unentrinnbar und leise
Von allen ihn trennt.

Seltsam, im Nebel zu wandern!
Leben ist Einsamsein.
15 Kein Mensch kennt den andern,
Jeder ist allein.

In: Hermann Hesse: Gesammelte Werke. Bd. 1. Frankfurt/M. (Suhrkamp) 1970, S. 27.

2 Gedichte als kreative Anregung und Vorlage

Kreatives Arbeiten und Gestalten mit literarischen Texten als Vorlage ist eine spannende Beschäftigung und zugleich auch ein Weg, sie besser zu verstehen. Das **Prinzip** dabei ist das **der Nachahmung**. Auf diese Weise lässt sich etwa ein Paralleltext zu einer Vorlage gestalten. **Paralleltext** heißt, dass Sie die wesentlichen **Bauprinzipien** beibehalten, **Thema** und **Wortmaterial** aber variieren. Dazu müssen Sie sich im Klaren darüber sein, was das Wesentliche eines Textes, seine Struktur ausmacht.

Im Folgenden können Sie **zwei Fassungen eines Gedichts** sehen, ein Original und eine von Schülern erarbeitete Fassung. Es geht nicht darum, welche Fassung „besser" ist. Dem Autor gehört das Original und damit auch die Idee der Form. Er hat in unverwechselbarer Weise seine Gedanken in dieser Form „optimiert". Die Bearbeiter oder Schüler sind Nachahmer, die nicht den Ehrgeiz entwickeln, das Gedicht besser zu machen oder den Autor zu belehren. Es geht um die **Faszination, wie produktiv eine Gedichtform sein kann**, indem sie nämlich dazu anregt, noch andere Varianten zuzulassen.

Aufgabe 19
a) Vergleichen Sie das Original von Tucholsky (Fassung A) mit der von Schülern erarbeiteten Fassung (B). Legen Sie zunächst dar, was gleich geblieben ist, und entwickeln erst dann, was sich verändert hat.
b) Stellen Sie abschließend die Intention beider Gedichte gegenüber.

A) Kurt Tucholsky, Augen in der Großstadt

1 Wenn du zur Arbeit gehst
Am frühen Morgen,
Wenn du am Bahnhof stehst
Mit deinen Sorgen:
5   Da zeigt die Stadt
    Dir asphaltglatt
    Im Menschentrichter
    Millionen Gesichter:

Zwei fremde Augen, ein kurzer Blick,
10 Die Braue, Pupillen, die Lider –
Was war das? vielleicht dein Lebensglück ...
Vorbei, verweht, nie wieder.

Du gehst dein Leben lang
Auf tausend Straßen;
15 Du siehst auf deinem Gang,
Die dich vergaßen.
    Ein Auge winkt,
    Die Seele klingt;
    Du hast's gefunden,
20   Nur für Sekunden ...
Zwei fremde Augen, ein kurzer Blick,
Die Braue, Pupillen, die Lider –
Was war das? kein Mensch dreht die Zeit zurück ...
Vorbei, verweht, nie wieder.

25 Du mußt auf deinem Gang
Durch Städte wandern;
Siehst einen Pulsschlag lang
Den fremden Andern.
    Es kann ein Feind sein,
30   Es kann ein Freund sein,
    Es kann im Kampfe dein
    Genosse sein.
    Es sieht hinüber
    Und zieht vorüber ...
35 Zwei fremde Augen, ein kurzer Blick,
Die Braue, Pupillen, die Lider.
Was war das?
    Von der großen Menschheit ein Stück!
Vorbei, verweht, nie wieder.

In: Kurt Tucholsky: Gesammelte Werke. Hg. von M. Gerold-Tucholsky und F. Raddatz. Bd. 8. Reinbek (Rowohlt) 1960, S. 69 f.

B) Schülergedicht, Augen in der Schule

1 Wenn du zur Schule gehst,
Um dich zu plagen
Wenn du im Zuge stehst
Ohne Hausaufgaben:
5   Da zeigen die Schienen
    Dir ohne zu lügen
    Im Lerntrichter
    Lehrergesichter:
Zwei bekannte Augen, ein ermahnender Blick,
10 Die Braue, Pupillen, die Lider –

Was war das? – von der Mathearbeit ein Stück ...
Vorbei, versiebt – mal wieder.

Du gehst dein Lebtag
Nur in die Schule;
15 Du sitzt den ganzen Vormittag
Gelangweilt auf dem Stuhle:
    Ein Aufsatz winkt,
    Die Note zwingt;
    Die Lösung ist gefunden,
20   Nur für Sekunden.
Zwei bekannte Augen, ein strenger Blick,
Die Braue, Pupillen, die Lider –
Was war das? – kein Lehrer nimmt die Fünf zurück ...
Vorbei, versiebt – mal wieder.

25 Du mußt auf deinem Gang
Durch Schulen wandern;
Empfindest einen Pulsschlag lang
Das fremde Andre.
    Es kann die Freiheit sein,
30   Es kann das Leben sein,
    Es kann im Glücksfall deine
    Erfüllung sein.
Sie sehen hinüber
Und ziehen vorüber ...
35 Du bleibst geschunden,
  Für viele Stunden.
Zwei fremde Augen, ein getrübter Blick,
Die Braue, Pupillen, die Lider.
Was war das? – Von der großen Schulzeit ein Stück!
40 Vorbei, versiebt, nie wieder.

Aufgabe 20 Lesen Sie die beiden folgenden Sonette (A und B) und analysieren Sie die gedankliche Struktur; richten Sie also Ihr Augenmerk darauf, wie die Gedanken jeweils fortlaufend entwickelt werden. Achten Sie dabei auf Stilfiguren und ihre Aufgabe/Funktion. Ausgangspunkt Ihrer Überlegungen ist jeweils Gedicht A; wenn sich jedoch dabei vergleichende Aspekte zum Gedicht B anbieten, bauen Sie diese mit ein.

    A) Andreas Gryphius, Es ist alles eitell
    (erstmals gedruckt 1637; letzte Fassung von 1663)
1 Dv sihst/ wohin du sihst nur eitelkeit auff erden.
  Was dieser heute bawt/ reist jener morgen ein:

Wo itzund städte stehn/ wird eine Wiesen sein
Auff der ein schäffers kind wird spilen mitt den heerden.

5 Was itzund prächtig blüht sol bald zutretten werden.
Was itzt so pocht vndt trotzt ist morgen asch vnd bein.
Nichts ist das ewig sey/ kein ertz kein marmorstein.
Jtz lacht das gluck vns an/ bald donnern die beschwerden.

Der hohen thaten ruhm mus wie ein traum vergehn.
10 Soll den das spiell der zeitt/ der leichte mensch besthen.
Ach! was ist alles dis was wir für köstlich achten/

Als schlechte nichtikeitt/ als schaten staub vnd windt.
Als eine wiesen blum/ die man nicht wiederfindt.
Noch wil was ewig ist kein einig mensch betrachten.

In: Andreas Gryphius: Gesamtausgabe der deutschsprachigen Werke.
Hg. von Marian Szyrocki und Hugh Powell. Bd. 1. Tübingen (Niemeyer) 1963, S. 33.

Worterklärung:
Z. 11 „für köstlich achten" – für wertvoll halten
Z. 14 „kein einig Mensch" – kein einziger Mensch

B) Schülergedicht, Es ist alles käuflich

1 Du siehst, wohin du siehst, nur Käuflichkeit auf Erden.
Was dieser heute bietet, kauft jener morgen ein.
Wo itzund Bäume stehn, wird bald ein Zentrum sein,
wo Kunden sich um Schnäppchen balgen werden.

5 Was heute jeder hat, will morgen keiner mehr.
Was heute jeder kauft, ist morgen schon verheizt.
Nichts ist, das ewig sei, kein Schuh, kein kostbar' Geschmeid.
Jetzt lacht der Stolz uns an, bald schmerzt er allen sehr.

Der hohe Wert des Kaufs muss wie ein Traum vergehn'.
10 Soll denn des Spieles Schein, der Werbung Glanz besteh'n?
Ach, was ist alles dies, was wir für nötig erachten,

Als Abfall, schaler Dung, als Nippes, Zeug ohn' Zier,
Als seelenloser Müll wie eine hohle Gier.
Noch will, was *nicht* käuflich ist, kein einig Mensch betrachten.

Menschen beschreiben und charakterisieren

Wie man mittels **Sprache** seine Umgebung zu bezeichnen und zu begreifen lernt, so **dient** sie auch **dazu, Menschen mit ihren Eigenheiten und Fähigkeiten zu beschreiben und charakterisieren**. Die Auseinandersetzung mit anderen Menschen nimmt in der Alltagskommunikation breiten Raum ein. Man möchte seine Abneigung oder Sympathie bekunden, andere mit Fragen und Urteilen belegen, einem Vorbild nachjagen oder sein Befremden ausdrücken, wenn Erscheinungsbild und Verhalten anderer irritieren. Entscheidend ist die **Art und Weise, wie man sich über andere Menschen austauscht**. Man kann sich ihnen „differenziert" (d. h. „fein bis ins Einzelne abgestuft", „nuanciert") nähern oder Vorurteile fällen. Am besten ist, **andere** so zu **behandeln, wie man selbst beurteilt werden möchte**. Licht- und Schattenseiten sollten daher ausgewogen zur Geltung kommen. Letztlich stärkt die Auseinandersetzung mit anderen die eigene Identität. Wer man selbst ist, erfährt man durch Abgrenzung von anderen oder durch Identifikation mit ihnen.

Nicht anders verhält es sich bei einer literarischen Charakteristik. Hier geht es darum, ein möglichst **vielschichtiges und umfassendes Bild einer literarischen Figur** zu bekommen.

Aufgabe 21 Dass ein Mensch auf der Suche ist, unterwegs, um eine unverwechselbare Gestalt zu finden, hat Günter Kunert in einem seiner Gedichte bekannt. Ergänzen Sie fehlende Wörter in dem folgenden Gedicht „Für mehr als mich".

Folgender Wortvorrat steht zur Auswahl (Adjektive und Substantive müssen ggf. flektiert, also grammatikalisch angepasst werden):

Adjektive: breit, schmal, staubig, überlaufen
Substantive: Bahn, Blutkreislauf, Nahrungsaufnahme, Stoffwechsel, Weg (2 ×), Zellenzerfall

Für mehr als mich

Ich bin ein Sucher
Eines Weges.
Zu allem was mehr ist
Als

_____
_____
_____
_____ .

Ich bin ein Sucher
Eines Weges
Der _____ ist
Als ich.

Nicht zu _____ .
Kein Ein-Mann-Weg.
Aber auch keine
_____ , tausendmal
_____ _____ .

Ich bin ein Sucher
Eines _____
Sucher eines _____
Für mehr
Als mich.

In: Günter Kunert: Schatten entziffern.
Leipzig (Reclam) 1995, S. 62.

Aufgabe 22 Begeben Sie sich mit Kunert auf die Suche, indem Sie die Leerstellen des Lückentextes von Aufgabe 21 mit eigenen Wörtern und Begriffen auffüllen.

1 Bedeutung typologischer Charaktere

Wir ordnen im Alltag Menschen nach bestimmten Kategorien ein. Es gibt eine ganze **Galerie** von „**Typen**": den Angeber und Aufschneider, den Angsthasen, den Coolen, den Egoisten, den Schlamper oder den Streber. Man unterscheidet **Menschen** auch **nach verschiedenen Temperamenten**. Am meisten ist der Choleriker bekannt, der leicht reizbar und unberechenbar ist. Darüber hinaus kennen wir den heiter-lebhaften Menschen (Sanguiniker), den nichts so leicht aus der Bahn wirft, und den trübsinnigen Phlegmatiker, der eher antriebslos und wenig unternehmungslustig ist.

Folgende Fragen helfen, eine **typologische Charakterisierung** zu schreiben. Sie regen die Phantasie an, wobei weder die Reihenfolge verpflichtend ist noch Anspruch auf Vollständigkeit erhoben wird.

Empfehlenswert ist, den **Perspektivenwechsel von außen nach innen und umgekehrt** zu beachten. Das, was man von außen beobachten kann, wird durch den Blick in das Denken und die Gefühlswelt eines Menschen erst richtig interessant.

Sofern es möglich ist, rundet ein vergleichender Blick auf andere „Typen" die Charakterisierung ab.

Leitfragen für eine typologische Charakterisierung
1. Welches ist der erste Eindruck?
2. Wo und wie begegne ich ihm?
3. Wie häufig begegnet uns der Menschentyp?
4. Welche Kleidung und welches Outfit bevorzugt er?
5. Was sind typische Gesten und Bewegungen?
6. Kann ich ihm Ideale oder Lebensanschauungen zuordnen?
7. Gibt es ein Lebensmotto?
8. Welche Vorlieben, welche Abneigungen hegt er?
9. Was bereitet ihm Freude, wovor hat er Angst?
10. Welches Lebensgefühl verinnerlicht er?
11. Strahlt er Selbstsicherheit aus?
12. Welche Gewohnheiten entwickelt er für bestimmte Situationen? Gibt es wiederkehrende Kommunikationsmuster?
13. Hat er einen bestimmten Tagesablauf oder Lebensrhythmus?
14. Wie behandelt er seine Mitmenschen?
15. Wie beurteilt er sich selbst, wie andere?
16. Welche Freunde hat er, welche Kontakte pflegt er, in welchen Kreisen bewegt er sich?
17. Wie ist er bei wem anerkannt?
18. Welchem Beruf, welchen Tätigkeiten geht er nach?
19. Welche Arbeitshaltung, welchen Ehrgeiz hat er?
20. Gibt es Besonderheiten in seinem Freizeitverhalten?
21. Welche Ähnlichkeiten/Verwandtschaften gibt es mit anderen Typen?

Auch wenn Menschen einem solchen Muster nie voll entsprechen, ist es ein lohnendes Schreibspiel, wenn wir in unserer Phantasie einem bestimmten Typus Gestalt und Lebendigkeit verleihen. Dabei gilt das Prinzip der Übertreibung. Den Charakter oder das Temperament eines Menschen zu überzeichnen, erweitert die eigene Vorstellungskraft, stärkt die sprachliche Kompetenz und hilft, die Konturen eines solchen Menschentyps anschaulich werden zu lassen.

Aufgabe 23 Schreibe selbst eine typologische Charakterisierung mithilfe der Leitfragen und nach der Vorlage des Streber-Beispiels zum Thema „Der Coole".

Das Beispiel eines Strebers

Der Streber ist eigentlich ein ganz gewöhnlicher Mensch, der auf den ersten Blick nicht auffällt. Seine Kleidung ist sehr angepasst und sticht höchstens wegen seiner Einfalls- und Farblosigkeit ins Auge. Der Streber möchte seine Existenz eher verheimlichen, als dass er sie zur Schau stellt. Freilich ist er frisch geduscht und trägt ein neues T-Shirt, nicht zu vergessen die ordentlich gekämmten Haare.

Erster Eindruck
Kleidung und Outfit

Sein Motto lautet: Alles gewissenhaft und richtig machen, damit man sich keinen Fehler oder kein Versäumnis nachsagen lassen muss. Davor hat er dann wohl auch die meiste Angst: Entdeckt oder gar bloßgestellt zu werden, weil er etwas vergessen oder versäumt hat. Er entwickelt deswegen eine innere Uhr, die ihm genau einflüstert, wann er was zu erledigen und zu sagen hat. Innerlich ist er so viel mehr angestrengt, als er nach außen hin preisgibt.

Lebensmotto

Tagesablauf/Lebensrhythmus

Die Zeiteinteilung muss perfekt stimmen, damit alle Aufgaben zur vollsten Zufriedenheit der Lehrer erledigt werden können. Dass er morgens überpünktlich zur Schule erscheint und jeweils für den entsprechenden Unterricht seine Sachen gerichtet hat, versteht sich von selbst. Unvorhergesehenes hasst er und er würde, wenn er doch einmal Gefahr liefe, zu spät zum Unterricht zu kommen, lieber wieder umkehren, als sich der Demütigung einer Pflichtverletzung zu unterziehen. Im Unterricht weiß er natürlich alles, meldet sich aber vornehmlich, wenn die anderen passen. Das erhöht seine Leistung und sein Prestige.

Arbeitshaltung

Die Zusammenarbeit mit anderen Schülern hält sich in Grenzen. Gefragt sind bei ihm nur die Besseren, von denen er noch profitieren kann, von den Mittelmäßigen oder Schlechten hält er sich fern. Er lässt selten Hausaufgaben abschreiben, außer er wird ausnahmsweise dazu gezwungen. In den Pausen fristet er das Dasein eines Mauerblümchens, denn was soll er schon mit den Albernheiten seiner Mitschüler anfangen. Die sind ihm höchst lästig, denn er ist seiner Zeit weit voraus. Er hat Bewegung nicht nötig, und sich körperlich mit anderen Schülern anzulegen, behagt ihm überhaupt nicht. Er könnte ja den Kürzeren ziehen. Also verhält er sich meist ruhig und abwartend. Wenn dann etwas passiert, triumphiert er, weil er ja nicht dabei war.

Wie behandelt er seine Mitmenschen?

Freunde/Kontakte

Termine mit ihm auszumachen, ist sehr schwer. Er muss erst abwarten, wie viel Zeit er für die Vorbereitung des nächsten und des übernächsten Schultags braucht, erst dann kann er zusagen. Also sagt er zunächst einmal ab oder reagiert mit dem Hinweis, er würde sich melden. Natürlich geschieht das nicht. Freizeit und Ferien kennt er eigentlich nicht, denn er ist immer im Dienst; man kann sich ja sinnvoll beschäftigen, statt faul herumzuliegen und den Tag auf sich zukommen zu lassen. Die üblichen Fernsehserien und Talkshows verkneift er sich, denn das sind ja nur unproduktive Beziehungskisten und Geschwätz. Für Dokumentationen mit wissenschaftlichem Hintergrund ist er zu haben.

Freizeitverhalten

Abneigungen/Vorlieben

Im Übrigen lebt er vom Stolz seiner Eltern und der Anerkennung durch die Lehrer, die sich mit offenen Bekundungen zurückhalten, aber mit Noten nicht geizen. Er träumt von der großen Karriere und davon, der Beste aller Besten zu sein, Erfolg zu haben und mit Respekt behandelt zu werden. Auf ein Berufsziel lässt er sich freilich noch nicht festlegen, denn das muss er sich offenhalten. Wo kann er sich am meisten durchsetzen, wo erntet er die größten Erfolge? Denn das spürt er intuitiv: In der Schule kann er zwar alles, aber später wird das nicht mehr so sein. Und deshalb muss er vorsichtig sein, denn sein größtes Handicap bzw. die größte Gefahr besteht darin, dass er keinen Erfolg mehr hat bzw. einmal versagt.

Wie ist er bei wem anerkannt?

Welchen Ehrgeiz hat er?

Wovor hat er Angst?

2 Charakteristik literarischer Figuren

Je widersprüchlicher literarische Figuren sind, desto „menschlicher" erscheinen sie uns, weil **Menschen keine Marionetten** sind, die in einer bestimmten Situation immer gleich reagieren. **Freiheit und Unberechenbarkeit literarischer Figuren** unterstreichen ihre Lebendigkeit. Diese Vitalität führt aber gleichzeitig zu der Schwierigkeit, ihre „Identität" in Worte zu fassen.

Wenn man jedoch auf die **Widersprüchlichkeit (Ambivalenz) der Menschen** eingestellt und gefasst ist, fällt es einem leichter, diese zu beschreiben und sich mit ihnen auseinanderzusetzen.

Rede und Gegenrede: Die Dialektik in der Charakteristik

Neben der genauen Bewertung und Einschätzung bestimmter Verhaltensweisen ist es methodisch wichtig, sich zunächst auf eine Seite der Figur zu stellen, also die **positiven Eigenschaften** der Figur herauszuarbeiten.

In einem zweiten Anlauf betrachtet man dann die Kehrseite der Medaille, also die **negativen Eigenschaften**. Dieses Wechselspiel von Rede und Gegenrede, mit dem man die Gegensätzlichkeit einer Figur skizzieren kann, heißt auch **Dialektik**.

Bertolt Brecht hat mit seiner „Mutter Courage" in der gleichnamigen „Chronik aus dem Dreißigjährigen Krieg" eine solche Figur voller Widersprüche gestaltet. Analog zu den Gegensätzen, die eine literarische Figur kennzeichnen, sollte auch eine Art der Untersuchung gewählt werden, die ihre positiven und negativen Eigenschaften gegenüberstellt.

Das Beispiel der „Mutter Courage"

Beginnen wir mit den positiven Eigenschaften der Mutter Courage: *Positive Eigenschaften*

Der Name von Mutter Courage (franz. courage = Mut) ist Programm, weil sie sich als Marketenderin im Kriegsgeschehen vor nichts fürchtet und mit ihren drei Kindern von verschiedenen Vätern einen ganz eigenen Weg gegangen ist („Ja, ich bin durch die ganze Welt gekommen mit meinem Planwagen", S. 11). Wichtig ist, dass man ihre Erfahrungen und Eigenschaften auf den Begriff bringt: Sie ist eine mutige und unkonventionelle Frau, die auf eine Ausweiskontrolle von Seiten des Militärs folgendermaßen reagiert: „Meine Lizenz [mein Ausweis, meine Verkaufserlaubnis] beim Zweiten Regiment ist mein anständiges Gesicht, und wenn Sie es nicht lesen können, kann ich nicht helfen. Einen Stempel laß ich mir nicht draufsetzen" (S. 10). Die letzte Aussage zeugt auch von Humor und Schlagfertigkeit, womit wieder zwei Eigenschaften benannt sind. Und darauf kommt es zunächst an: Verhaltensweisen einer bestimmten Person möglichst genau zu bezeichnen und zu charakterisieren. Wenn sie den Soldaten die Stirn bietet, ist sie nicht angepasst und unterwürfig, sondern selbstbewusst und stolz. Zur Veranschaulichung lassen sich so Gegensatzpaare finden („unterwürfig" – „stolz"). Auch die Verneinung („nicht angepasst") ist sehr wichtig, weil man manchmal eben zunächst nur eine Vorstellung davon hat,

Furchtlosigkeit

Erfahrung
Mut

Humor/Schlagfertigkeit

Stolz

was jemand nicht ist, bevor man ihn „positiv" einstufen kann. Um das Bild zunächst abzurunden: Mutter Courage ist auch selbstbewusst, wenn es um ihren fahrenden Handel geht. Sie verfügt über Geschäftssinn und Durchsetzungskraft. Beim Verkauf ihres Kapauns [kastrierter Hahn] gibt sie sich erst humorvoll verbindlich, indem sie ihn anpreist: „Sie, das ist kein gewöhnlicher Kapaun. Das war ein so talentiertes Vieh, hör ich, daß es nur gefressen hat, wenn sie ihm Musik aufgespielt haben... Es hat rechnen können, so intelligent war es" (S. 21). Sie kalkuliert aber sehr nüchtern und hart, dass der Feldhauptmann etwas zu essen einfordert, der Koch aber wegen der Belagerung nichts hat und wegen dieser Notlage auch zu überhöhten Preisen kaufen muss. Ihre Rechnung geht auf. Abschließend ist festzuhalten, dass sie ihre Kinder beschützt und aus dem Krieg heraushalten möchte, weil sie ihn für zu gefährlich hält. Sie ermahnt deswegen ihre Kinder, während sie einen Pergamentbogen zerreißt: „Eilif, Schweizerkas und Kattrin, so möchten wir alle zerrissen werden, wenn wir uns in'n Krieg zu tief einlassen täten" (S. 14). Ihr Mutter- oder Beschützerinstinkt meldet sich ständig zu Wort: „Seid alle vorsichtig, ihr habts nötig" (S. 17).

Geschäftssinn

Härte

Beschützerinstinkt

Zitiert nach: Bertolt Brecht: Mutter Courage und ihre Kinder. Eine Chronik aus dem Dreißigjährigen Krieg. Frankfurt/M. (Suhrkamp) 1963.

Als dialektisches Zwischenspiel bietet sich an, zu vorgegebenen **Eigenschaftswörtern** das entsprechende **Gegen- oder Kontrastwort** zu finden. Die Eigenschaften sollen auf den Charakter, Stimmungen oder das Verhalten von Menschen bezogen werden können:

Aufgabe 24 Suchen Sie jeweils dasjenige Wort, welches einen Gegensatz zum genannten Begriff ausdrückt. (Verneinungen des gleichen Wortstammes sind nicht erlaubt! – Häufig gibt es mehrere Adjektive, die infrage kommen.)

aggressiv	
	passiv
ängstlich	
	wählerisch
attraktiv	
	untalentiert, mittelmäßig
echt	
	kompliziert
ehrlich	
	abgehärtet, widerstandsfähig

entschlossen	
	betrübt, verstimmt
gemächlich	
	ungeschickt, unbeholfen
gleichgültig	
	gefährlich
heiter	
	erschöpft, matt, schwach
langweilig	
	unbeweglich
mühelos	
	gezwungen, steif
nüchtern	
	schlampig
plump	
	arm, mittellos
ruhig	
	unreif, unzuverlässig
trostlos	
	elegant, prächtig, toll

Genauso entschieden, wie man einen Gegenbegriff gesucht und gefunden hat, formuliert man nun **Fragen zur Figur**, die im **Kontrast zu den Ausgangsthesen** stehen:

1. Wann und wo ist die Figur nicht **mutig**, sondern **feige**?
2. Wann und wo verhält sie sich nicht **humorvoll**, sondern eher **ernst**?
3. Wann und wo ist sie nicht mehr **stolz**, sondern **bescheiden** und **zurückhaltend**?
4. Wann und wo handelt sie nicht mehr **verantwortungsvoll**, sondern **egoistisch und leichtsinnig**?
5. Wann und wo schlägt ihre **Lebensklugheit** um in **Verblendung**?

Je klarer und umfangreicher man diese Fragen formuliert, desto aussagekräftiger wird die Gegenrede.

Wer „Mutter Courage" kennt oder sich für das Stück interessiert, kann die folgenden Ausführungen über ihre negativen Seiten auch abdecken und zunächst selbst formulieren. Es handelt sich dabei allerdings nur um eine kurze Skizze, die man weiter ausbauen kann. *(Negative Seiten der Mutter Courage)*

Mutter Courage zeigt sich gleich am Ende der ersten Szene – obwohl im Umgang mit Soldaten erfahren – überfordert und verantwortungslos, indem sie mit dem Feldwebel einen Schnallenhandel abwickelt, während ihr Sohn Eilif von einem Soldatenwerber zum Kriegsdienst gedungen wird. Als sie es bemerkt, „steht sie ganz still" (S. 18), findet sich aber schnell mit dem Verlust ihres Sohnes ab, indem sie ihre Tochter auffordert, jetzt mit ihrem Bruder den Marketender-Wagen zu ziehen. So verliert sie ohne viel Gegenwehr auch ihren zweiten Sohn Schweizerkas als Zahlmeister an die Armee (vgl. S. 27). Dass sie eher feige ist, gesteht sie auch offen und liefert gleich eine Begründung mit: „..., ich bin nicht besser, ... Uns haben sie allen unsre Schneid abgekauft. Warum, wenn ich aufmuck, möchts das Geschäft schädigen" (S. 58). *(Überforderung, Verantwortungslosigkeit)* *(Feigheit)*

Weil Mutter Courage sich vornehmlich für den Krieg als Geschäft und Gewinn interessiert (vgl. S. 36), wird aus einer engagierten Mutter eine hart- und unbarmherzige Geschäftsfrau (sie weigert sich, Schwerverletzten Verbandsmaterial zur Verfügung zu stellen, vgl. S. 62), deren Orientierung, wann und wo Gefahr droht, ins Wanken gerät. Alle drei Kinder kommen um, wobei sie bei zwei von ihnen eine Teilschuld trägt. Schweizerkas wird hingerichtet, weil Mutter Courage zu lange wegen eines Bestechungsgeldes hadert, obwohl es „ums Leben" (S. 50) geht. Ihre Tochter Kattrin lässt sie in schwieriger Situation allein. „Wenns nicht in die Stadt gegangen wärn, Ihren Schnitt machen, wärs vielleicht nicht passiert" (S. 107), wirft der Bauer, auf dessen Gehöft Kattrin erschossen wird, ihr am Ende vor. Mutter Courage betont zwar immer, sie seien „ordentliche Leut" (S. 44), dennoch werden sie und ihre Familie von den tödlichen Kriegsgefahren eingeholt. Am Ende zieht sie den Wagen allein (vgl. S. 107), nicht wissend („verblendet"), dass auch ihr Sohn Eilif tot ist. Ihre Kriegsfahrt endet in einer Höllenfahrt, die sie selbst phantasiert („Manchmal seh ich mich schon durch die Höll fahrn mit mein Planwagen und Pech verkaufen...", S. 91). *(Unbarmherzige Geschäftsfrau)* *(Verantwortung für den Tod der Kinder)* *(Verblendung)*

Fazit und Synthese

Am Ende – nach „Rede" und „Gegenrede" – steht dann **das Fazit oder die Synthese**, die abwägt, was schwerer wiegt, und nach den Gründen dieser Entwicklung fragt.

Die Entwicklung der Mutter Courage und der Handlungsablauf lassen das Pendel der Gegenrede weit ausschlagen, d. h., ihre negativen Seiten überwiegen und gewinnen durch die dramatische Handlung besonderes Gewicht.

Einstufung der Gegenrede

Als Erklärung kann man zunächst bei der Figur bleiben und von einer gespaltenen Persönlichkeit zu sprechen. Stichwort wäre hier die „Hyäne" (Aasfresserin), die zunächst als Vorwurf Mutter Courages an eine Gegenspielerin (Yvette) gebraucht wird („Du Hyänenvieh…", S. 50), dann aber aus dem Mund des Feldpredigers auf sie zurückfällt: „Sie sind eine Hyäne des Schlachtfelds" (S. 82), behauptet er. Hintergrund dabei ist, dass Mutter Courage nichts vom Frieden hält („Ich halt nix von Friedensglocken im Moment", S. 80).

Gespaltene Persönlichkeit

„Hyäne des Schlachtfelds"

Das Fazit lautet in dem Fall: Obwohl Mutter Courage über positive Eigenschaften verfügt, gerät sie zur Aktivistin des Krieges, weil sie nur an und in ihm verdient, während der Frieden ihrem Geschäft abträglich ist.

Fazit: Aktivistin des Krieges

Eine andere Möglichkeit der Deutung und Wertung ergibt sich daraus, dass die Verhältnisse, in denen die Courage aufgewachsen und tätig ist, so sind, dass sie die Menschen zur Hyänenexistenz zwingen, d. h., dass sie im Überlebenskampf andere übertrumpfen wollen und sich auf deren Kosten behaupten oder durchsetzen müssen.

Überlebenskampf

Mutter Courage ist nämlich nicht von dem Traum, ein Wirtschaftsimperium zu errichten, angetrieben, sondern von der Notwendigkeit, sich und ihre Kinder zu ernähren. Dass es in einer Welt, die hauptsächlich durch Krieg geprägt ist, nicht „redlich" zugehen kann, wie sie immer behauptet, wäre dann die Botschaft, Mutter Courage und ihre Familie erschienen dann als Opfer einer menschenfeindlichen Gesellschaft.

Synthese: Not, sich und die Kinder zu ernähren

Da zu Übungszwecken nicht die Lektüre eines bestimmten Werkes für unser Training vorausgesetzt werden kann, wollen wir uns im Folgenden auf die **Charakteristik einer Figur anhand einer zentralen Szene eines Dramas** beschränken.

In den großen Dramen der Weltliteratur treffen häufig **zwei Gegenspieler** aufeinander. So heißt das Trauerspiel von Schiller zwar auch nur „Maria Stuart", aber die Königin von Schottland steht als Hauptfigur nicht allein, sondern in Konflikt mit Elisabeth, der Königin von England. Elisabeth unterstellt Maria, dass diese ihr den Thron von England streitig machen wolle, und hält sie deswegen in Gefangenschaft. Der Konflikt wird auch hier auf die Spitze getrieben, weil es nicht allein um die Gefangenschaft Marias geht, sondern vielmehr um ihre Verurteilung und Hinrichtung. Elisabeth will ihre unliebsame Konkurrentin loswerden, damit sie in Freiheit und Sicherheit regieren kann. Sie will

Maria aber nicht einfach ermorden, sondern mit Recht und Gesetz zu Fall bringen. Berühmt ist das Zusammentreffen der beiden Königinnen inmitten des Dramas. Wir wollen uns diese Auseinandersetzung anschauen unter der Leitfrage, wie Maria sich in dieser Situation verhält.

Aufgabe 25

a) Markieren Sie im folgenden Dramenausschnitt jeweils Formulierungen oder Wörter, die Auskunft über Marias Haltung geben.

Streitgespräch zwischen Elisabeth und Maria Stuart
3. Aufzug, 4. Auftritt

1 *(Maria rafft sich zusammen und will auf die Elisabeth zugehen, steht aber auf halbem Weg schaudernd still, ihre Gebärden drücken den heftigsten Kampf aus)*
ELISABETH.   Wie, Mylords?
5   Wer war es denn, der eine Tiefgebeugte
       Mir angekündigt? Eine Stolze find ich,
       Vom Unglück keineswegs geschmeidigt.
MARIA.   Seis!
       Ich will mich auch noch diesem unterwerfen.
10   Fahr hin, ohnmächtger Stolz der edeln Seele!
       Ich will vergessen, wer ich bin, und was
       Ich litt, ich will vor ihr mich niederwerfen,
       Die mich in diese Schmach herunterstieß.
       (Sie wendet sich gegen die Königin.)
15   Der Himmel hat für Euch entschieden, Schwester!
       Gekrönt vom Sieg ist Euer glücklich Haupt,
       Die Gottheit bet ich an, die Euch erhöhte!
       (Sie fällt vor ihr nieder)
       Doch seid auch Ihr nun edelmütig, Schwester!
20   Laßt mich nicht schmachvoll liegen, Eure Hand
       Streckt aus, reicht mir die königliche Rechte,
       Mich zu erheben von dem tiefen Fall.

b) In welcher Verfassung beginnt Maria das Gespräch mit Elisabeth?
c) Wie präsentiert sich Maria in ihrer ersten Rede an Elisabeth?
d) Bezeichnen und charakterisieren Sie Marias Verhalten im weiteren Verlauf des Streitgespräches.

Fortsetzung des Streitgesprächs zwischen Elisabeth und Maria Stuart

ELISABETH *(zurücktretend).*
       Ihr seid an Eurem Platz, Lady Maria!
25   Und dankend preis ich meines Gottes Gnade,
       Der nicht gewollt, daß ich zu Euren Füßen
       So liegen sollte, wie Ihr jetzt zu meinen.

MARIA *(mit steigendem Affekt).*
    Denkt an den Wechsel alles Menschlichen!
30 Es leben Götter, die den Hochmut rächen!
    Verehret, fürchtet sie, die schrecklichen,
    Die mich zu Euren Füßen niederstürzen –
    Um dieser fremden Zeugen willen, ehrt
    In mir Euch selbst, entweiht, schändet nicht
35 Das Blut der Tudor, das in meinen Adern
    Wie in den Euren fließt – O Gott im Himmel!
    Steht nicht da, schroff und unzugänglich, wie
    Die Felsenklippe, die der Strandende
    Vergeblich ringend zu erfassen strebt.
40 Mein Alles hängt, mein Leben, mein Geschick
    An meiner Worte, meiner Tränen Kraft:
    Löst *mir* das Herz, daß ich das Eure rühre!
    Wenn Ihr mich anschaut mit dem Eisesblick,
    Schließt sich das Herz mir schaudernd zu, der Strom
45 Der Tränen stockt, und kaltes Grausen fesselt
    Die Flehensworte mir im Busen an.

ELISABETH *(kalt und streng).*
    Was habt Ihr mir zu sagen, Lady Stuart?
    Ihr habt mich sprechen wollen. Ich vergesse
50 Die Königin, die schwerbeleidigte,
    Die fromme Pflicht der Schwester zu erfüllen,
    Und meines Anblicks Trost gewähr ich Euch.
    Dem Trieb der Großmut folg ich, setze mich
    Gerechtem Tadel aus, daß ich so weit
55 Heruntersteige – denn Ihr wißt,
    Daß Ihr mich habt ermorden lassen wollen.

In: Friedrich Schiller: Sämtliche Werke. Bd. 2. 3. Aufl. München (Hanser) 1962, S. 621 f.

Gestaltendes Interpretieren

Gestaltendes Interpretieren fußt auf dem kreativen Umgang mit literarischen Texten. Ausgangspunkt ist die Umarbeitung eines Textes (vgl. „Gedichte als kreative Anregung...", S. 33 ff.). Eine **unverwechselbare Text-Form** regt dazu an, einen eigenen **Paralleltext** oder eine **Variante des Originals** herzustellen (vgl. Aufgaben 19 und 20).
Voraussetzung der eigenen Textproduktion ist die **Analyse und Wahrnehmung** der jeweils vorliegenden Textstruktur. Indem man den Originaltext neu konzipiert, begreift man seine Eigenart und sein Anliegen noch besser.
Nach der Textproduktion reflektiert man die eigene Variation. In welcher Weise hat man den Ursprungstext verändert und welche Auswirkungen sind beim Textvergleich zu beobachten?
Gestaltendes Interpretieren kann auch noch einen Schritt weiter gehen, indem sich der Leser in einer Art **Rollenspiel** kreativ in die Situation oder Perspektive einer Person hineinversetzt, um sie mit eigenen Worten auszugestalten. Auch diese Schreibsituation ist auf eine spezifische Analyse von Textbausteinen oder Textelementen angewiesen, um angemessen mit dem eigenen Text reagieren zu können. Anders als bei dem Paralleltext wählt der Bearbeiter hier aber eine andere, neue Form der Textgestaltung, die sich nicht mit dem Original berührt. Er verfasst einen **Monolog**, einen **Dialog**, einen **Brief**, einen **Tagebucheintrag**, eine **Rede** oder einen **Zeitungsartikel**, wobei er die besonderen **Modalitäten der jeweiligen Textart** berücksichtigen muss. Für alle Formen von gestaltendem Interpretieren, sei es die Erstellung eines Paralleltextes, eines Gegentextes oder eines Rollenspiels, gibt es eine gemeinsame Vorgehensweise.

Folgende Schritte sind beim gestaltenden Interpretieren zu beachten:
1. Analyse des **Aufbaus**/der **syntaktischen Struktur** eines Vorlagen-Textes
2. Erarbeitung der **Aussageabsicht**
3. Festlegung der **abzuwandelnden Elemente**
4. **Verfassen des neuen Textes**

1 Einen Paralleltext gestalten

Die folgenden Aufgaben verdeutlichen die vier genannten Schritte im Zusammenhang mit der Erstellung eines Paralleltextes.

Aufgabe 26

a) Lesen Sie den Text und markieren Sie durch Zeilenumbruch seine syntaktische Struktur; unterlegen Sie die Konjunktionen bzw. Wörter, die den Zeilenumbruch begründen, farblich.
b) Formulieren Sie möglichst allgemein und knapp (in höchstens drei Sätzen) die Aussageabsicht (Intention) des Textes.
c) Übernehmen Sie nun die syntaktische Struktur und variieren Sie den Text mit dem Thema „Der Kaufhausdieb".
Der anonyme Protagonist („man") beobachtet dabei einen vermeintlichen Kaufhausdieb. Der Schwerpunkt Ihrer Arbeit liegt – nach dem Ergebnis der Teilaufgabe b – darin, fadenscheinig zu begründen, warum Sie nicht eingreifen.
d) Vergleichen Sie die Lösung von Teilaufgabe c nach Ort, Zeit, Umständen und Begründungen mit dem Original.

Franz Kafka, Die Vorüberlaufenden

1 Wenn man in der Nacht durch eine Gasse spazierengeht, und ein Mann, von weitem schon sichtbar – denn die Gasse vor uns steigt an und es ist Voll-
5 mond –, uns entgegenläuft, so werden wir ihn nicht anpacken, selbst wenn er schwach und zerlumpt ist, selbst wenn jemand hinter ihm läuft und schreit, sondern wir werden ihn weiterlaufen
10 lassen.
Denn es ist Nacht, und wir können nicht dafür, daß die Gasse im Vollmond vor uns aufsteigt, und überdies, vielleicht haben diese zwei die Hetze zu
15 ihrer Unterhaltung veranstaltet, vielleicht verfolgen beide einen dritten, vielleicht wird der erste unschuldig verfolgt, vielleicht will der zweite morden, und wir würden Mitschuldige des Mor-
20 des, vielleicht wissen die zwei nichts voneinander, und es läuft nur jeder auf eigene Verantwortung in sein Bett, vielleicht sind es Nachtwandler, vielleicht hat der erste Waffen.
25 Und endlich, dürfen wir nicht müde sein, haben wir nicht so viel Wein getrunken? Wir sind froh, daß wir auch den zweiten nicht mehr sehn.

In: Franz Kafka: Erzählungen. Hg. von Max Brod. Frankfurt/M. (Suhrkamp) 1983, S. 31.

Wenn man derart (vgl. Aufgabe 26 a bis d) einen eigenen Text komponiert hat, weiß man, worauf es ankommt und welches Potenzial ein bestimmter Text bietet.
In einer weiteren Variante bezieht man das Handeln des Protagonisten (der Hauptfigur) ganz auf sich selbst. So konzentriert man seine Gedanken auf eine spezifische Situation, in der sich die Person nicht entscheiden kann, etwas Be-

stimmtes zu tun. Kafkas Text „Die Vorüberlaufenden" ist vorzüglich geeignet, die **Entscheidungs- bzw. Konfliktsituation eines Individuums** zu gestalten, unabhängig davon, ob sich der Konflikt nur im Innern des Individuums abspielt oder dieses auf äußere Ereignisse reagiert.

Aufgabe 27 Gestalten Sie noch einmal einen zu Kafkas „Die Vorüberlaufenden" analogen Text mit dem Thema „Kampf ums Aufstehen". Konzentrieren Sie die Gedanken ausschließlich auf die Gefühlswelt der Hauptfigur.

2 Einen Gegen- oder Kontrasttext entwerfen

Bei Texten, die zum Widerspruch reizen, empfiehlt es sich, einen **Gegen- oder Kontrasttext** zu schreiben. Das methodische Vorgehen entspricht dem von Paralleltexten, allerdings wird statt der gleichlaufenden Bearbeitung eine gegensätzliche Betrachtungsweise gewählt.

Aufgabe 28
a) • Wie beschwört der Autor des Textes „Früher war das alles ganz anders" vordergründig die frühere Zeit? Begründen Sie mit Beispielen und Begriffen aus dem Text.
   • Welche Schattenseiten werden zugleich im Hintergrund deutlich?
   • Welche Intention des Autors können Sie insgesamt erkennen?
b) Unterlegen Sie Aussagen, Begriffe oder Wörter, die zum Widerspruch reizen, farblich.
c) Schreiben Sie zu Jürgen Beckers Text einen Gegentext mit dem Titel „Heute ist alles ganz anders". Orientieren Sie sich so am Text, dass Sie für (fast) jede Aussage eine Kontrastaussage und -formulierung finden.
d) Stellen Sie kurz gegenüber – jeweils an vier Beispielen, ausgehend von dem eigenen Text –, was heute besser geworden ist, was aber auch kritisch gewertet werden kann, sodass das Wechselspiel von Lob und Tadel des Autors auch für den eigenen Text sichtbar wird.

Jürgen Becker, Früher war das alles ganz anders

1 Früher war das alles ganz anders. Die Städte alle waren viel größer und die Dörfer waren noch Dörfer. Früher gab es noch Gerechtigkeit, und wer nicht
5 hören wollte, mußte eben fühlen. Da waren unsere Lehrer noch die Lehrer unserer Eltern. Sonntags zogen wir noch Sonntagsanzüge an. Die Kirche

stand noch im Dorf. Die Wacht stand noch am Rhein[1]. Früher wußten wir, daß Gott mit uns ist. Früher kam auch noch Hans Muff[2]. Wen wir fingen, der kam an den Marterpfahl. Die Sommer waren richtige Sommer. Die Ferien sahen immer endlos aus. Die Milch war noch gesund. Früher wußten wir, woran wir uns zu halten hatten. Da wurde noch gewandert. Wer im Wirtshaus saß, der saß auch bald im Klingelpütz[3]. Früher ging man noch zu Fuß. Da schützte man seine Anlagen. Da gab's sowas nicht. Da gab es noch Feinde, bei denen man das Weiße im Auge erblicken konnte. Wohin man auch ging, man traf immer auf Gleichgesinnte. Wer es nicht besser wußte, der hielt auch den Mund, und wem es absolut nicht passen wollte, der konnte ja bleiben, wo der Pfeffer wächst. Früher gab es noch Mohren, Indianer und Chinesen. Früher ging das alles viel einfacher. Da wäre doch sowas nie passiert. Da gab es das doch alles nicht. Früher hörte man noch zu, wenn man von früher erzählte.

In: Jürgen Becker: Ränder. Frankfurt/M. (Suhrkamp) 1969, S. 19.

Anmerkungen:
1 „Wacht am Rhein": Lied aus dem 19. Jh. mit nationaler Prägung (gegen Frankreich gerichtet); der Rhein soll ein rein deutscher Fluß sein mit französischer Grenze erst weiter jenseits des Flussufers.
2 „Hans Muff": Synonym für einen Spießbürger, der sich nur um das eigene Wohlergehen kümmert.
3 „Klingelpütz": Gefängnis

Als Vorlage für einen Kontrasttext eignen sich auch politische Texte. So gibt es aus der Zeit der frühen DDR einen politischen Forderungskatalog, der entsprechend den biblischen Zehn Geboten gestaltet ist.

Diesen Geboten kann man nun demokratische Forderungen westlicher Prägung entgegenstellen. Zunächst markiert man dafür das politische Vokabular sozialistischer Überzeugungen, um dann Gegenbegriffe einer freiheitlich-demokratischen Wertordnung dagegenzusetzen.

Aufgabe 29 Entwerfen Sie parallel zu den „Zehn Geboten der sozialistischen Moral" zehn Gebote einer demokratischen Moral nach freiheitlichem Muster. Achten Sie dabei auf klare Kontrastbegriffe oder -sachverhalte.
Als Hilfestellung markieren Sie farblich zunächst spezifische Aussagen oder Begriffe der Vorlage, die ersetzt werden können und sollen.
Folgende Begriffe können Sie für den Kontrasttext verwenden, Mehrfachnennungen sind möglich:
Substantive: Bürgersinn, Demokratie, Eigentum, Familie, Freiheit, Gemeinschaft, Humanismus, Menschenrechte, Mitmenschen, Notlage, Rechte des Volkes, Selbstdisziplin, Solidarität, Überzeugung, Verantwortung, Völkergemeinschaft, Wohlergehen

Adjektive: charakterstark, demokratisch, freiheitsliebend, friedliebend, human, humanistisch, international, konsumfreudig, menschenwürdig, sozial, trainiert, verantwortlich, verteidigend

Die zehn Gebote der sozialistischen Moral (Juli 1958)

1 Nur derjenige handelt sittlich und wahrhaft menschlich, der sich aktiv für den Sieg des Sozialismus einsetzt, das heißt für die Beseitigung der Ausbeu-
5 tung des Menschen durch den Menschen. (Lebhafter Beifall.) So kommt er dazu, seinem Leben einen neuen Sinn, einen festen inneren Halt und eine klare Perspektive zu geben.
10 Das moralische Gesicht des neuen, sozialistischen Menschen, der sich in diesem edlen Kampf um den Sieg des Sozialismus entwickelt, wird bestimmt durch die Einhaltung der grundlegen-
15 den Moralgesetze:
  1. Du sollst Dich stets für die internationale Solidarität der Arbeiterklasse und aller Werktätigen sowie für die unverbrüchliche Verbundenheit
20 aller sozialistischen Länder einsetzen.
  2. Du sollst Dein Vaterland lieben und stets bereit sein, Deine ganze Kraft und Fähigkeit für die Verteidigung
25 der Arbeiter-und-Bauern-Macht einzusetzen.
  3. Du sollst helfen, die Ausbeutung des Menschen durch den Menschen zu beseitigen.
30 4. Du sollst gute Taten für den Sozialismus vollbringen, denn der Sozialismus führt zu einem besseren Leben für alle Werktätigen.
  5. Du sollst beim Aufbau des Sozialis-
35 mus im Geiste der gegenseitigen Hilfe und der kameradschaftlichen Zusammenarbeit handeln, das Kollektiv achten und seine Kritik beherzigen.
40 6. Du sollst das Volkseigentum schützen und mehren.
  7. Du sollst stets nach Verbesserung Deiner Leistungen streben, sparsam sein und die sozialistische Arbeits-
45 disziplin festigen.
  8. Du sollst Deine Kinder im Geiste des Friedens und des Sozialismus zu allseitig gebildeten, charakterfesten und körperlich gestählten Men-
50 schen erziehen.
  9. Du sollst sauber und anständig leben und Deine Familie achten.
  10. Du sollst Solidarität mit den um ihre nationale Befreiung kämpfen-
55 den und den ihre nationale Unabhängigkeit verteidigenden Völkern üben. (Stürmischer lang anhaltender Beifall.)
Diese Moralgesetze, diese Gebote der
60 neuen, sozialistischen Sittlichkeit, sind ein fester Bestandteil unserer Weltanschauung.

Walter Ulbricht: Der Kampf um den Frieden, für den Sieg des Sozialismus, für die nationale Wiedergeburt Deutschlands als friedliebender, demokratischer Staat. In: PROTOKOLL 1959, S. 160 f.

3 Gestaltendes Interpretieren als Rollenspiel

Gestaltendes Interpretieren beinhaltet auch, aus dem Textzusammenhang eine Situation perspektivisch zu gestalten.

Das kann in sehr freier Form geschehen, indem man einfach **Gedanken und Ideen aus einer Figurenperspektive** niederschreibt, aber auch in bekannten Formen wie einem **Brief**, einem inneren **Monolog**, einem **Dialog** mit jemand anderem, einer **Rede** oder einem **Tagebucheintrag**.

Wichtig ist, dass man den Text beim Wort nimmt, also auf Formulierungen achtet, die eine Figur oder Situation charakterisieren. Der neue Text soll nämlich authentisch sein, sofern die **Äußerungen und Überlegungen**, die man einer Figur in den Mund legt, **nicht im Widerspruch zu der Textvorlage** stehen, sondern sich logisch und zielgerichtet aus ihr heraus ergeben.

Umgekehrt ist keine Textvorlage vollständig in dem Sinn, dass man „Leerstellen" des Textes nicht mit eigener Phantasie anreichern könnte.

Die folgende Liebesgeschichte ist eigentlich keine, weil die Liebe schon am Anfang bzw. nach kurzer Zeit scheitert. Es bietet sich daher an, die Gründe des Scheiterns zu reflektieren. In Form eines Abschiedsbriefes aus der Perspektive von Heinz, der dem Mädchen am Ende einen Korb gibt, kann dies authentisch und gut gelingen.

Aufgabe 30
a) Lesen Sie die folgende Geschichte und markieren Sie zunächst die Formulierungen und Textpassagen, die Heinz an Brigitte stören könnten.
b) Gehen Sie nun von folgender Annahme aus: Heinz schreibt einen Brief an Brigitte, in dem er begründend ausführt, warum er die Beziehung zu ihr nicht fortsetzen möchte. Schreiben Sie diesen Brief!

Elfriede Jelinek, was ist das, was da so leuchtet?

1 was ist das, was da so leuchtet wie reife polierte kastanien, fragt sich heinz eines tages auf dem weg zur arbeit. es ist brigittes haar, das frisch getönt ist. man
5 muß nur aufpassen, daß die einwirkungszeit nicht zu lange ist.

heinz hat geglaubt, daß das reife polierte kastanien sind, die da so leuchten, jetzt sieht er aber, daß es brigittes haar
10 ist, das da so leuchtet. er ist erstaunt, daß das schicksal zugeschlagen hat.

ich liebe dich, sagt brigitte. ihre haare glänzen in der sonne wie reife kasta-nien, die auch nicht poliert sind. ich
15 liebe dich so sehr. das ist das gefühl der liebe, dieses unausweichliche gefühl. mir ist, als ob ich dich immer schon gekannt hätte, seit meiner längstvergangenen kindheit schon. brigitte sieht zu
20 heinz auf.

auch heinz ergreift sofort das gefühl. außerdem ergreift ihn eine sinnlichkeit, von der er schon gehört hat, daß es sie gibt.
25 es ist neu und erschreckend zugleich.

heinz will elektriker werden. wenn man etwas lernt, ist man nachher mehr als man vorher war. außerdem ist man dann auch mehr als alle, die nichts gelernt haben.

uns beiden passiert hier etwas, sagt brigitte, das neuer und erschreckender ist als alles, was uns bisher geschehen ist, auch neuer und erschreckender als der betriebsunfall voriges jahr, bei dem eine hand verloren wurde: die liebe. ich weiß jetzt nämlich, daß ich dich liebe, und bin froh, daß ich es weiß. für mich gibt es keinen anderen mann als dich, heinz, und wird auch keinen mehr geben. oder siehst du hier einen anderen mann? heinz sieht keinen, und das gefühl der sinnlichkeit verstärkt sich noch. diese lippen ziehen mich förmlich in ihren bann, denkt heinz. sie locken, und sie verheißen etwas. was? heinz denkt nach. jetzt hat er es: sinnlichkeit.

ich liebe dich so sehr, sagt brigitte, ihr haar glänzt wie reife kastanien in der sonne. ihre vollen lippen sind leicht geöffnet, als ob sie locken oder zumindest verheißen würden. was? ich liebe dich so sehr, daß es weh tut, es tut seelisch in der seele weh und körperlich im körper weh. ich möchte, daß du immer bei mir bleibst, mich niemals verläßt. nach der hochzeit möchte ich ganz zu hause bleiben und nur für dich und unser gemeinsames kind dasein.

was ist meine arbeit in der fabrik gegen dieses gefühl der liebe? nichts! sie verschwindet, und nur mehr das gefühl der liebe ist hier.

[...]

ich brauche dich, und ich liebe dich, sagt brigitte. ihr haar leuchtet in der sonne wie reife polierte kastanien, die liebe ist ein gefühl, daß einer den anderen braucht. ich brauche dich, sagt brigitte, damit ich nicht mehr in die fabrik gehen muß, denn die fabrik brauche ich eigentlich überhaupt nicht. was ich brauche, das bist du und deine nähe. ich liebe dich und ich brauche dich.

hoffentlich ist diese liebe auch körperlich, hofft heinz. ein mann muß alles mitnehmen, was er kriegen kann. auch muß er einmal ein schönes heim haben, auf das er vorher sparen muß, auch muß er einmal kinder haben, aber vorher muß er noch etwas vom leben gehabt haben. die arbeit ist nicht alles, weil die liebe alles ist. ob das wohl die körperliche liebe ist, fragt heinz.

ja, heinz, es ist die liebe, sagt brigitte. ihr haar schimmert in der sonne wie reife polierte kastanien. plötzlich ist sie zu uns gekommen, ganz über nacht, heinz, wer hätte das gedacht? du wirst für mich sorgen und mich für meine liebe belohnen und entschädigen, nicht wahr, heinz?

ich liebe dich nämlich so sehr.

heinz behält sein berufliches fortkommen und kurse, die vielleicht besucht werden werden, im auge. brigitte behält in einem auge die liebe, die wie eine schwere krankheit ist, im anderen auge behält brigitte ihre zukünftige wohnung und deren einrichtung im auge. brigitte hat gehört, daß es richtig ist, wenn es wie eine krankheit ist, brigitte liebt heinz richtig und echt.

verlaß mich niemals, heinz!

[...]

ich liebe dich, sagt brigitte, die heinz nicht verlieren will. was man einmal hat, das möchte man behalten, womöglich kann man sogar mehr bekommen als man hat. vielleicht ein eigenes geschäft. sie kann fleißig mitarbeiten, was sie gewohnt ist.

ich liebe dich, sagt brigitte. endlich muß man nicht mehr fragen, ob dies die liebe ist, weil sie es sicher ist.

[...]

brigitte muß schauen, daß sie einen

mann bekommt, der nicht ins wirtshaus geht. sie muß schauen, daß sie eine schöne wohnung bekommt. sie muß schauen, daß sie kinder bekommt. sie muß schauen, daß sie schöne möbel bekommt. dann muß sie schauen, daß sie nicht mehr arbeiten gehen muß. dann muß sie vorher noch schauen, daß das auto ausbezahlt ist. dann muß sie schauen, daß sie sich jedes jahr einen schönen urlaub leisten können. dann muß sie allerdings schauen, daß sie nicht durch die finger schauen muß.

[...]

heinz will noch etwas von seinem leben haben. heinz kann noch etwas von seinem leben haben, solange er bei seinen eltern wohnt und geld spart. außerdem ist er noch zu jung, um sich schon zu binden. brigitte, deren haar heute wieder glänzt, daß es in den augen weh tut, liebt heinz so sehr, daß etwas in ihr zerbrechen würde, wenn heinz sie wegwirft. ich liebe dich, sagt sie in der art ihrer lieblinge von film, funk, fernsehen und schallplatte. ich weiß nicht, ob es für ein ganzes leben reicht, sagt heinz, ein mann will viele frauen genießen. ein mann ist anders.

ich liebe dich doch gerade deswegen, weil du ein mann bist, sagt brigitte. du bist ein mann, der einen beruf lernt, ich bin eine frau, die keinen beruf gelernt hat. dein beruf muß für uns beide reichen. das tut er auch spielend, weil er so ein großer schöner beruf ist. du darfst mich niemals verlassen, sonst würde ich sterben, sagt brigitte.

so schnell stirbt man nicht, sagt heinz. du müßtest eben auf einen zurückgreifen, der weniger verdient, als ich einmal verdienen werde.

ich liebe dich doch gerade deswegen, weil du mehr verdienst als einer, der weniger verdient.

außerdem liebt brigitte heinz, weil dieses gefühl in ihr ist, gegen das sie nicht ankommt. schluß.

[...]

ich werde es mir bis morgen überlegen, sagt heinz. so macht man das im modernen Wirtschaftsleben, in welchem ich mich auskenne.

ich liebe dich so sehr, antwortet brigitte. morgen ist schon die zukunft, und die habe ich nicht.

mich hast du jedenfalls auch nicht, sagt heinz.

ich möchte daher nicht in deiner haut stecken.

In: Elfriede Jelinek: Die Liebhaberinnen. Reinbek (Rowohlt) 1975, S. 18–21.

Die folgende Geschichte beinhaltet ein Gespräch zwischen einem älteren und einem jüngeren Menschen, die ohne Namen bleiben. Der Ältere dominiert das Gespräch, weil er Thesen formuliert, die der Jüngere kurz kommentiert oder nur mit Einwürfen quittiert, weil ihm manches fremd oder unverständlich scheint.

Es bietet sich ein Tagebucheintrag des Jüngeren an, wo er offen und persönlich über sein Verhalten in dem Gespräch und seine Verständnisprobleme sprechen kann. Er muss dabei auf keinen Adressaten Rücksicht nehmen und kann sich um mehr Verständnis für die Aussagen des Älteren bemühen.

Mithilfe des Tagebucheintrags könnte der Jüngere bei einer erneuten Zusammenkunft dem Älteren anders begegnen.

Aufgabe 31 a) Markieren Sie zentrale Aussagen der Gesprächspartner in unterschiedlichen Farben.
b) Erarbeiten Sie, was Thema des „Älteren" ist, und wie er sein Anliegen dem „Jüngeren" deutlich machen will.
c) Schreiben Sie den Tagebucheintrag des „Jüngeren". Hier kann er emotional frei und selbstkritisch sein Verhalten während des Gesprächs bedenken und schriftlich niederlegen.
Folgende Anregungen können Sie aufgreifen:
1. Der Jüngere setzt sich mit der Dominanz des Älteren und seiner eigenen Reaktion in dem Gespräch auseinander.
2. Der Jüngere zieht Bilanz, was der Ältere im Leben alles erreicht hat.
3. Der Jüngere hält kritisch dagegen, welche begrenzten Möglichkeiten der jungen Generation offenstehen.
4. Der Jüngere setzt sich mit einzelnen Aussagen und Vorstellungen des Älteren auseinander, indem er sie zu verstehen sucht, aber auch kritisch Position bezieht.

Kurt Marti, Der schrumpfende Raum

1 Du wirst doch nicht, sagte der Jüngere. O nein, sagte der Ältere. Zwischen ihnen stand eine Karaffe, in der Karaffe Wein. Das Leben ist ein schrumpfender 5 Raum, sagte der Ältere. Es wird immer wieder schön, sagte der Jüngere, oft ist es beschissen, aber es wird immer wieder schön. Es ist ein schrumpfender Raum, beharrte der Ältere, es schrumpft 10 um dich zusammen. Du denkst wohl an Runzeln, sagte der Jüngere. Nein, sagte der Ältere, das ist es nicht, ich denke wirklich an Raum, er schrumpft auch hinter uns. Du nimmst es zu 15 schwer, sagte der Jüngere. Die Vergangenheit überfährt dich von hinten her, sagte der Ältere, wie eine Lokomotive. Du spinnst, sagte der Jüngere. Die Lokomotive überfährt dich, sagte der 20 Ältere, du weißt genau, sie kommt und überfährt dich von hinten. Aber nicht auf der Straße, sagte der Jüngere. Überall, sagte der Ältere, überall wird der Raum kleiner, die Luft zum Atmen 25 geht aus. Niemals, sagte der Jüngere, die Luft geht niemals aus. Ja, sagte der Ältere, du bist noch jünger, du hast noch Raum. Nicht mehr als du, sagte der Jüngere. Du kannst noch weg, ich nicht 30 mehr, sagte der Ältere, ich nicht. Ich will nicht weg, sagte der Jüngere. Aber du könntest, wenn du nur wolltest, sagte der Ältere, ich nicht, auch wenn ich wollte, das ist es ja, wer alt wird, ist 35 zu diesem Kaff verdammt. Du hast dein eigenes Häuschen, sagte der Jüngere, so verdammt ist es nicht. Ja, sagte der Ältere, mein Raum ist auf ein Häuschen zusammengeschrumpft. Du hast einen 40 Garten, sagte der Jüngere, du hast eine Frau. Ja, sagte der Ältere, doch du vergißt, daß es noch tausend Gärten und tausend Frauen gibt. Oho, sagte der Jüngere, das ist mir neu, daß du ein solcher bist! Bin ich nicht, sagte der Ältere, du weißt, daß ich kein solcher bin. Ja, sagte der Jüngere, das ist wahr. Auch wer kein solcher ist, sagte der Ältere, denkt sich, was noch möglich wäre. Ja, 50 sagte der Jüngere, vieles ist möglich.

Dann aber schrumpft der Raum zusammen, sagte der Ältere, du merkst auf einmal, daß du nicht mehr denken magst, so wie du jetzt denkst, weil du jünger bist. Ist mir zu kompliziert, sagte der Jüngere. Nein, es ist einfach, sagte der Ältere, der Raum schrumpft ein. Ach Quatsch, sagte der Jüngere. Alles schrumpft langsam zusammen, sagte der Ältere, zuletzt bleibt nur noch ein Punkt. Ach was, sagte der Jüngere, das Leben geht weiter. Der Raum schrumpft zusammen, sagte der Ältere, auch du wirst's noch sehen, er schrumpft, und eines Tages kannst du nicht mehr atmen, weil du allein und ohne Raum bist. Der Jüngere lachte. Die Karaffe zwischen ihnen war leer.

In: Kurt Marti: Dorfgeschichten. Erzählungen. Darmstadt/Neuwied (Luchterhand) 1983, S. 74f.

Diskutieren und Erörtern

Diskutieren und erörtern? Wozu soll das gut sein? Was kann ich damit bezwecken? Eine eigene Meinung zu entwickeln und zu formulieren, bildet und formt die eigene Persönlichkeit. **Erfolgreich bin ich, wenn ich ausdrücken kann, was ich denke**, und damit anderen mitteilen kann, was ich zu verstehen geben will.

Um mitreden zu können, muss man sich lesend, schriftlich und mündlich mit Menschen und Problemen auseinandersetzen. Hat man das gleiche Fußballspiel oder die gleiche Fernsehsendung gesehen, ist der Gesprächsstoff für den folgenden Morgen gesichert. Bei gemeinsamen Bekannten, Freunden oder Lehrern findet sich immer ein Stein des Anstoßes, den man in Bewegung setzen kann, worüber man sich austauschen und ereifern kann.

Diskussionen über die Familie und die Schule sind selbstverständliche Bestandteile des eigenen Lebens. Viele Menschen benutzen solche **Gespräche, um sich Enttäuschungen oder Verletzungen von der Seele zu reden**. Wer sich erörternd und fragend mit anderen auseinandersetzt, erhöht aber zugleich die **Akzeptanz bei Freunden und in der Gruppe**. Die anderen wissen dann, was und wie man denkt.

Fair und klar Stellung beziehen und urteilen zu können, führt zu mehr **Sozialkompetenz**. Auch in Streitfragen, die einen nicht unmittelbar berühren, wird man um Rat gefragt.

Diskussionen und Streitgespräche können sehr unterschiedlich ablaufen, wobei aber immer **das Gebot der Fairness** zu beachten ist. Lästern und schimpfen kann jeder, aber Menschen und Sachverhalten **Gerechtigkeit widerfahren zu lassen**, ist Aufgabe und Kunst zugleich.

Für gute Diskussionen und Gespräche gilt der **Appell, auch der Gegenseite Gehör zu verschaffen**. Zuhören ist genauso wichtig wie sich selbst einzubringen. Auf diese Art und Weise eröffnet sich manchmal etwas Neues, was einem vorher nicht so bewusst und vorstellbar war. **Diskussionen erweitern** den **eigenen Horizont** und können dazu führen, die eigene Position zu überdenken oder besser abgesichert zu wissen.

Dabei gibt es drei Elemente, die für Diskussionen und Erörterungen in mündlicher und schriftlicher Form grundlegend sind: **Information, Fantasie** und **logisches Denken**.

1 Information, Fantasie und logisches Denken

Diskutieren kann man nur, wenn man sich in dem Bereich, über den man sprechen will, auskennt. Anregungen und Informationen bezieht man über die Medien. Die **tägliche Zeitungslektüre** und **Nachrichten in Funk und Fernsehen** erweitern die **Allgemeinbildung** und bieten **Diskussionsstoff**. Das Internet hilft bei gezielten Fragestellungen weiter. Die **Fantasie** kann man schulen, indem man zu Aufgaben und Themen, die einen interessieren, einen **Ideenkatalog** formuliert oder ein **Brainstorming** (Sammeln spontaner Einfälle) durchführt. **Logisches Denken** überprüft, ob **Ideen und Gedanken zum Thema** passen, für welche Seite (Pro oder Contra) der Einfall am besten geeignet ist und wie **aus einer Idee ein Argument** wird, das man untermauern und erweitern kann. Am Ende steht – mit Blick auf den Diskussionsverlauf – eine begründete **Entscheidung** oder ein abgewogenes **Urteil**, das sich folgerichtig aus den dargelegten Aspekten / Bausteinen ergibt.

Es gibt allerdings viele Themen, zu denen man wie bei einer Umfrage spontan Stellung nehmen kann. Dazu gehören z. B. Themen aus dem schulischen Bereich. Fantasie und methodisches Vorgehen lassen sich gut in einem Dreischrittmodell einüben.

Dreischrittmodell

1. Sammeln von Ideen, Gedanken, Reizwörtern: Erstellen einer **Stoffsammlung**
   Fragen:
   a) Welche Stichwörter fallen mir zu einem Thema ein? Wo kann ich weitere finden?
   b) Was sehe ich kritisch, wo sehe ich Probleme, wo Handlungsbedarf?
2. Logische Einordnung und **Überprüfung** der Stoffsammlung
   Fragen:
   a) Passen die Stichwörter zu meinem Thema?
   b) Wie kann ich meine Kritik, das Problem, den Handlungsbedarf in Worte fassen, sodass die Aussage/These allgemein verständlich ist?
3. Reformvorschläge oder Thesen **begründen**
   Fragen:
   a) Welche Begründungen lassen sich für eine These oder einen Reformvorschlag finden?
   b) Welche Begründung ist am zugkräftigsten und passt am besten?

Zu **Reiz- oder Stichwörtern** wird eine Idee entwickelt, die man dann in einer weiteren Aussage begründet. In unserem Fall seien fünf Stichwortthemen genannt: Umfang der Schulstunden, Projektorientiertes Lernen, Nachmittagsunterricht, Schüler unterrichten Schüler, Schule als Lebens- und Lernort. Zu

jedem Reizwort ist ein Reformvorschlag aus dem schulischen Bereich (a) formuliert, der mit einer zweiten Aussage (b) begründet wird.
Die Begründung für eine These erfolgt am besten auf der Basis der klassischen „Warum-Fragen". Sie sind eine gute Übung, die eigene Fantasie zu entwickeln. Beispiele für Warum-Fragen – bezogen auf die vorliegenden Stichwortthemen – sind:

1. Warum sollte die Zahl der Schulstunden für Schüler begrenzt werden?
2. Warum sollte der Unterricht nicht in einem Stundenrhythmus abgehalten werden?
3. Warum sollten Schüler auch nachmittags fachgerecht beraten und betreut werden?
4. Warum sollten besonders begabte Schüler ihre Mitschüler unterrichten?
5. Warum sollten Schüler sich an einer Arbeitsgemeinschaft beteiligen, die mit der Gestaltung der Schule zu tun hat?

Das Ergebnis von Reformvorschlag (a) und Begründung (b) könnte dann etwa so aussehen:

1. **Umfang der Schulstunden**
   a) Die Schulstunden, die Schüler absolvieren, sollten – dem Alter entsprechend – begrenzt werden. *Vorschlag: Begrenzung von Schulstunden*
   b) Viele Schüler (Kinder und Jugendliche) kommen auf eine 40-Stunden-Woche und arbeiten ebenso viel oder sogar mehr als erwachsene Erwerbstätige. *Begründung: Schülerarbeit im Vergleich*

2. **Projektorientiertes Lernen**
   a) Der Unterricht sollte nicht in einem Stundenrhythmus stattfinden, sondern in Einheiten von mindestens zwei Stunden, damit mehr projektorientiert gearbeitet werden kann. *Vorschlag: kein Ein-Stunden-Rhythmus*
   b) Der schnelle Wechsel der Stunden überfordert Schüler, weil zu viel Stoff in zu kurzer Zeit vermittelt wird. *Begründung: Überforderung der Schüler*

3. **Nachmittagsunterricht**
   a) Wenn Schule im Ganztagsbetrieb stattfindet, sollten die Schüler nachmittags auch fachgerecht beraten und betreut werden. *Vorschlag: Schule im Ganztagsbetrieb?*

b) Viele Schüler haben im regulären Unterricht oder zu Hause nicht die Möglichkeit, Fragen zu stellen oder ihre Lernschwierigkeiten offenzulegen. *Begründung: bisher mangelnde Förderung*

4. **Schüler unterrichten Schüler**
   a) Besonders begabte Schüler langweilen sich im Unterricht häufig. Sie könnten mehr Verantwortung übernehmen, indem sie Kurse für Mitschüler anbieten. *Vorschlag: Schülerverantwortung*
   b) Schüler können sich oft besser in ihre Mitschüler hineinversetzen. Wenn gute Schüler mit einer Gruppe von schwächeren Schülern arbeiten, können davon alle profitieren. *Begründung: Vorteile für alle Schüler*

5. **Schule als Lebens- und Lernort**
   a) Jeder Schüler sollte an einer Arbeitsgemeinschaft beteiligt sein, die mit der Gestaltung der Schule zu tun hat (z. B. Energie-AG, Aktion „Rauchfreie Schule", Betreuung des Biotops, Streitschlichter, Erste-Hilfe-Gruppe). *Vorschlag: Beteiligung an Arbeitsgemeinschaften*
   b) Nur wenn Schüler sich mit ihrem Schulort identifizieren und in einem spezifischen Bereich Verantwortung übernehmen, werden sie auch ordentlich mit dem Inventar und den Schuleinrichtungen umgehen. *Begründung: Identifikation mit Schule*

Aufgabe 32 Überlegen Sie sich, welche Forderungen oder Reformvorschläge Sie gegen das Rauchen als gesundheitsschädliche Sucht erheben bzw. entwickeln können.
Begründen Sie Ihren Vorschlag mit einem Satz.
Gehen Sie dabei von folgenden Stichwortthemen aus:
Zigarettenautomaten
Rauchen in der Schule
Rauchen in Lokalen und Restaurants
Rauchen in öffentlichen Verkehrsmitteln
Rauchen in der Öffentlichkeit

2 Der Wert einer Stoffsammlung

Empfehlenswert ist eine Stichwort- oder Stoffsammlung, für die man ein eigenes Blatt vorsieht oder einen bestimmten Bereich auf dem Blatt (halbe Seite) reserviert. **Stichwörter** fungieren als Gedankenstütze und Ideengeber beim Schreiben. Man beginnt mit ihnen, ergänzt sie aber während des Schreibvorgangs. Gehen die Stichwörter aus, stellen sich neue ein, wenn man vorhandene ausformuliert.

Um eine hieb- und stichfeste Begründung zu erhalten, muss man **die Gedankensplitter der Stoffsammlung zu vollständigen Aussagen und Sätzen erweitern**. Ein Stichwort führt häufig zu mehreren Gedanken, wenn man sich schreibend darauf einlässt. Wichtig ist, Ruhe zu haben und sich ein **Zeitziel** (eine halbe Stunde) oder **Formulierungsziel** (zehn begründende Aussagen) zu setzen und auch einzuhalten.

Aufgabe 33

Formulieren Sie eine Stoffsammlung zu folgender Frage: „Warum sollten Jugendliche mit einem eigenen PC aufwachsen?" Antworten Sie jeweils mit drei bis fünf Sätzen.

Vorgegebene Stichworte:
Bedeutung des PC in Gesellschaft und Schule
Unabhängigkeit von anderen Familienmitgliedern
Eigene Formatierungen und Standards
Eigene Programme
Speichersystem
Umgang mit PC-Problemen

Parallel zu den vorgenannten Begründungsfragen, die einer These jeweils zustimmen (vgl. S. 61), lassen sich **Themen-Beispiele** formulieren, die eine **Protesthaltung** beinhalten. Solche Fragen können etwa folgendermaßen lauten:
- Warum sollten Kinder und Jugendliche unter 14 Jahren kein eigenes Handy bekommen?
- Warum muss man das Klonen von Menschen verbieten?
- Warum schadet zu viel Fernsehkonsum Kindern und Jugendlichen?
- Warum ist es gefährlich, wenn Jugendliche sich nur anpassen?
- Warum sind Schönheitsoperationen nur in Ausnahmefällen zu befürworten (bei Entstellungen nach Krankheiten oder Unfällen)?

Auch hier ist **der emotionale Schreibimpuls** wichtig. Auf welche Gefahren will man aufmerksam machen, wogegen will man Stellung beziehen?

Aufgabe 34 Entwerfen Sie einen zusammenhängenden Text gegen das Klonen von Menschen. Versetzen Sie sich in die Lage eines geklonten Menschen und orientieren Sie sich an folgenden Stichwortimpulsen:
Individualität, Freiheit, Berechnung/Konstruktion, Begabung und Umwelt, religiöse Bedenken und Vorbehalte, biologische oder genetische Fragen

Hinweis: Unter Klonen versteht man, dass durch spezifische künstliche Befruchtung eine genetisch völlig identische Kopie eines Lebewesens entsteht. Erfolgreich wurden bisher nur Tiere geklont (vgl. 1997 das Schaf „Dolly").

3 Zeitungsartikel als Anregung und Vorlage für Diskussionen

Zeitungstexte eignen sich besonders gut, um in eine Diskussion einzusteigen, weil aktuelle Ereignisse und Geschehnisse in Gesellschaft und Politik zur Auseinandersetzung einladen.

Sechs methodische Schritte

- Am Anfang steht **informelles Lesen** (1). Zeitungen und Medien bieten gedruckt oder virtuell im Internet ein breites Spektrum an Informationen zu bestimmten Themen. Es lohnt sich, verschiedene Artikel und Stellungnahmen zu einem Thema zu lesen, um sich einen Überblick zu verschaffen.

- Im nächsten Schritt kann man eine engere **Auswahl** an Texten treffen, die man versteht und die zugleich zu weiterer Beschäftigung und Auseinandersetzung animieren (2).

- Hat man sich für einen Text entschieden, markiert man zunächst **zentrale Aussagen** des Textes farbig (3). Danach formuliert man als sprachliche Übung eine eigene **Zusammenfassung** (4). In einem weiteren Schritt arbeitet man **Informationsgehalt** des Textes und Anliegen des Autors heraus (5). Zuletzt folgt die **Auseinandersetzung** mit den Thesen des Artikels (6).

Aufgabe 35 a) Markieren Sie im folgenden Text die Hauptaussagen, indem Sie pro Abschnitt höchstens drei Sätze farblich unterlegen. Achten Sie besonders auf die Aussagen am Beginn und Ende der jeweiligen Abschnitte.

b) Fassen Sie nun mit eigenen Worten die Thesen des Textes zusammen, indem Sie für jeden Abschnitt bis zu drei Sätze formulieren. Achten Sie dabei auf den Gebrauch der indirekten Rede.
c) Skizzieren Sie den Informationsgehalt des Textes, was Anliegen und Absicht des Autors angeht. Beschränken Sie sich dabei auf vier bis fünf Sätze.

Der Kampf ums Handy – Woher die Gewalt in unseren Hauptschulen kommt

Von Wolfgang Seitz *(Kriminalkommissar im Ruhrgebiet)*

Das ganze Land schaut auf die Rütli-Schule in Berlin[1], und viele Deutsche sagen sich: Wir haben die Hauptschüler nicht mehr im Griff. Meiner Erfahrung nach sind aber nicht die Jugendlichen das größte Problem, sondern es sind die Lehrer der Schule und vor allem die Eltern. In der Rütli-Schule muss schon lange sehr viel schief gelaufen sein. Wie anders ist es zu erklären, dass jetzt einzelne Eltern behaupten, sie hätten gar nicht gewusst, dass ihre Kinder mit Schlagringen zur Schule kommen? Haben die Lehrer nichts gesehen? Haben die Lehrer den Eltern nichts gesagt? Oder wollten die Eltern es nicht hören? Hätte der Kontakt zwischen Eltern und Lehrern funktioniert, die Gewalt wäre nicht so eskaliert.

In meiner Stadt haben wir Erfolg damit, früh in die Schulen zu gehen, deren Schüler sich prügeln. Wir laden

die Eltern ein, gemeinsam mit dem Jugendamt. Wir schärfen ihnen ein, dass sie ihren Kindern verbieten müssen, Waffen in die Schule mitzunehmen. Ja, das muss man denen tatsächlich sagen! Ein Kollege veranstaltet außerdem ein Training, Coolness-Training genannt, in dem Schüler lernen, ruhig zu bleiben, nicht gleich zuzuschlagen, wenn sie jemand anmacht. Und für die Wiederholungstäter gibt es Wochenendarrest: einen Samstag und einen Sonntag ohne

Fernsehen, ohne Freunde, ohne Handy. Das hilft bei manchen schon. Man muss früh zeigen, wo die Grenzen liegen.

Wir haben Gewalt nicht nur an Schulen mit einem hohen Ausländeranteil, sondern längst auch an vermeintlich guten Schulen mit deutschen Schülern. Seit zehn, fünfzehn Jahren beobachte ich, wie die Gewalt zunimmt: Die Schüler werden immer rücksichtsloser, sie prügeln sich wegen eines Spruchs, eines falschen Blicks. Und wenn sie sich erst mal prügeln, geht es heftig zur Sache. Früher gab es ein kleines Gerangel, dann war Schluss. Heute tragen manche ein ganzes Arsenal an Waffen mit sich rum: Messer, Schlagringe, Gaspistolen.

Ich vermute, wir haben zum Teil alleine schon deshalb mehr Gewalt, weil sich die Schüler heute um teure Handys und MP3-Spieler streiten, die es früher einfach nicht gab. Auch der Zugang zu Gewaltvideos ist einfacher geworden, per Internet oder von Handy zu Handy. Der tieferliegende Grund ist aber der, dass Eltern ihren Kindern keine Leitlinien mehr vorgeben. Ich gehöre ja selbst zu einer Generation, die mal dachte, man müsse den Kindern alles erlauben.

Aus meiner Sicht kann ich sagen: Ja, die Gewalt an Schulen nimmt zu. Nein, nicht vornehmlich unter Türken oder anderen ausländischen Gruppen. Im vorigen Jahr ist die Kriminalitätsrate ausländischer Jugendlicher in NRW anders als in Berlin sogar leicht gesunken. Klar: Türkische Jungs sind sehr aufbrausend, wenn es um ihre Ehre geht oder das, was sie dafür halten. Da brennt schnell ihre Sicherung durch. Aber ihre deutschen Klassenkameraden wissen auch ganz gut, wie sie die Sicherung zum Durchbrennen bringen.

In: Die Zeit, Nr. 16, 12. April 2006, S. 67.

Anmerkung:
1 Gemeint ist die Rütli-Hauptschule in Berlin-Neukölln, deren Lehrer sich an die Schulaufsicht wandten, weil sie die Zustände an ihrer Schule für untragbar hielten. Der Beschwerdebrief der Kollegen gelangte an die Öffentlichkeit und erregte dort Aufsehen (vgl. dazu das Dossier in der „Zeit", Nr. 15, 6. April 2006, S. 17 ff., mit dem Titel „Ist die Rütli noch zu retten?")

Wenn klar ist, worauf der Autor eines Zeitungsartikels hinaus will, gibt es zwei weitere Arbeitsschritte:

- Wie glaubwürdig ist der Autor und wie überzeugend sind seine Thesen?
- In welcher Weise kann man sich mit den vorgetragenen Thesen auseinandersetzen?

Die Glaubwürdigkeit und Kompetenz des Autors kann man anhand des beruflichen Umfeldes ermessen, das häufig genannt wird, um vorhandene Sachkenntnis auszuweisen. Ohne diese Information bietet ein Text gleichwohl genügend Indizien.

Die Auseinandersetzung mit den Thesen eines Textes

Folgende Fragen erweisen sich für die Auseinandersetzung mit dem Textinhalt als aufschlussreich:
- Ist der Text logisch strukturiert?
- Sind die Aussagen klar und verständlich?
- Sind eigene Erfahrungen plausibel vorgestellt?
- Auf welche sonstigen Quellen stützt der Autor seine Aussagen?
- Überzeugen die Schlussfolgerungen?
- Konzentriert sich der Text auf Wesentliches?
- Welche Fragen lässt er offen?

Werden **Bestandsaufnahme** und **Ursachenforschung** des Autors als authentisch und nachvollziehbar eingestuft, lässt sich das Verständnis des Artikels erweitern, indem man genannte **Ursachen erläutert**, weitere sucht und sie dann **gegeneinander abwägt**.

Ein weiterer logischer Schritt besteht in der **Diskussion**, welche **Lösungsmöglichkeiten** man in Auseinandersetzung mit dem Text für die Problematik selbst sieht und vorschlagen kann.

Aufgabe 36

a) • Schätzen Sie unter Bezugnahme auf die Lösungen der Aufgaben 35 a–c die Glaubwürdigkeit des Autors (vgl. Text, S. 65 f.) im vorliegenden Fall ein.
• Welche Fragen würden Sie ihm live über den Text hinaus stellen?

b) Erläutern Sie (ausgehend von Teilaufgabe 36 a) die im Text genannten Ursachen für die zunehmende Gewaltbereitschaft von Jugendlichen – auch durch eigene Gedanken und Überlegungen – und zeigen sie Lösungswege auf.
Sie können sich abschnittsweise an folgenden Stichwörtern orientieren:
Verantwortung der Eltern (Defizite bei Eltern)
Kommunikationskultur zu Hause
Rollenklischees in Familien
Konfliktbereitschaft bei Eltern und Lehrern
Gewalt in den Medien
Probleme einer Leistungsgesellschaft
Handy als Möglichkeit, andere einzuschüchtern

c) Diskutieren Sie zusammenfassend Lösungsansätze, die sich aus den Überlegungen über die Ursachen der Gewaltbereitschaft ergeben.

Aufgabe 37 Lesen Sie folgenden Artikel und bearbeiten Sie die Aufgaben:
a) Inwiefern bestätigt Frau Lorenz die Einschätzung von Herrn Seitz, dass Gewalt an Schulen ein wachsendes Problem sei?
b) Wofür plädiert Frau Lorenz? Skizzieren Sie ihre Lösungsvorschläge mit je einem Satz.
c) Diskutieren Sie die vorgeschlagenen Lösungsmöglichkeiten, indem Sie auch eigene Vorschläge einbringen.
d) Ziehen Sie abschließend eine kurze Bilanz Ihrer Diskussion.

Gebt ihnen Regeln und setzt sie durch

Die Fragen stellte Jörg Lau

Aida Lorenz leitet das Schulpsychologische Beratungszentrum Berlin-Mitte. Sie ist zuständig für Gewalt- und Krisenintervention in rund siebzig Schulen

Nichts brauchen Jugendliche so sehr wie Konsequenz, meint die Berliner Schulpsychologin Aida Lorenz.

DIE ZEIT: Eine Berliner Schule bittet um Auflösung, weil sie der Gewalt nicht mehr Herr wird – ist das ein Extremfall oder die Spitze des Eisbergs?

Aida Lorenz: An der Neuköllner Rütli-Schule sind Probleme zum Vorschein gekommen, unter denen viele Schulen in sozialen Brennpunkten leiden. Und die Entwicklung macht vor besseren Quartieren nicht Halt. Vorige Woche wurde bekannt, dass junge Araber an einer Charlottenburger Hauptschule einen Schwarzen zusammengeschlagen haben – und diese Schule war gerade erst für ihre vorbildliche Gewaltprävention prämiert worden.

ZEIT: Nimmt die Gewalt an den Schulen zu?

Lorenz: Jedenfalls nehmen die Meldungen von Gewaltvorfällen in Berlin seit Jahren heftig zu. Die Meldezahlen im größten Problembezirk Mitte verdoppeln sich von Jahr zu Jahr. Dabei verzeichnen wir mehr und mehr einfache Körperverletzungen: Prügeleien, Trittattacken, Raufen. Gefährliche Körperverletzungen sind hingegen leicht rückläufig. In den Schulen wird genauer hingeschaut und endlich gemeldet, was man früher unter den Teppich kehrte – die Polizei spricht von Dunkelfeldaufhellung. Und das ist gut, auch wenn die Zahlen erschrecken. Wir beginnen, die Dimension des Problems zu erkennen.

ZEIT: Haben wir zu lange weggeschaut?

Lorenz: Ja. Und wer nun hinschaut, der stellt fest, dass die Qualität der Gewalt sich verändert. An vielen Fällen, die ich betreue, schockiert mich die Unfähigkeit der Täter, Empathie zu empfinden, und die Abwesenheit jeglicher Hemmungen, die wir normalerweise voraussetzen. Da liegt jemand schon am Boden, und dann wird noch mal zugetreten. Hilflose werden weiter geprügelt.

ZEIT: Aber zunehmend trifft es auch Lehrer.

Lorenz: Auch dies spricht für fallende Hemmungen. Die Gewalt bricht oft ganz unvermittelt und unmotiviert aus. Ein Lehrer, den ich betreut habe, wurde von einem schulfremden Jugendlichen ansatzlos zusammengeschlagen, nachdem er ihn einfach nur auf dem Pausenhof zur Rede gestellt hatte. Ein anderer wurde im Klassenraum so stark von einem Schüler geschubst, dass er rückwärts mit dem Kopf auf die Tischkante fiel und ohnmächtig wurde. Leh-

rer werden beschimpft und bedroht, wenn sie Schüler wegen eines Vergehens sanktionieren.
ZEIT: Was kann ein Lehrer tun?
Lorenz: Ich bin froh, dass die Lehrer die Gewalt endlich öffentlich machen. Sie neigen nämlich dazu, solche Dinge wegzudrücken und zu verschweigen. Für Lehrer ist es besonders schlimm und demütigend, in der Schule Opfer zu werden. Sie verlieren ihre professionelle Rollenidentität, wenn sie dort erniedrigt werden, wo sie eigentlich die Respektsperson sein sollen, die den Schülern Sicherheit und Orientierung gibt. Darum ist es unerlässlich, dass nach einem Gewaltvorfall etwas passiert. Es müssen Sanktionen erfolgen, schnell, konsequent, öffentlich. Die steigenden Meldezahlen sprechen immerhin dafür, dass sich dieses Denken durchsetzt.
ZEIT: Plädieren Sie für mehr Härte?
Lorenz: Es geht nicht um Härte, sondern um konsequente Grenzsetzung. Ich kann sehr wohl Herzenswärme zeigen, indem ich Grenzen setze. Es geht auch nicht um Strafe um ihrer selbst willen, sondern als Chance zum sozialen Lernen. Es kommt darauf an, den Schülern ein verbindliches Regelwerk anzubieten, das ernst genommen wird, weil seine Verletzung geahndet wird. Die Jugendlichen müssen hinter diesem Regelwerk stehen. Am besten beteiligt man sie von Anfang an bei der Festlegung. Herzenswärme, Freiräume, Regeln – diese drei Elemente brauchen Sie in der Schule wie in der Familie.
ZEIT: Wenn nun aber die Störer an der Schule schon den Ton setzen?
Lorenz: Dann kann eine konfrontative Pädagogik nützlich sein. Wo akzeptierendes, empathisches Begleiten nicht hilft, müssen Lehrer die Konfrontation annehmen. Sie müssen mit Leidenschaft Respekt einfordern. Sie müssen die Schüler konsequent an ihre Verantwortung erinnern, durch eine Art fürsorgliche Belagerung. Schnelles Eingreifen, Grenzsetzung, Konfrontieren, Respektleidenschaft – das müssen viele Lehrer bei uns erst wieder lernen: eindeutig sein und nichts durchgehen lassen.
ZEIT: Überfordert es die Schule nicht hoffnungslos, den Kindern zu vermitteln, was sie eigentlich von zu Hause mitbringen müssten?
Lorenz: Es gibt Schulen, die es unter schwierigsten Umständen geschafft haben, weil die Schüler dort vermittelt bekommen, dass Fehlverhalten Konsequenzen hat. Eine Schule in Hessen hat ein Schulgericht aus Lehrern und Schülern geschaffen, vor dem Konflikte verhandelt werden, und damit die Situation gewendet.
ZEIT: Wie erreicht man aber Intensivtäter, die die Autorität der Lehrer nicht anerkennen?
Lorenz: Ich beginne gerade ein neues Projekt, bei dem ich besonders gefährdete Jugendliche mit reuigen Inhaftierten zusammenbringe, damit ihnen bei dieser Begegnung in der Haftanstalt ganz und gar deutlich wird, was ihnen bevorsteht, wenn sie den Weg der Gewalt weitergehen. Diese reuigen Straftäter werden als Autoritäten akzeptiert. Sie können glaubhaft vermitteln, dass Gewalt und Gangsterposen nicht cool sind.
ZEIT: Wäre es nicht das Beste, die Hauptschulen einfach aufzulösen?
Lorenz: Die Schulstruktur ist nicht der Schlüssel zum Gewaltproblem. Die meisten Meldungen über Gewaltvorfälle in Berlin-Mitte kommen aus Gesamtschulen.

In: Die Zeit, Nr. 15, 6. April 2006, S. 19.

4 Freier Diskussions- bzw. Erörterungsaufsatz

Erörterungsthemen aus dem Schulbereich nehmen Rücksicht auf den Erfahrungsbereich der Schüler, sodass die meisten mitreden können. Schwieriger sind **übergreifende Fragestellungen und Themen**, die auf **allgemeine Verhaltensweisen** zielen oder auf **gesellschaftliche Probleme** Bezug nehmen.

Wenn die **Persönlichkeit des Einzelnen** im Mittelpunkt des Interesses steht, spielen Begriffe wie Anerkennung, Anpassung, Benehmen, Berufswahl, Denken, Freundschaft, Kleidung, Mobilität, Ordnung, Schenken, Spaß und Zivilcourage eine bedeutende Rolle. **Von der Gesellschaft aus betrachtet**, stehen Begriffe wie Demokratie (Kompromissfähigkeit, Toleranz, Wahlrecht), Erziehung (Grundsätze), Gewalt, Kommunikation (Handy, Internet, Telefon), Kultur (Bauwerke, Bibliotheken, Museen), Medien (Bücher, Fernsehen, PC, Presse, Zeitung), Literatur (Lesen), Regeln, Tourismus und Wirtschaft (Geschäftsöffnungszeiten) im Vordergrund. Beide Bereiche haben natürlich miteinander zu tun und können nicht getrennt werden, denn **die Verhaltensweise jedes Einzelnen hat mit der Gesellschaft zu tun**, in der er lebt. Umgekehrt **wirken gesellschaftliche Entwicklungen auf den Einzelnen** zurück. Deswegen ist es sehr wichtig, die **Wechselwirkung zwischen Individuum und Gesellschaft** im Auge zu behalten.

Ein freier Diskussions- bzw. Erörterungsaufsatz beschäftigt sich mit oben genannten Begriffen und kommt ohne Textvorlage aus. Dabei folgt er dem Schema von Einleitung, Hauptteil und Schluss. Jeder Teil übernimmt hier spezifische Aufgaben.

Einleitung, Hauptteil und Schluss einer Erörterung

- Die **Einleitung** führt in das Thema ein, macht neugierig auf das Thema, indem sie einen aktuellen Bezug herstellt, der die Bedeutung und die Relevanz des Themas zeigt.
- Der **Hauptteil** enthält die Auseinandersetzung mit dem Thema, wobei sie einem Pro-und-Contra-Schema folgt oder gegensätzlich („dialektisch") von einer auf die andere Seite wechselt.
- Der **Schluss** beinhaltet ein abwägendes Urteil, das sich logisch aus den Wertungen des Hauptteils ergibt. Gleichzeitig markiert er die Grenzen der Fragestellung und weist auf offene Fragen hin.

Bei freien Erörterungen ohne Textgrundlage geht es in der **Einleitung** zunächst darum, sich **das angesprochene Problem** zu **vergegenwärtigen**. Dies geschieht am besten anhand eines Beispiels oder einer Beispielsammlung, die offenlegt, dass das Thema aktuell und bedeutungsvoll ist.

Aufgabe 38 — Folgendes Thema ist gegeben: Entwickeln und diskutieren Sie die Bedeutung von Geduld für den Einzelnen und die heutige Gesellschaft. Achten Sie dabei darauf, wie nötig und wirksam Geduld ist und wo Sie ihre Grenzen sehen und ziehen.
Schreiben Sie eine Einleitung unter dem Motto „Leben in der Warteschleife", wobei Sie ein Beispiel wählen, wo Geduld besonders gefragt ist, und schließen Sie mit einem kurzen Fazit ab.

Von der Einleitung führt ein direkter Weg zur Themenstellung, indem man als **Überleitung** das geschilderte Beispiel verallgemeinert. **Verallgemeinern heißt, ein konkretes Beispiel auf andere Bereiche zu übertragen** oder eine bestimmte Erfahrung als häufig oder immer wiederkehrend einzustufen. Das Beispiel gewinnt einen höheren Stellenwert, indem Sie es als charakteristisch und repräsentativ für Menschen in bestimmten Situationen herausstellen.
Die **Verallgemeinerung** geschieht **als These**, die spezifischer Begründungen bedarf und mit einem Fazit endet.

Aufgabe 39 — Gestalten Sie eine Überleitung, die das in der Lösung von Aufgabe 38 entwickelte Beispiel verallgemeinert, indem Sie die Kundenbetreuung in der Wettbewerbsgesellschaft kritisch beleuchten.
Folgen Sie dabei dem Schema:
- verallgemeinernde These
- Begründungen
- Fazit

Der **Hauptteil** entfaltet das Thema intensiver. Er folgt Grundthesen (vgl. Aufgabe 40), die das Thema in verschiedenen Bereichen aufgreifen, es mit erläuternden Begründungen und Beispielen anreichern und in Schlussfolgerungen münden. Gliederungsprinzip ist die **Dialektik** (Gegensätzlichkeit) des Themas: Es gilt beispielsweise, um beim Thema von Aufgabe 38 zu bleiben,
1. die Notwendigkeit und Wirksamkeit der Geduld aufzuzeigen und

2. ihre Grenzen zu beschreiben.
Beide Teile können beliebig oft für einen Bereich aufgegriffen und gestaltet werden. Wichtig ist, dass am Ende
3. ein Fazit steht.
Erst nach dem Fazit kann man zur nächsten Grundthese überwechseln.

Aufgabe 40 Gestalten Sie nun den Hauptteil, indem Sie zu den Thesen jeweils in einem Dreischritt
- die Notwendigkeit der Geduld – an Beispielen begründend – entwickeln (1),
- die Grenzen der Geduld markieren (2) und
- ein Fazit (3) ziehen.

Die Schritte 1 und 2 können Sie je nach Ideenreichtum mehrmals wiederholen, nur das Fazit des Gedankenganges steht allein und zusammenfassend am Ende.
Folgende Thesen dienen als Hilfestellung:
- Nur der geduldige Kunde ist ein erfolgreicher Käufer
- Nur geduldige Kinder und Jugendliche bringen es zu etwas
- Warum die Gesellschaft viel Geduld haben, aber auch ungeduldig sein muss

Der **Schluss** einer Diskussion/Erörterung enthält immer das **Fazit**, in dem Kernaussagen des Hauptteils aufgegriffen und zusammengefasst werden. Außerdem enthält der Schluss einen eigenen, neuen Teil, in dem das Thema oder der Blick des Lesers erweitert wird.

Aufgabe 41 Schreiben Sie einen Schluss, indem Sie ein Fazit der mit den drei Thesen entwickelten Gedanken ziehen.
Zeigen Sie am Ende Wert und Grenzen der Geduld auf und stellen Sie diese der Ungeduld bzw. dem aktiven Handeln gegenüber.

Präsentieren

1 Allgemeines zur Präsentation

Die Präsentation hat vieles mit dem bekannten Referat gemein. Es handelt sich primär um einen **mündlichen Vortrag**, der thematisch und zeitlich begrenzt ist. Dazu gehört, sich anschließend den Fragen, Anregungen und Diskussionsbeiträgen der **Zuhörer** zu stellen. Der **Adressatenbezug** bedingt, dass man sich auf dem Niveau der eigenen Klassenstufe bewegt.

Referat und Präsentation sind in der Regel Einzelleistungen, aber es gibt Themen, die auch von mehreren vorbereitet und präsentiert werden können. Dabei stellt sich die Frage der Rollenverteilung und spezifischen Verantwortung innerhalb der Gruppe.

Für Referat und Präsentation ist eine **klar begrenzte Aufgaben- oder Themenstellung** nötig, sodass die Reichweite des Themas eingeschätzt werden kann. Gesammelte Informationen sind übersichtlich zu gliedern und zu strukturieren. Bei der Präsentation bemüht man sich, mit Hilfe von Medien (Flipchart, Tafel, Overhead, PC) Texte oder Sachverhalte zu **visualisieren** und gegebenenfalls bildlich zu veranschaulichen.

In vielen Schulen werden Präsentationsprüfungen als besondere Lernleistung oder als Teil der Abschlussprüfung angeboten. Dafür gibt es meist gesonderte Vorgaben, die zu beachten sind.

Referat und Präsentation bedürfen gezielter Vorbereitung. Die rechtzeitige und fundierte Vorbereitung schützt vor Zeitnot und übertriebenem Lampenfieber.

Sachlich strukturiertes Wissen ergänzt sich mit der Persönlichkeit des Vortragenden, indem er den Mut hat, Schwerpunkte zu setzen und eine eigene Meinung zu entwickeln. So sollte die Beziehung, die der Vortragende zu seinem Gegenstand hat, deutlich werden. Durch die eigene Motivation, sich mit einem bestimmten Thema eingehender zu befassen, erhält der Vortrag die nötige Überzeugungskraft.

Definition einer Präsentation

Unter Präsentation versteht man die Aufbereitung und Darstellung eines Themas, wobei drei Aspekte unbedingt zu beachten sind:
1. Es handelt sich um eine **Überblicksdarstellung**, die **in einem zeitlich begrenzten Rahmen mündlich** vorgetragen wird.
2. Die Darbietung soll **anschaulich** und **eindrucksvoll** sein, also auch Materialien und Dokumente in Bild und Ton enthalten.
3. Die Präsentation muss **adressatenbezogen** sein, d. h. sich am Publikum orientieren, was **Klarheit** und **Verständlichkeit** des Vortrags sowie **Überzeugungskraft** des Vortragenden erfordert.

Je nach Anlass und Vereinbarung kann zusätzlich ein Handout (Informationsblatt mit Gliederung und zentralen Aspekten bzw. wichtigen Zitaten) und/oder eine schriftliche Ausarbeitung verlangt werden.

Worauf sich der Vortragende einstellen muss:

- **Fachliche Kompetenz**
  Der Vortragende muss sich in ein Interessengebiet so einarbeiten, dass er kompetent auf kritische Nachfragen reagieren kann.
- **Logische Stringenz**
  Das Thema muss strukturiert, also folgerichtig und logisch aufgebaut sein, wobei der Stellenwert einzelner Teile im Rahmen des Gesamtthemas deutlich hervortritt und diese plausibel verbunden werden.
- **Medienkompetenz**
  Der Vortragende muss sich entscheiden, welches Anschauungsmaterial er sinnvoll für sein Thema verwenden und in welcher Weise er es angemessen in den Vortrag integrieren kann.
- **Kommunikative Kompetenz**
  Der Vortragende steht im Mittelpunkt der Präsentation. Er wendet sich an das Publikum, nimmt Kontakt zu ihm auf und führt mit seiner ganzen Persönlichkeit (verbaler Vortrag und Körpersprache) Regie.
- **Reflexives Verhalten**
  Wenn eine Präsentationsprüfung stattfindet, ist nicht nur die fachliche Kompetenz entscheidend, sondern auch das methodische Vorgehen.
  Folgende Fragen sind dabei zu bedenken:
  Woher hat man bestimmte Materialien bezogen, wie aussagekräftig sind sie und warum wurden sie gerade an dieser Stelle eingebaut?
  Welche Art der Gestaltung oder des Vorgehens wäre noch möglich gewesen?

2 Eine Buchvorstellung als Präsentation

Eine Buchvorstellung als Präsentation dient der Leseanregung. Das setzt voraus, dass man selbst von dem Buch überzeugt ist und ihm viele Leser wünscht. Folgende Hinweise geben einen Überblick, worauf man sich einlässt bzw. welche Aufgaben zu bewältigen sind:

Aspekte einer Buchpräsentation

1. Jedes Buch bildet eine abgeschlossene Einheit, sodass man sich gut auf seinen Gegenstand konzentrieren kann.
2. Ein Buch mit 100 bis 200 Seiten ist einem sogenannten „Wälzer" mit mehreren hundert Seiten vorzuziehen.
3. Man muss das Buch intensiv gelesen haben (in der Regel zweimal), um sachgerecht Auskunft geben zu können.
4. Eine Handlungsübersicht (Inhaltsangabe) reicht nicht aus, es müssen vielmehr Interpretationsschwerpunkte gesetzt werden.
5. Interpretationsschwerpunkte können sein:
   a) Zuordnung des Buchs zu einer bestimmten Gattung: Abenteuer-, Detektivroman, Familiensaga, Science-Fiction- oder Kriminalroman
   b) Figuren aus dem Buch vorstellen, charakterisieren, gegenüberstellen
   c) Identifikationsangebote prüfen: Mit welcher Figur kann ich mitfühlen, wo gehe ich auf Distanz?
   d) Spannungsverlauf skizzieren (Höhe- und Wendepunkte)
   e) Motive, Themen und Problemgehalt des Buchs entwickeln: Was ist sein Anliegen, welche Konfliktbereiche werden thematisiert?
   f) Erzählstil des Buchs: Wer erzählt? (Erzählperspektive) – Wie wird erzählt? (Wortwahl, Satzbau, Beschreibungen, Dialoge, Gedanken und innere Monologe)
   g) Einschätzung möglicher Leser: Für wen ist das Buch besonders geeignet, worauf muss sich der potenzielle Leser einstellen? (Altersangaben, Schwierigkeitsgrad)
   h) Bewertung des Buches: Warum wünscht man ihm viele Leser?
6. Ausstattung, Cover (Umschlag als „Hülle"), Gestaltung und Schrift des Buchs sind Teil der Beurteilung.
7. Sofern verfügbar, bezieht man Besprechungen des Buchs in den Medien (Rezensionen) und grundlegende Informationen über den Autor bzw. die Autorin mit ein.

Die Reihenfolge der Interpretationsschwerpunkte und der Handlungsübersicht ist nicht vorgegeben, sondern richtet sich nach dem Buch und den Akzenten, die man setzen will. Wichtig ist, dass man seine Aussagen am Text belegen kann, sich also entweder geeignete Zitate herausschreibt oder im Buch unterstreicht und die Seitenzahl in seinem Manuskript vermerkt.

Als Beispiel und Übungsmaterial wird das Buch *Blueprint. Blaupause* von Charlotte Kerner verwendet.[1] Man kann eine altersgemäße und verständliche Interpretationshilfe zurate ziehen[2], um einen Überblick über Inhalt und Interpretationsansätze zu gewinnen. Außerdem gibt es hier meist Vorschläge für Visualisierungen. Informationen über die Autorin kann man im Internet sammeln.

Anmerkungen:
1 Erschienen bei Beltz & Gelberg, Weinheim, Basel 1999 (Gulliver 909, 205 Seiten).
2 Etwa die Interpretationshilfe Deutsch: Charlotte Kerner – *Blueprint. Blaupause*. Interpretiert von Hans-Georg Schede. Freising (Stark Verlag) 2003.

2.1 Einen Aufhänger oder eine Einleitung finden

Für den Einstieg gibt es mehrere Möglichkeiten:
- Man kann schildern, wie man auf das Buch aufmerksam geworden ist und welche Leseerfahrung man mit dem Buch gemacht hat.
- Sofern das Buch mit einer Auszeichnung oder einem Preis geehrt wurde, kann man mit Auszügen aus der Preisrede beginnen, die untermauern, weswegen das Buch lesenswert ist.
- Möglicherweise empfiehlt sich eine kurze biografische Skizze der Autorin/des Autors (inklusive der Projektion eines Bildes), wobei ein Blick darauf zu richten ist, was die Autorin und ihre Bücher interessant macht.
- Ausstattung und Cover des Buches bieten die Möglichkeit einer handgreiflichen Vorstellung, indem man es dem Publikum zeigt und erläuternd bibliografische Angaben sowie Ausstattungsmerkmale entwickelt.
- Man kann die Zuhörer unvermittelt in die fiktive Welt des Buches entführen, indem man z. B. die Konfliktsituation skizziert und Fragen formuliert, worauf der Leser gespannt sein kann.
- Denkbar ist auch, dass man in die Rolle einer Figur schlüpft und sich aus ihrer Perspektive vorstellt. Das zielt nicht auf einen Theaterauftritt ab, sondern auf eine Rollenbiografie, in der man sich nicht theatralisch verwandelt (mit Maske, Gestik und Mimik), sondern nur die persönliche Situation einer Figur nachempfinden lässt („Stellt euch vor, ich bin …").

Die Einstiegsideen können auch miteinander kombiniert werden.

Präsentieren 77

Präsentationshinweise
- Neben dem handgreiflichen Vorführen des Buches kann man Vorder- und Rückseite des Buches als Farbfolie gestalten. So hat man die Hände während der Präsentation frei, um Bilder und Gestaltung zu zeigen und zu erläutern.
- Die Copyright-Seite sowie das Inhaltsverzeichnis kann man auf Schwarz-Weiß-Folien vorbereiten. So führt man relativ frei (von einem Manuskript) durch die Ausstattung/Gestaltung des Buches.

Aufgabe 42 Beschreiben Sie den Bucheinband des Buches *Blueprint. Blaupause*, indem Sie auch kommentieren, auf welche Romanform (vgl. oben „Aspekte einer Buchpräsentation", S. 75, Nr. 5 a) sich der aufmerksame Leser einstellen kann.

Aufgabe 43 Beschreiben Sie die Ausstattung bzw. äußere Gestaltung des Buches und prüfen Sie, ob sich daraus auch Leseanreize ergeben.

2.2 Figuren eines Buches vorstellen

Man sollte sich zunächst auf die Hauptfigur konzentrieren. Ihre Lebensumstände sind zu skizzieren, die Ereignisfolge auf wichtige Dreh- und Angelpunkte zu beschränken, um sie letztlich zu charakterisieren. Dabei hält man die wichtigsten Umstände, Ereignisse und Merkmale an der Tafel, auf einer Folie oder einer Flipchart fest.

Alternativ kann man die Hauptfigur selbst sprechen lassen, indem man ihr einen Vorstellungstext in den Mund legt, der wichtige Aspekte ihres Lebens enthält. Bei Siri Sellin aus *Blueprint. Blaupause* empfiehlt es sich, sie einmal als Kind und dann im Kontrast dazu als Erwachsene auftreten zu lassen. Wichtige Konflikt- und Spannungsfelder kann man so einkreisen.

Die Rollenbiografien spricht man auf Band oder Diktiergerät, um sie während der Präsentation abzuspielen, oder lässt sie von zwei Mitschülern vortragen.

Aufgabe 44 Verfassen Sie eine doppelte Rollenbiografie, indem Sie Siri Sellin
a) einmal als Kind und
b) einmal als Erwachsene in der Ich-Form vorstellen.

Aufgabe 45 Spitzen Sie die Themenfelder des Romans thesenhaft zu und erläutern Sie diese entsprechend. Als Überschrift diene: „Besondere Probleme eines Klonkindes". Gehen Sie dabei von der Rollenbiografie aus. Sie können aber – aus der Kenntnis des Romanganzen – auch spezifisch darüber hinausgehen.

2.3 Die Figurenkonstellation eines Buches vorstellen

Die übrigen Personen der Romanhandlung gruppiert man in einem Schaubild, sodass sich kurz die Beziehung und Funktionen der Personen beschreiben lassen. Man vergrößert das Schaubild, druckt es auf Folie und trägt während der Präsentation die Funktion der einzelnen Figuren ein.

Figurenkonstellation

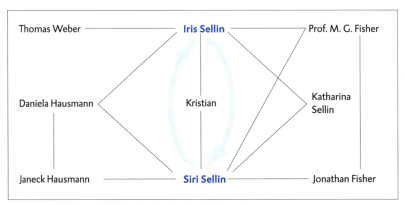

Quelle: Interpretationshilfe Deutsch: Charlotte Kerner – Blueprint. Blaupause. Interpretiert von Hans-Georg Schede. Freising (Stark Verlag) 2003, S. 56.

Aufgabe 46   Erläutern Sie kurz Funktion und Beziehung der Personen des Romans *Blueprint. Blaupause* anhand des Schaubilds und ziehen Sie kurz Bilanz.

2.4 Aufbau und Struktur eines Buches darlegen

Eine erste Orientierung bietet das Inhaltsverzeichnis; auch ein Vor- oder Nachwort eignet sich, um mehr Klarheit zu schaffen.
Der Prolog von *Blueprint. Blaupause* (S. 9 f.) informiert darüber, dass die Ich-Erzählerin mit 22 Jahren eine Art Autobiografie schreibt, indem sie auf ihr Klonleben zurückschaut, sich als „Überlebende" (S. 9) begreift, sich aber „neu zusammensetze[n]" (S. 9) will, um herauszufinden, „wer das ist, der hier am Konzertflügel sitzt" (S. 9). Die Autobiografie dient also dazu, sich der eigenen Identität zu vergewissern. Die Professorin im fiktiven Epilog (S. 174 ff.) spricht von einem „Klon-Psychogramm" (S. 174), das für alle „Pflichtlektüre" sei, die „einen Antrag auf Klonierung stellen" (S. 176).
Hat man diese Informationen gesammelt, erschließen sich die einzelnen Kapitel als chronologischer Bewältigungsversuch, denn die Unterüberschriften nehmen auf Geburt *(„Das Jahr null")*, *„Kindheit"* (I und II) sowie *„Jugend"* (I

und II) Bezug. „Das zweite Jahr null" lässt sich unschwer mit dem Tod der Mutter assoziieren, das Siri Sellin als ihre Wiedergeburt begreift. Das letzte Kapitel („Pollux Seul", S. 165 ff.) hebt sich chronologisch ab, weil es zehn Jahre später entstanden ist und das „Überleben" von Siri Sellin in besonderer Weise hervorhebt. Sie meldet sich als 31-Jährige noch einmal zu Wort.

Die Hauptüberschriften charakterisieren die einzelnen Lebensabschnitte vorab: Siri Sellin wird als „Doppelgöttin" geboren und erlebt ihre Kindheit im „Einklang" und „Duett", während die Jugendzeit durch „Zwietracht" und einen „Zweikampf" gekennzeichnet ist.

Abschließend kann man sich fragen, mit welcher Intensität (mit welchem Seitenumfang) ein bestimmter Lebensabschnitt dargelegt wird, und das Alter Siris in Zusammenhang mit den Buchseiten grafisch darstellen:

Wechselndes Erzähltempo in *Blueprint. Blaupause*
(ohne das letzte Kapitel)

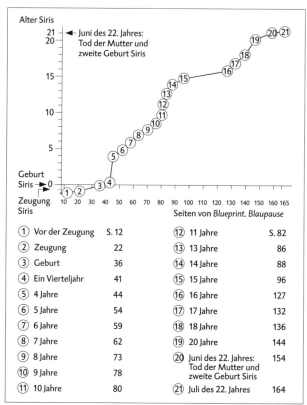

Quelle: Interpretationshilfe Deutsch: Charlotte Kerner – Blueprint. Blaupause. Interpretiert von Hans-Georg Schede. Freising (Stark Verlag) 2003, S. 62.

Dem Schaubild ist unschwer zu entnehmen, dass dem Alter zwischen 14 und 16 die größte Aufmerksamkeit gewidmet wird, indem über die Erfahrungen dieser Jahre am meisten geschrieben wird.

Aus dem Aufbau und der Struktur des Romans ergeben sich spezifische Folgerungen für den Leser, was Handhabung und Spannung des Buches betrifft.

Aufgabe 47   Beurteilen Sie Aufbau und Struktur des Romans.

2.5 Bewertung eines Buches

Ausgewählte Zitate, auf die sich die folgenden Thesen stützen, kann man als Handout vorbereitet mitbringen, um das Publikum miteinbeziehen zu können oder sogar Arbeitsaufträge zu verteilen. Als Kriterium für eine abschließende Bewertung bieten sich etwa die **Handlung**, die **Erzählhaltung** und die im Buch enthaltenen **Denkanregungen** an.

Im Folgenden stehen neben einem als Beispiel konzipierten Text zur Bewertung der Handlung in der Marginalspalte die Thesen für das Handout:

Zunächst kann man noch einmal die Handlung in Augenschein nehmen und kritisch beleuchten.

Handlung

Wenn als „Happy End" das Überleben des Klonkindes Siri Sellin gesehen wird, so kann das nicht darüber hinwegtäuschen, dass der Preis dafür der Tod der Mutter ist. Siri formuliert diesen Zusammenhang selbst beinahe sarkastisch:

„Happy End", aber Tod der Mutter als Preis für Siris Überleben

> Fast zweiundzwanzig Jahre nach meiner Geburt, an einem Juni-Sommertag, konnte ich zum ersten Mal *ich* sagen, ohne zu lügen. Ich war zu einem Ich geworden, einzig und zum ersten Mal ungeteilt, endlich ein Individuum. [...] Ich lebte und du warst tot. [...] An diesem Tag begann mein zweites Jahr null.

Zitat, S. 155

Dass der Tod eines Menschen einen Angehörigen auch von Lasten befreien kann, ist nichts Ungewöhnliches, aber der Haltung, den Tod der eigenen Mutter als Wiedergeburt zu betrachten, haftet schon etwas Tragisches an. Genauso tragisch ist die Selbstbefreiung von der Klaviermusik zu werten:

Siris Abschied vom Klavierspiel als Befreiung

> Ich werde diese Tasten nie mehr anschlagen. Der Deckel bleibt für immer zu, wie bei dem Sarg, in dem Iris jetzt liegt.

Zitat, S. 9

Die Entscheidung Siris, sich endgültig von der Musik und dem Klavierspielen zu verabschieden, ist biografisch und psychologisch verständlich, aber es ist keine freie Entscheidung, weil sie sich wohl so entscheiden muss, um der Fixierung auf ihr übergroßes Vorbild zu entgehen. Ohne den Maßstab ihrer Mutter hätte sie ihre Begabung vielleicht frei entfalten und musikalisch, wenn auch auf andere Weise als ihre Mutter, Erfolg haben können. So hat Siri Sellin zwar ihr eigenes Leben als bildende Künstlerin gefunden, aber sie bleibt ein „geschundenes" Individuum, was sie selbst zu Beginn ihrer Biografie verrät: *Entfaltung als bildende Künstlerin, aber psychische Verletzung*

> Als Iris mich zum ersten Mal gedacht hat, war sie sicher genauso allein und verzweifelt, wie ich es bin, seit sie mich verlassen hat. Und deshalb bin ich ihr nun wieder so nah, dass es wehtut. Es ist schrecklich, allein zu sein, wenn man krank ist. Das wissen wir beide. Sie hatte damals MS und ich bin heute seelenkrank.

Zitat, S. 11

Eigentlich – so könnte man blauäugig meinen – sollte es ihr nach dem Tod der Mutter besser gehen. So einfach ist es aber nicht. Der Tod der Mutter ist nicht einfach der große Befreiungsschlag. Auch wenn Siri im „Zweikampf" (vgl. S. 113 ff.) mit ihrer Mutter tapfer um ihre Identität ringt, fühlt sie sich nicht als Siegerin, sondern „elend" (S. 132). Die Bindung an die Mutter durch Siris Liebe und Mitleid (vgl. S. 136) überlagert auch die Befreiung: *„Zweikampf"*

Mutterbindung überlagert Befreiung

> Siri musste sich neu begreifen und erfühlen, wo die andere aufhörte und sie selbst anfing. Wer war tot und wer lebte noch?

Zitat, S. 154

Die Tränen fließen am Ende sowohl aus Furcht, „allein leben zu müssen", als auch wegen der Freude, „endlich allein leben zu dürfen" (S. 155). Das Bekenntnis zur Emotionalität und zum Zwiespalt angesichts der Hypothek des „verdammte[n] Inzest[s]" (S. 129) weist den beschwerlichen Weg in die Selbstständigkeit. *Zwiespalt*

Weg in die Selbstständigkeit

Aufgabe 48 Bewerten Sie *Blueprint. Blaupause* anhand der Erzählhaltung und der im Roman erkennbaren Denkanregungen. Beziehen Sie dabei Zitate mit ein und formulieren Sie zu Ihren Thesen auch einen fortlaufenden Text.

Lösungsvorschläge

Aufgabe 1 a) Thema der Geschichte ist der Selbstmord der jungen Postangestellten Helene.
Motiv ist, dass sie beschuldigt wird, 200 Kronen aus der Postkasse gestohlen zu haben.
Der Wachtmeister Brejcha ist von der Unschuld Helenes überzeugt und stellt eigene Nachforschungen an.
Der Wachtmeister erzählt und klärt den Fall, findet die Schuldigen heraus und bestraft sie auf eigene Weise, wobei er auch die Unschuld Helenes beweist.

b) 1. Autor und Titel der Geschichte fehlen, auch Person, Motiv und Ort des Geschehens (der Begriff „Mordfall" ist zu allgemein). *Bewertung: –5*
2. Ein Suizid ist immer „unnötig"; das Motiv und die Umstände für den Selbstmord fehlen: Wer ist Helene und warum bringt sie sich um? *Bewertung: –3*
3. Keine Beanstandung – keine Minuspunkte. *Bewertung: gut gelungen*
4. Der Selbstmord und sein Motiv sowie die Arbeit des Wachtmeisters, nämlich aufzuklären und zu bestrafen, fehlen. *Bewertung: –4*
5. Das Opfer und die Tatumstände fehlen: Wer hat sich wo und warum umgebracht? Außerdem ist der Autor nicht genannt. *Bewertung: –4*
6. Der Selbstmord ist nicht ausdrücklich formuliert, nur indirekt ist von einem „unheilvollen Tod" die Rede. *Bewertung: –1, aber trotzdem gut gelungen*
7. Wer ist Helene und wo fand der angebliche Diebstahl statt? *Bewertung: –2*
8. Keine Beanstandung – keine Minuspunkte. *Bewertung: gut gelungen*
9. Der Selbstmord wird nicht erwähnt; die „Unschuld eines Mädchens auf der Post" ist doppeldeutig: Was hat das Mädchen mit der Post zu tun? *Bewertung: –2*
10. Keine Beanstandung – keine Minuspunkte. *Bewertung: gut gelungen*

Aufgabe 2 Die Kurzgeschichte „Der Diktator" von Thomas Bernhard handelt von einem Schuhputzer, der bei einem Diktator Karriere macht, indem/weil er ihm treu und uneingeschränkt dient, mit der Folge, dass er ihm immer ähnlicher wird, ihn am Ende sogar gewaltsam beseitigt und sich an seine Stelle setzt.

Aufgabe 3 Die Kurzgeschichte „Der Diktator" von Thomas Bernhard handelt von einem Schuhputzer, der bei einem Diktator Karriere macht, weil er ihm treu und uneingeschränkt dient, mit der Folge, dass er ihm immer ähnlicher wird, ihn am Ende sogar gewaltsam beseitigt und sich an seine Stelle setzt. *(Ein-Satz-Zusammenfassung)*

Am Ende der Geschichte vollzieht sich ein erfolgreicher Machtwechsel, den niemand wahrnimmt, weil der Schuhputzer unbemerkt in die Rolle des Diktators schlüpft. *(Aufrollen der Geschichte vom Ende her)*

Den Mord kann er vertuschen, indem er sich äußerlich und innerlich dem Diktator angeglichen, schließlich dessen Identität angenommen hat und nun erfolgreich behauptet, der Schuhputzer habe ihn angegriffen und er habe ihn in Notwehr erschlagen müssen. *(Gründe für den erfolgreichen Machtwechsel)*

Der Schuhputzer beginnt harmlos und unauffällig als „einfacher Mann vom Land" (Z. 5), verändert sich dann aber körperlich sehr stark, indem er zunimmt, eine dicke Nase, eine Glatze und einen wulstigen Mund bekommt; auch kann er „die Zähne" zeigen (Z. 16), sodass sich diejenigen, die ihm begegnen, vor ihm fürchten. Diese Angst ist berechtigt, denn der Schuhputzer tötet den Diktator am Ende mit einem einzigen Fausthieb. *(Entwicklung des Schuhputzers vom „einfachen Mann" zum Diktator)*

Interessant ist, warum der Schuhputzer Karriere macht. In der Geschichte werden mehrere Gründe genannt: Am Anfang steht die persönliche Auswahl des Diktators (der Schuhputzer ist „aus über hundert Bewerbern ... ausgesucht", Z. 1 ff.), dann der einfache Dienst des Schuhputzens sowie die gleiche Kost wie die des Diktators. Durch die körperliche Wandlung kann der Schuhputzer Furcht verbreiten, zum persönlichen Wächter des Diktators aufsteigen, somit sein Ansehen vermehren und soviel Kraft gewinnen, dass er den Diktator mit der eigenen Faust töten kann. *(Gründe für die Karriere des Mannes)*

Aufgabe 4   a) Die Kurzgeschichte „Ein netter Kerl" von Gabriele Wohmann gestaltet ein Gespräch beim Abendessen, in dessen Verlauf die Familienmitglieder gemeinsam über den Freund der Tochter Rita spotten, der wohl gerade bei ihnen war, wobei Rita selbst anwesend ist und durch ihre überraschende Mitteilung, sie sei mit ihm verlobt, dem Gespräch einen neuen und ganz anderen Verlauf gibt.

b) **Markierungen im Text:**

Gabriele Wohmann, Ein netter Kerl

Ich habe ja so wahnsinnig gelacht, rief Nanni in einer Atempause. Genau wie du ihn beschrieben hast, entsetzlich.	Nanni
Furchtbar fett für sein Alter, sagte die Mutter. Er sollte vielleicht Diät essen. Übrigens, Rita, weißt du, ob er ganz gesund ist?	Mutter
Rita setzte sich gerade und hielt sich mit den Händen am Sitz fest. Sie sagte: Ach, ich glaub schon, daß er gesund ist.	Rita
Genau wie du es erzählt hast, weich wie ein Molch, wie Schlamm, rief Nanni. Und auch die Hand, so weich.	Nanni
Aber er hat doch dann doch auch wieder was Liebes, sagte Milene, doch, Rita, ich finde, er hat was Liebes, wirklich.	Milene
Na ja, sagte die Mutter, beschämt fing auch sie wieder an zu lachen; recht lieb, aber doch gräßlich komisch. Du hast nicht zu viel versprochen, Rita, wahrhaftig nicht. Jetzt lachte sie laut heraus. Auch hinten im Nacken hat er schon Wammen, wie ein alter Mann, rief Nanni. Er ist ja so fett, so weich, so weich! Sie schnaubte aus der kurzen Nase, ihr kleines Gesicht sah verquollen aus vom Lachen.	Mutter / Nanni
Rita hielt sich am Sitz fest. Sie drückte die Fingerkuppen fest ans Holz.	Rita
Er hat so was Insichruhendes, sagte Milene. Ich find ihn so ganz nett, Rita, wirklich, komischerweise.	Milene
Nanni stieß einen winzigen Schrei aus und warf die Hände auf den Tisch; die Messer und Gabel auf den Tellern klirrten.	Nanni
Ich auch, wirklich, ich find ihn auch nett, rief sie. Könnt ihn immer ansehn und mich ekeln.	
Der Vater kam zurück, schloß die Eßzimmertür, brachte kühle nasse Luft mit herein. Er war ja so ängstlich, daß er seine letzte Bahn noch kriegt, sagte er. So was von ängstlich.	Vater
Er lebt mit seiner Mutter zusammen, sagte Rita.	Rita
Sie platzten alle heraus, jetzt auch Milene. Das Holz unter Ritas Fingerkuppen wurde klebrig. Sie sagte: Seine Mutter ist nicht ganz gesund, soviel ich weiß.	
Das Lachen schwoll an, türmte sich vor ihr auf, wartete und stürzte sich dann herab, es spülte über sie weg und	

verbarg sie: lang genug für einen kleinen schwachen Frieden. Als erste brachte die Mutter es fertig, sich wieder zu fassen.

Nun aber Schluß, sagte sie, ihre Stimme zitterte, sie wischte mit einem Taschentuchklümpchen über die Augen und die Lippen. Wir können ja endlich mal von was anderem reden.   *Mutter*

Ach, sagte Nanni, sie seufzte und rieb sich den kleinen Bauch, ach ich bin erledigt, du liebe Zeit. Wann kommt die große fette Qualle denn wieder, sag, Rita, wann denn? Sie warteten alle ab.   *Nanni*

Er kommt von jetzt an oft, sagte Rita. Sie hielt den Kopf aufrecht.   *Rita*

Ich habe mich verlobt mit ihm.   *Höhe- und Wendepunkt*

Am Tisch bewegte sich keiner. Rita lachte versuchsweise und dann konnte sie es mit großer Anstrengung lauter als die andern, und sie rief: Stellt euch das doch bloß mal vor: mit ihm verlobt! Ist das nicht zum Lachen!   *Rita*

Sie saßen gesittet und ernst und bewegten vorsichtig Messer und Gabeln.

He, Nanni, bist du mir denn nicht dankbar, mit der Qualle hab ich mich verlobt, stell dir das doch mal vor!

Er ist ja ein netter Kerl, sagte der Vater. Also höflich ist er, das muß man ihm lassen.   *Vater*

Ich könnte mir denken, sagte die Mutter ernst, daß er menschlich angenehm ist, ich meine, als Hausgenosse oder so, als Familienmitglied.   *Mutter*

Er hat keinen üblen Eindruck auf mich gemacht, sagte der Vater.   *Vater*

Rita sah sie alle behutsam dasitzen, sie sah gezähmte Lippen. Die roten Flecken in den Gesichtern blieben noch eine Weile. Sie senkten die Köpfe und aßen den Nachtisch.   *Rita*

Inhaltsangabe:

In der Kurzgeschichte „Ein netter Kerl" von Gabriele Wohmann wird ein Gespräch beim Abendessen wiedergegeben, in dessen Verlauf die Familienmitglieder gemeinsam über den Freund der Tochter Rita spotten, der wohl gerade bei ihnen war; Rita selbst ist anwesend und gibt durch ihre überraschende Mitteilung, sie sei mit ihm verlobt, dem „Gespräch" einen neuen und ganz anderen Verlauf.   *Ein-Satz-Zusammenfassung*

Höhe- und Wendepunkt des Gesprächs ist die überraschende Mitteilung Ritas, sie habe sich mit dem jungen Mann, von dem die ganze Zeit die Rede ist, verlobt. Vor-   *Wendepunkt der Geschichte* her herrscht eine ausgelassen-euphorische Stimmung, die sich jetzt in Betroffenheit und Stille wandelt.

Rita steht neben ihrem nicht anwesenden Freund im Mittelpunkt der Geschichte. Sie erscheint im ersten Teil der Geschichte als Opfer, weil sie die Auslassungen und Beschimpfungen ihrer Familie über sich ergehen lassen muss, während sie dann mit ihrer Mitteilung die Initiative ergreift und ihre Familie wegen ihres ungezügelten Spotts beschämt. Rita kann sich zunächst nicht gegen die verbalen Entgleisungen ihrer Familie wehren, sie muss sich am Sitz festhalten und hat klebrige Fingerkuppen. Nach der Verlobungsmitteilung zahlt sie es ihrer Familie „mit großer Anstrengung" (Z. 75) heim, indem sie provokativ auf die schlimmste Beschimpfung ihres Freundes als „große fette Qualle" (Z. 68) zurückfragt, ob es denn vorstellbar sei, dass sie sich mit „der Qualle" (Z. 82) verlobt habe. *Verhalten der Hauptperson Rita*

Zielpunkt von Ritas Aufbäumen ist die Schwester Nanni, die in der Verleumdungskampagne gegen den wohl etwas übergewichtigen Freund Ritas die aktivste Rolle spielt. Sie gebraucht die beleidigendsten Formulierungen und zeigt auch gestisch sowie mimisch die stärksten Reaktionen: sie „schnaubt" (Z. 26), ihr Gesicht sieht „verquollen" (Z. 27) aus, sie stößt einen Schrei aus (Z. 34 f.) und wirft „die Hände auf den Tisch" (Z. 35). *Gegenfigur: Nanni*

Milene ist am zurückhaltendsten; sie versucht, den Freund sogar zu verteidigen; im gleichen Atemzug entschuldigt sie sich aber dafür („Ich find ihn so ganz nett, Rita, wirklich, komischerweise", Z. 32 f.). *zurückhaltende Rolle Milenes*

Die Mutter heizt zunächst die Stimmung an, indem sie den Freund auch als „gräßlich komisch" (Z. 20) einstuft, später aber ruft sie zur Vernunft auf, indem sie wenigstens einen Themenwechsel anmahnt („Wir können ja endlich mal von was anderem reden", Z. 63 f.). *Verhaltensänderung der Mutter*

Während die Geschwister am Ende verstummen, versuchen Vater und Mutter, die Situation zu retten, indem der Vater die Höflichkeit des Freundes herausstellt und die Mutter betont, dass er „menschlich angenehm" (Z. 88 f.) sei. *Rolle der Eltern am Schluss*

Lösungsvorschläge

Aufgabe 5 Im Zeitungsartikel „Black-out im Bett" von Susanne Gaschke geht es um die stetig sinkende Geburtenrate in der Bundesrepublik, die Gründe dafür und die Möglichkeiten, diesen Trend umzukehren. *Sachverhalt*

Die Familiengründung scheint nicht mehr im Trend zu liegen, was demographisch verhängnisvoll sei. *Brisanz/Dramatik des Sachverhalts*

Frauen machten wegen der erfolgreichen Emanzipation lieber Karriere. *Gründe/Ursachen; beteiligte Personengruppen*

Der Politik räumt Gaschke dabei wenig Einflussmöglichkeiten ein, denn maßgebend sei immer noch ein altes, eingefahrenes Rollenverhalten, das die „Kinderfrage" (Z. 72) zur Frauensache erkläre. *Rollenverhalten*

Vor allem Männer hielten daran fest, aber Frauen seien nicht ganz unschuldig dabei, indem sie sich die für eine Familiengründung ungeeigneten Partner aussuchten.

Gefragt sei also mehr Verantwortung: für die Männer bei der Kindererziehung und für die Frauen bei der Partnerwahl. *Ausblick*

Aufgabe 6 Susanne Gaschke **stützt sich** bei ihrer **Prognose**, dass in 50 Jahren mehr als ein Drittel der deutschen Bevölkerung älter als 65 Jahre sei, auf die **Statistik**, die von einer sinkenden „Nettoreproduktionsrate" (Z. 18) ausgeht. *Prognose*

Sie **benutzt als Blickfang** oder Signalwort in der Überschrift den englischen Begriff „Black-out" und kombiniert ihn mit einer sexuellen Anspielung („Black-out im Bett"), obwohl es nicht primär um das Sexualverhalten von Paaren geht. *Überschrift*

Als Aufhänger, der wohl nicht ganz ernst gemeint ist und eher zum Schmunzeln anregt, **stellt** sie die **Aktion einer Zeitschrift vor**, die „fortpflanzungswillige Pärchen" (Z. 13 f.) zum Beischlaf animieren soll. *Aufhänger*

Nach den beängstigenden Erwartungen bei der Bevölkerungsentwicklung **legt** Gaschke kurz die **Konzepte** der Parteien **dar** und **stellt** sie grundsätzlich **in Frage**. *Konzepte der Parteien*

Sie **kritisiert** die „Rezepte" der Parteien als zu „mechanistisch und ökonomistisch" (Z. 41 f.), weil es immer nur um die „Opportunitätskosten" (Z. 42 f.) ginge, also die *Kritik an Parteien*

Gelder, die für die „Vereinbarkeit von Familie und Beruf" (Z. 51 f.) für Frauen bereit gestellt werden könnten.
Dagegen hält sie, dass für das **Verhalten der Paare** ganz andere Entscheidungen relevant seien: der „Lebensstil", die „aktuelle Karrieresituation", das „Vorbild der Eltern" (Z. 64 ff.), nicht aber unbedingt das Geld. *Gründe für das Verhalten der Paare*

Daraus **entwickelt** sie die **These**, das die „gesamte Kinderfrage" (Z. 72) nach wie vor an den Frauen hänge. *These*

Diese These sei einigermaßen überraschend, wie die Autorin **einräumt**, weil der **Feminismus** den Frauen erkennbare Erfolge und Fortschritte gebracht habe, was „Selbstbestimmung und Chancen der Frauen" (Z. 78 f.) anbelange. *Feminismus*

So **stellt** sie die neuen „Spielräume, die Freiheiten, die Anforderungen" (Z. 88 f.) der Frauen dem **Rollenklischee** der Männer **gegenüber**, das sich nicht verändert habe, indem Männer die **Kinder** nach wie vor als „Frauensache" (Z. 92 f.) ansähen. *Rollenklischee der Männer*

Frauen würden – so **schlussfolgert** die Autorin – zwischen **Kind** und **Karriere** zerrieben und entschieden sich deswegen „immer seltener für das Kind" (Z. 103 f.). *Problem der Frauen*

Sie **belegt** ihr **Fazit** damit, dass nur 2,5 Prozent der Väter ihren Beruf für die „Elternzeit" (Z. 112) unterbrechen würden. *Fazit*

Gaschke **übt** sowohl harte **Kritik** an der „**Vaterrolle**", die ohne „Starauftritt des Ernährers und Versorgers" (Z. 123) nicht auskomme, als auch an der Entscheidungskompetenz der Frauen, die den **Kinderwunsch** soweit hinauszögern würden, bis es zu spät sei. *Kritik an Vätern und Müttern*

Sie **gesteht** dabei **ein**, dass sich **Frauen widersprüchlich** verhielten, wenn sie sich trotz der eigenen Karriere und des Kinderwunsches Männer aussuchten, die dem Rollenklischee eines Machos entsprächen und nicht dem eines familientauglichen Vaters. *Wahlverhalten der Frauen*

Am Ende ihres Artikels **schränkt** Gaschke die **Verantwortung** der Politik **ein** und **unterstreicht** die „Privat"-Haftung von Frau und Mann (Z. 149). *Verantwortung von Frau und Mann*

Sie **fordert** also, das **Rollenverhalten** zu ändern, indem sie die Frauen dazu **aufruft**, sich die Partner besser (und damit familiengerechter) auszusuchen, und die Männer ermahnt, mehr Verantwortung für den Nachwuchs zu übernehmen, weil es um „Rente, Pflege, Wohlstand" (Z. 157 f.) gehe.

Appell, Rollenverhalten zu ändern

Aufgabe 7 a)
- **chronologische Raster**: nach, dabei, am Ende
- **funktionale Raster**: bei ihrer Prognose, als Blickfang oder Signalwort, als Aufhänger
- **logische Verknüpfungen**: dagegen, daraus, so, deswegen, damit

b) Der Artikel ist allgemein verständlich, klar gegliedert, nicht zu lang und damit gut lesbar. Die Sprechhandlungen der Autorin sind abwechslungsreich (vgl. die Verben zu Aufgabe 6) und sinnvoll aufeinander bezogen (vgl. Aufgabe 7 a). Sie weisen den Artikel als Diskussions- oder Kommentar-Artikel aus (im Gegensatz zu einer Nachricht oder Reportage), der zur Meinungsbildung des Lesers beitragen soll.

Sprechhaltungen

Dabei polarisiert der Artikel nicht, sondern erscheint ausgewogen, indem nicht Frau und Mann gegeneinander ausgespielt werden, sondern beide Geschlechter gleichermaßen mit Kritik belegt werden. Auch die Politik wird nicht verteufelt, indem ihre Lösungsansätze durchaus Beachtung und Anerkennung finden, in ihren Wirkungsmöglichkeiten aber relativiert werden.

Argumentative Struktur

Absicht und Ziel des Artikels ist es, den Stand der Emanzipation der Frau in der Gesellschaft zu bilanzieren und kritisch zu beleuchten. Anlass für die Auseinandersetzung ist die Problematik der Bevölkerungsentwicklung, die aber nicht im Mittelpunkt der dann folgenden Ausführungen steht.

Absicht des Artikels

Aufgabe 8   a) Kennzeichnung der syntaktischen Struktur:

Franz Kafka, Der plötzliche Spaziergang

¹ Wenn man sich am Abend endgültig entschlossen zu haben scheint, zu Hause zu bleiben, den Hausrock angezogen hat, nach dem Nachtmahl beim be- ⁵ leuchteten Tische sitzt und jene Arbeit oder jenes Spiel vorgenommen hat, nach dessen Beendigung man gewohnheitsgemäß schlafen geht, wenn draußen ein unfreundliches Wetter ist, wel- ¹⁰ ches das Zuhausebleiben selbstverständlich macht, wenn man jetzt auch schon so lange bei Tisch stillgehalten hat, daß das Weggehen allgemeines Erstaunen hervorrufen müßte, wenn nun auch ¹⁵ schon das Treppenhaus dunkel und das Haustor gesperrt ist, und wenn man nun trotz alledem in einem plötzlichen Unbehagen aufsteht, den Rock wechselt, sofort straßenmäßig angezogen er- ²⁰ scheint, weggehen zu müssen erklärt, es nach kurzem Abschied auch tut, je nach der Schnelligkeit, mit der man die Wohnungstür zuschlägt, mehr oder weniger Ärger zu hinterlassen glaubt, wenn ²⁵ man sich auf der Gasse wiederfindet, mit Gliedern, die diese schon unerwartete Freiheit, die man ihnen verschafft hat, mit besonderer Beweglichkeit beantworten, wenn man durch diesen ³⁰ einen Entschluß alle Entschlußfähigkeit in sich gesammelt fühlt, wenn man mit größerer als der gewöhnlichen Bedeutung erkennt, daß man ja mehr Kraft als Bedürfnis hat, die schnellste Verände- ³⁵ rung leicht zu bewirken und zu ertragen, und wenn man so die langen Gassen hinläuft, – dann ist man für diesen Abend gänzlich aus seiner Familie ausgetreten, die ins Wesenlose abschwenkt, ⁴⁰ während man selbst, ganz fest, schwarz vor Umrissenheit, hinten die Schenkel schlagend, sich zu seiner wahren Gestalt erhebt.

Verstärkt wird alles noch, wenn man ⁴⁵ zu dieser späten Abendzeit einen Freund aufsucht, um nachzusehen, wie es ihm geht.

b) Der Text besteht aus zwei Sätzen, wobei zum ersten Satz neun konditionale Nebensätze („wenn") gehören, sodass insgesamt die Konditionalsätze überwiegen.

c) Der Hausrock, die gewöhnliche abendliche Beschäftigung, das unfreundliche Wetter, die Erwartung der Familienmitglieder (das Weggehen würde „allgemeines Erstaunen hervorrufen", Z. 13 f.), das dunkle Treppenhaus sowie das abgesperrte Hoftor behindern den Aufbruch.

d) Es ist von einem „plötzlichen Unbehagen" (Z. 17 f.) die Rede, von der „Schnelligkeit" (Z. 22) und Begründungszwängen („weggehen zu müssen erklärt", Z. 20).

e) Der Text spricht von einer „unerwartete[n] Freiheit" (Z. 26 f.), von „Entschlußfähigkeit" (Z. 30), von der „Kraft" (Z. 33), „Veränderung leicht zu bewirken" (Z. 34 f.) und von der „wahren Gestalt" (Z. 42 f.) des Protagonisten. Ebenso bedeutsam ist, dass er „für diesen Abend gänzlich aus seiner Familie ausgetreten" (Z. 37 ff.) ist.

Aufgabe 9   a) Der Realitätsgehalt der Geschichte ist schwierig einzuschätzen. Die ganze Geschichte gleicht wegen der Fülle der Konditionalsätze eher einer Versuchsanordnung, einem Experiment, das davon ausgeht, was passiert, wenn welche Bedingungen herrschen oder eintreten. Es ist nicht von einer bestimmten Person die Rede, sondern anonym und unpersönlich von „man" (Indefinitpronomen). Die Person kann aber nach Ablauf des Geschehens mit dem Sohn oder der Tochter einer Familie in Zusammenhang gebracht werden.

b) Eigentlich geht es in der Geschichte nicht um einen „plötzlichen Spaziergang", sondern um die allmähliche Loslösung eines jungen Menschen von seiner Familie. Diesen Prozess kann man nicht planen, sodass er nur als „plötzlicher Spaziergang" vorstellbar ist. Die Unmittelbarkeit und die Harmlosigkeit des Aufbruchs kontrastieren aber mit dem Gemeinten. Die vielen Bedingungssätze legen nämlich nahe, dass ein solcher Abschied nicht einfach ist, dass er langwierig sein kann und dass mit dem geschilderten Aufbruch noch keine Persönlichkeit geformt ist, die aus dem Schatten des anonymen „man" heraustritt. Außerdem halten sich die Gegebenheiten, die an zu Hause binden, und die Verlockungen, die für einen Aufbruch sprechen, die Waage. Für den Betroffenen ist die Entscheidung, was er tun soll, nicht leicht. Wiegen die Freiheit und die Kraft zur Veränderung die Sicherheit der häuslichen Umgebung auf?

Überschrift und eigentliches Thema

Problematik des Abschieds

Man kann die Geschichte demzufolge als Gedankenexperiment bzw. Wunschtraum eines jungen Menschen begreifen, der von der Unabhängigkeit von seiner Familie träumt, sie aber noch nicht in die Tat umsetzen kann. Insofern besitzt die Geschichte einen virtuellen oder schwebenden Charakter, weil sie Möglichkeiten aufzeigt, ohne zu entscheiden, was tatsächlich geschieht oder geschehen ist.

Geschichte als Gedankenexperiment

Aufgabe 10   Vorbemerkung: „Der plötzliche Spaziergang" wird der Einfachheit und Kürze halber der „Spaziergang" genannt.

a) Bei „Der plötzliche Spaziergang" tritt ein anonymer oder unpersönlicher Erzähler auf („man"), während sich bei der „Heimkehr" ein persönlicher oder personaler Erzähler zu Wort meldet („ich").

b) Die erste Geschichte „Der plötzliche Spaziergang" spiegelt eine allgemeine Erfahrung wider, während es in der zweiten Geschichte „Heimkehr" um ein persönliches, möglicherweise autobiographisch gefärbtes Erlebnis geht. Das unpersönliche „man" der ersten Erzählung kann jedoch Vorwand für die eigene Unentschlossenheit sein, sodass auch hier eine persönliche Erfahrung im Hintergrund steht.

c) Der personale Erzähler stellt sich auch Fragen, die er teils selber beantwortet. Er führt ein Selbstgespräch. Auffällig ist am Ende (vgl. den drittletzten Satz), dass der Erzähler in die dritte Person wechselt, um seine persönliche Erfahrung zu verallgemeinern („Je länger man vor der Tür zögert, desto fremder wird man.").
Kennzeichnung der Satzstruktur:

Franz Kafka, Heimkehr

1 Ich bin zurückgekehrt, ich habe den Flur durchschritten und blicke mich um. Es ist meines Vaters alter Hof. Die Pfütze in der Mitte. Altes unbrauchba-
5 res Gerät in einander verfahren verstellt den Weg zur Bodentreppe. Die Katze lauert auf dem Geländer. Ein zerrissenes Tuch einmal im Spiel um eine Stange gewunden hebt sich im Wind. Ich
10 bin angekommen. Wer wird mich empfangen? Wer wartet hinter der Tür der Küche? Rauch kommt aus dem Schornstein, der Kaffee zum Abendessen wird gekocht. Ist dir heimlich, fühlst du dich
15 zu Hause? Ich weiß es nicht, ich bin sehr unsicher. Meines Vaters Haus ist es, aber kalt steht Stück neben Stück als wäre jedes mit seinen eigenen Angelegenheiten beschäftigt, die ich teils ver-
20 gessen habe, teils niemals kannte. Was kann ich ihnen nützen, was bin ich ihnen und sei ich auch des Vaters, des alten Landwirts Sohn. Und ich wage nicht, an der Küchentür zu klopfen, nur
25 von der Ferne horche ich, nur von der Ferne horche ich stehend, nicht so, daß ich als Horcher überrascht werden könnte. Und weil ich von der Ferne horche, erhorche ich nichts, nur einen
30 leichten Uhrenschlag höre ich oder glaube ihn vielleicht nur zu hören, herüber aus den Kindertagen. Was sonst in der Küche geschieht, ist das Geheimnis der dort Sitzenden, das sie vor mir wahren.
35 Je länger man vor der Tür zögert, desto fremder wird man. Wie wäre es, wenn jetzt jemand die Tür öffnete und mich etwas fragte. Wäre ich dann nicht selbst wie einer, der sein Geheimnis wahren
40 will.

d) Der Ich-Erzähler betont zu Beginn, dass er „zurückgekehrt" (Z. 1) und „angekommen" (Z. 10) sei. Die tatsächliche Ankunft wird noch dadurch unterstrichen, dass er schon „den Flur durchschritten" (Z. 1 f.) habe. Hier hält er aber ein, vergewissert sich mit einem Blick, was er vorfindet, und überlegt, ob er weitergehen soll. Was er vorfindet, ist wenig einladend: Alles ist „alt" und „zerrissen" (vgl. Z. 4 ff.), der Weg nach oben ist „verstellt" (Z. 5), die „Katze lauert" (Z. 6 f.) bedrohlich. Die Fragen nach dem „Empfangspersonal" („Wer wird mich empfangen? Wer wartet hinter der Tür der Küche?", Z. 10 ff.) erhöhen die eigene Irritation. Wie bei einer Gewissenserforschung fragt er sich selber: „Ist dir heimlich, fühlst du dich zu Hause?" (Z. 14 f.) und gesteht freimütig ein: „Ich weiß es nicht, ich bin sehr unsicher" (Z. 15 f.).

Tatsächliche Ankunft

Beobachtung des Eingangsbereichs (außen) provoziert Fragen (nach innen)

Diese Unsicherheit steigert sich über die Angst fast in Panik, denn er „wag(t) nicht" (Z. 23 f.) anzuklopfen und hat Angst, „überrascht" (Z. 26) zu werden. Als Begründung dienen die „Kälte" des Hauses („kalt steht Stück neben Stück", Z. 17), die Unnahbarkeit der Familienmitglieder, die ein „Geheimnis ... wahren" (Z. 32 f.), und damit die Beziehungslosigkeit zwischen Heimkehrer und Herkunftsfamilie. Diese wird dadurch noch besonders hervorgehoben, dass die Familienmitglieder abstrakt und sehr distanziert als die „dort Sitzenden" (Z. 33) tituliert werden.

Innere Distanz führt von Unsicherheit über Angst zu Panik

Mit der Sentenz „Je länger man vor der Tür zögert, desto fremder wird man" (Z. 34 f.) kann man die Heimkehr des Ich-Erzählers als gescheitert ansehen, denn er wird nicht weitergehen, sondern höchstens zurück. Mit diesem Ausspruch will der Ich-Erzähler sich vielleicht über das traurige Ende hinwegtrösten, denn es klingt wie eine Bestätigung seiner persönlichen Situation, die er damit verallgemeinert.

Scheitern der Heimkehr (im Gegensatz zur Überschrift)

Die beiden Schlussfragen („Wie wäre es, wenn jetzt jemand die Tür öffnete und mich etwas fragte. Wäre ich dann nicht selbst wie einer, der sein Geheimnis wahren will", Z. 35 ff.) sind mit einfachem Satz-

Schlussfragen

schlusszeichen (dem Punkt) versehen, obwohl man die erste Äußerung als Frage, die zweite als Antwort in Ausrufeform begreifen kann.

Die Schlusssätze enthalten ein ausdrückliches Eingeständnis seiner eigenen Reserviertheit, das nicht demonstrativ, sondern eher verhalten und vorsichtig klingen soll. Diese Vermutung ist berechtigt, weil der Konjunktiv II (Irrealis) die Äußerungen in das Reich der Phantasie und des Gedankenspiels verweist, was aber dem realen Kern eines Bekenntnisses nicht widerspricht. Der Ich-Erzähler stellt sich jedenfalls auf die gleiche Stufe mit den Daheimgebliebenen, weil er auch ein „Geheimnis" für sich in Anspruch nimmt („sein Geheimnis", Z. 38), was eine tatsächliche Begegnung sinnlos machen würde.

Inneres Bekenntnis zu eigener Reserviertheit und Zurückhaltung

e) Thema des „Spaziergangs" ist der Abschied von der eigenen Familie, bei der „Heimkehr" geht es um die Rückkehr zur Ursprungsfamilie. In beiden Geschichten spielt die Familie eine ganz zentrale Rolle: Bei dem „Spaziergang" bietet sie noch Geborgenheit und Sicherheit, während sie bei der „Heimkehr" diese Funktion nicht nur verloren hat, sondern so abweisend und fremd geworden ist, dass eine Kommunikation mit ihr nicht mehr möglich ist.

Thema Familie

Der „Spaziergang" vermittelt beim Lesen eine gewisse Atemlosigkeit, denn die vielen Konditionalsätze streben bis hin zu dem „dann-Satz" („dann ist man für diesen Abend gänzlich aus seiner Familie ausgetreten", Z. 37 ff.) nach Auflösung. Inhaltlich gibt es – ungefähr in der Mitte der Konditionalsätze – eine entsprechende Beschleunigung, indem von einem „plötzlichen Unbehagen" (Z. 17 f.), einem „kurze[n] Abschied" (Z. 21) und der „Schnelligkeit" (Z. 22) des Türzuschlagens die Rede ist. Also kann man diese Hast des Aufbruchs auch beim Lesen und Sprechen spürbar machen. Die „Heimkehr" verlangt eher einen langsamen und tastenden Lesestil: Schon der Blick vom Flur aus geschieht verhalten, weil niemand den Protagonisten stört und er

Lese- und Vortragsstil

sich in Ruhe umschauen kann. Besonders die Fragen, die er sich stellt, benötigen eine kurze Pause, denn das Frage- und Antwortspiel ist ein Prozess der Selbstvergewisserung, der Zeit braucht. Zu bedenken ist auch, dass der Ich-Erzähler sehr ehrlich ist, seine Angst und Bedenken offen zugibt und auch die Verantwortlichkeit für die entstandene Situation bei sich selber sucht. Ein solches Eingeständnis fällt ihm sicher nicht leicht.

Beide Geschichten beginnen mit Tatsachenbehauptungen, die ein wirkliches Geschehen nahelegen: So heißt es nach der Abschiedserklärung im „Spaziergang": „es nach kurzem Abschied auch tut" (Z. 21), bei der „Heimkehr" lautet es zunächst unumstößlich: „Ich bin angekommen" (Z. 9 f.). Hier sind Zweifel angebracht: So weiß man beim „Spaziergang" nicht, ob der Aufbruch wirklich oder nur in der Phantasie stattfindet. Die „Heimkehr" spiegelt mehr Reales wider; aber auch hier ist denkbar, dass sich der Versuch der Rückkehr nur in der Phantasie abspielt, sofern der Ich-Erzähler die aktuellen Örtlichkeiten gut vor Augen hat. Denn immerhin riskiert der „Heimkehrer", dass er erkannt bzw. „erwischt" wird, wenn er wirklich vor Ort ist.

Realitätsgehalt der Geschichten

Die Stimmung des „Spaziergangs" wirkt optimistischer, denn die Hoffnung auf eigene „Freiheit" (Z. 27), „Entschlußfähigkeit" (Z. 30) und „Kraft" (Z. 33) ist da und kann sich jederzeit durchsetzen und Gestalt gewinnen. Bei der „Heimkehr" ist der Bruch zwischen dem „Heimkehrer" und seiner Herkunftsfamilie so stark und endgültig, dass er unaufhebbar scheint. Der Ich-Erzähler wird sein Leben losgelöst von familiären Bindungen meistern müssen.

Atmosphäre/ Zukunftsaussichten

Beide Geschichten kann man über den familiären Rahmen hinaus deuten, indem man sie als Gestaltung menschlicher Grundsituationen begreift.

Deutungsmöglichkeiten über den familiären Rahmen hinaus

Im „Spaziergang" geht es um einen Abschied (mit Rückkehrmöglichkeit) aus einem behüteten und gewohnten Kreis von Menschen, in der „Heimkehr" um die Notwendigkeit, von Menschen, die einem einmal

wirklich wichtig waren, endgültig Abschied zu nehmen, weil eine weitere Begegnung zu nichts führt.
Beides kann überlebenswichtig sein und man kann deswegen auch die Geschichten nicht bestimmten Lebensaltern zuordnen, denn der Aufbruch von Menschen oder die Distanz zu Menschen kann in jedem Lebensabschnitt wichtig sein.

Aufgabe 11 a) Die Geschichte spielt Anfang April 1945, als der „Krieg ... dem Ende" zuging (Z. 35 f.); Ort des Geschehens ist eine Stadt am Rhein (vgl. die „Rheinbrücke", Z. 44); die eigentliche Handlung spielt „auf einem Hügel vor der Stadt" (Z. 61 f.).

b) Kennzeichnung der Passagen, die dem Erzähler zugeordnet werden können:

Hans Bender, Forgive me (1953)

Herr Studienrat Runge sagte mit einschläfernder Stimme: „forgive me" ist ein starker Ausdruck. Der Engländer gebraucht ihn eigentlich nur Gott gegenüber, im Gebet, in der höchsten Gefühlsaufwallung. Ihr werdet ihn selten hören, selten gebrauchen. Häufiger kommen vor „excuse me" und „sorry", ja, vor allem „sorry". „Sorry" könnt ihr bei jeder Entschuldigung anwenden. Wenn ihr an jemandem vorbeigehen wollt, wenn ihr jemandem auf den Fuß getreten seid, sagt „sorry" ...

Einleitung/Rahmen des Erzählers (vgl. Titel und Schluss) als szenische Präsentation

Ich war vierzehn Jahre alt. Ich saß in der letzten Bank und war nicht besonders aufmerksam. Vor mir, auf der polierten Platte lag ein blaues Oktavheftchen, in das ich die neuen Worte eintragen sollte. Doch ich malte rechts und links von meinem Namen eine Blume. Unter dem Oktavheftchen lag ein Spiegel, in den ich ab und zu sah. Ich sah gerne in den Spiegel, zupfte an meinen Haaren vor der Stirne und schnitt Gesichter. Ich wollte nämlich Schauspielerin werden. Auf dem Heimweg überholten mich drei Jungen der Parallelklasse: Walter, Horst und Siegbert. Siegbert sagte: „Da geht die Brigitte Horney!" Die anderen lachten. – Was hatte nur dieser Siegbert gegen mich? Er reizte, neckte, blies die Backen auf, ich aber freute mich, wenn ich ihn sah ...

Es war Anfang April. Der Krieg ging dem Ende zu. Von Vater kamen keine Briefe mehr. Mutter saß am Abend ohne Worte an meinem Bett.

Mögliche Vorausschau des Erzählers

Einige Tage später wurden wir aus der Schule nach Hause geschickt. Um die Mittagszeit surrten amerikanische Tief-

Nächtliches Geschehen mit genauer Bezeichnung der Einheiten

flieger über die Dächer. In der Nacht fuhren Lastwagen mit SS-Leuten der Rheinbrücke zu, und die Fenster schütterten vom Gedröhn der Front. Dann drängten sich Autos, Pferdewagen und Panzer durch die Straßen, über die Trottoirs. Infanteristen zogen zurück, in Gruppen, vereinzelt, abgerissen, verwundet.

Die Stadt wurde aufgewühlt von Angst, Unruhe, Ungewißheit und der Erwartung, daß alles zu Ende sei. Beck, ein fanatischer Anhänger Hitlers, bewaffnete Freiwillige und Gezwungene. Er verteilte Gewehre und Panzerfäuste, er ließ Sperren errichten, Gräben ausheben. Vor allem junge Menschen taten mit. Mit gärendem Kopf.

Dichte Schilderung der Atmosphäre in der Stadt am Ende des Krieges

Siegbert lag unter dem Befehl eines ehemaligen Weltkriegsoffiziers auf einem Hügel vor der Stadt. Ich trug Wasser zum Hügel, Kaffee, Kuchen, Zigaretten, und die letzte Tafel Schokolade, die Vater zu Weihnachten geschickt hatte, brachte ich Siegbert. Ich saß im Graben neben ihm. Er sagte: „Du, ich habe mich getäuscht, du bist kein Flittchen – eher ein Junge." Das machte mich stolz. Ich rauchte kurz danach meine erste Zigarette, ohne zu husten. Aber ich war kein Junge! Nein, ich war kein Junge ...

An einem frühen Vormittag ging ich wieder zum Hügel. Die Wege und Felder lagen wie ausgestorben, nur die Lerchen stiegen aus den Furchen. Seit diesem Morgen weiß ich, wie schön Gesang der Lerchen ist. Auf dem Hügel wurde ich nicht gerade freundlich empfangen. Einer sagte: „So'n Wahnsinn." Und der Weltkriegsoffizier sagte: „Tolles Mädchen, du kannst nicht mehr zurück."

„Warum?" fragte ich.

„Es geht los", sagte er.

„Was? Was geht los?"

Niemand antwortete. Eine unheimliche Stille. Ich stolperte über den Hügel zu Siegbert. Er riß mich in den Graben, neben sich, preßte meinen Kopf in seine Arme und sagte: „Warum bist du nur gekommen! Warum bist du nur heute gekommen!"

Dann explodierte die Ruhe. Einschläge schüttelten den Hügel. Zornige Granaten durchwühlten die Erde, die wenigen Leben herauszuwerfen, herauszupflügen wie Kartoffeln auf dem Felde. Hatte ich Angst? Hatte ich keine Angst? Ich weiß es nicht.

Dramatisierung des Höhepunkts

Erdfontänen sprangen hoch. Splitter regneten, und der Rauch nahm den Atem.

Eine Stimme gellte: „Sie sind auf der Straße!"

Dann wurde es ruhig, doch in der Ruhe war ein dunkles Rollen.

Poetische Überformung des Geschehens

Siegbert sagte: „Mal nachsehen." Er richtete sich auf und schaute, den Kopf über dem Grabenrand, zur Straße hinüber. Ich sah zu ihm auf und fragte: „Siehst du etwas? Siehst du – – –?" Da schoß das Blut aus seinem Hals, ein roter Strahl, wie aus einer Röhre…

In der Kirche war ein Bild: Das Lamm Gottes über einem Kelch. Blut, ein roter Bogen, wölbte sich aus einer klaffenden Halswunde zum Kelchrand. So war es bei Siegbert. Ich hatte das Bild in der Kirche lange nicht gesehen. Jetzt sah ich es genau. Das Bild war mein einziger Gedanke, ein dummer Gedanke. Lähmend. Ich konnte nicht schreien, nichts tun. Ich sah das Blut seinem Hals entströmen - und dachte an das Bild in der Kirche… Dann brach sein Körper zusammen, nach vorne, zu mir, sackte in die Hocke, wie er vorher saß, die Stirne schlug auf die Knie, und die Hände legten sich, nach unten geöffnet, neben die Füße auf die Erde.

In die Unheimlichkeit meiner Angst fiel ein Schatten. Oben, am Grabenrand, stand ein Soldat, ein fremder Soldat, in fremder Uniform, mit einem fremden Stahlhelm und einer fremden Waffe, die noch nach Siegbert zielte.

Sein Mörder!

Aber der senkte die Waffe, warf sie zur Erde und sagte: „Forgive me." Er beugte sich herab, riß meine Hände an seine Brust und sagte: „Forgive me."

Interpretierende Begründung:

Die Ich-Erzählerin hat als Vierzehnjährige alles erlebt, was in der Geschichte erzählt wird. Die Frage ist nur, ob sie die Geschichte genauso erzählt hätte. Der Anfang kann dem Erzähler zugeordnet werden, weil die junge Ich-Erzählerin die Erfahrung aus der Englischstunde wohl nicht in einem Rollenspiel, also einer szenischen Präsentation dargestellt hätte. Sie hätte höchstens indirekt darauf hingewiesen, dass sie als „unaufmerksame" Schülerin die Englischstunde sicher vergessen hätte, wenn ihr die Möglichkeiten, sich auf Englisch zu entschuldigen, nicht so drastisch und im wirklichen Leben vor Augen geführt worden wäre. Sie hätte den Lehrer überdies nicht so förmlich eingeführt („Herr Studienrat Runge", Z. 1), sondern von meinem oder unserem Englischlehrer gesprochen.

Die szenische Verdichtung mancher Passagen, wie der Rückzug der Infanteristen („vereinzelt, abgerissen, verwundet", Z. 49 f.) oder der Beginn und der Verlauf des Kampfes („Dann explodierte die Ruhe", Z. 95), weisen auf einen erfahrenen Erzähler hin. Die Personifizierung der Granaten als „zornig" und die Vorstellung, dass die Menschen wie „Kartoffeln" aus der Erde „gepflügt" werden (vgl. Z. 96 ff.), entstammt seiner poetischen Feder. Die

Ich-Erzählerin interessiert sich vor allem für Siegbert („Was hatte nur dieser Siegbert gegen mich? Er reizte, neckte, blies die Backen auf, ich aber freute mich, wenn ich ihn sah...", Z. 30 ff.) und nicht für den Abwehrkampf der Stadt.

Man könnte einwenden, dass die Geschichte erst im Jahr 1953 geschrieben wurde, als die Ich-Erzählerin schon eine junge Frau war, die – folgte sie ihren theatralischen Neigungen – durchaus die Geschichte so hätte dramatisieren können, aber das ändert in der Sache nichts. Auch sie hätte dann die Geschichte nachträglich so komponiert, wie sie geschrieben ist.

Wahrscheinlicher ist, dass Hans Bender die Geschichte als Livebericht kannte und dann in der vorliegenden Form entworfen hat. Dabei hat er in fast allem der Ich-Erzählerin den Vortritt gelassen, aber es ist spürbar, dass er Regie führte und an ganz bestimmten Stellen eingegriffen hat.

c) Der Autor Hans Bender lässt die Ich-Erzählerin in der Geschichte weitgehend als Augenzeugin und Beteiligte sprechen. Er untermauert damit, dass die Geschichte authentisch ist, sich also wirklich so zugetragen hat, wie er sie vorstellt. Der Erzähler hält sich mit seinen Äußerungen zurück. Er gestaltet nur die Einleitung und dramatisiert an einigen Stellen das Geschehen oder bettet es in die Zeitumstände.

Die schützende Hand des Erzählers sorgt zudem für die Überlieferung der Geschichte, denn ob die Ich-Erzählerin allein in der Lage war, das Geschehen, das ihr so leibhaftig vor Augen steht, in Worte zu fassen, darf bezweifelt werden. Die Gedankenstriche und Auslassungszeichen kann man als Zeichen ihrer existenziellen Betroffenheit deuten.

d) Die Ich-Erzählerin ist noch ziemlich jung (14 Jahre); hinzu kommt, dass sie ohne Vater aufwächst, da dieser im Krieg ist, und von der Mutter emotional wenig Zuwendung erfährt, weil der Vater keine Briefe mehr schreibt und möglicherweise schon gefallen ist. Gleichzeitig zeigt sie typische Verhaltensweisen eines Teenagers: Sie ist eitel (schaut sich gern im Spiegel an) und zum ersten Mal verliebt. Sie will „ihrem Siegbert" imponieren, indem sie ihm und den anderen Kameraden Lebensmittel in eine Verteidigungsstellung bringt.

Daraus ergeben sich folgende Schlussfolgerungen:
1. Die Geschichte zeigt, dass junge Menschen während des Krieges in gefahrvollen Situationen oft allein gelassen wurden.
2. Das 14-jährige Mädchen ist mit der realistischen Einschätzung der Gefahr überfordert. Der „Wahnsinn" (Z. 81) ihres Tuns ist ihr nicht be-

wusst, denn als es „losgeht", fragt sie ungläubig und unwissend zurück, „was losgehe" (vgl. Z. 86 f.).
3. Sie erlebt die ersten Liebesbeweise im Schützengraben, indem Siegbert ihr gesteht, dass er sich getäuscht habe und sie kein „Flittchen" (Z. 69) sei. Später presst er ihren Kopf zum Schutz in seine Arme. Gleichzeitig muss sie erleben, wie Siegbert vor ihren Augen erschossen wird. Ein schlimmeres Zusammentreffen jugendlicher Erfahrungen ist kaum vorstellbar.
4. Die Assoziationen des Mädchens, die den Tod Siegberts mit dem „Lamm Gottes" (Z. 117 ff.) in Verbindung bringen, sind nicht „dumm", sondern aussagekräftig: Siegbert stirbt unschuldig wie ein „Lamm Gottes", was den unmenschlichen Widersinn des „Volkssturms" (Einberufung aller Männer im Alter von 14 bis 60 Jahren, die noch keinen Wehrdienst versahen) dokumentiert.
5. Der Krieg macht vor nichts und niemandem Halt: Er ist allumfassend, sofern es für Menschen, egal welchen Alters, keinen Schutzraum mehr gibt.
6. Besonders schlimm sind dabei auch die falschen Vorbilder. Der Weltkriegsoffizier lobt das Mädchen als „toll" (Z. 82 f.), obwohl sie sich in Lebensgefahr begibt. Ob die Vierzehnjährige die tadelnde Ironie, die vorausgeht und mitschwingt („So'n Wahnsinn", Z. 81), wahrnimmt, ist fraglich.
7. Abschließend erweist sich das, was in der Schule gelehrt wird, als nicht so weltfremd und unwichtig, wie Schüler oft glauben. Obwohl „Studienrat Runge" „mit einschläfernder Stimme" (Z. 1 f.) unterrichtet, bewahrheitet sich seine Unterweisung in fataler und tragischer Weise.

Aufgabe 12 a) **Sławomir Mrożek, Routine**

1 Ich bin Feuerwehrhauptmann. Zu meinen Pflichten gehört es, Brände zu löschen und Personen zu retten, die Selbstmord begehen möchten.
5 Ihre Zahl nimmt zu. So sieht meine Routine aus:
Wir erhalten die Meldung, daß in der Sowiesostraße Nummer soundso-
10 viel jemand die Absicht hat, aus einem hochgelegenen Stockwerk, meistens sogar vom Dach herunterzuspringen. Wir fahren hin. Keine Mühe, das Haus zu finden, eine beträchtliche Menschenmenge schaut bereits nach oben.
15 Auf dem Gesims steht der Selbstmörder. Wir stellen die Leiter an, ich steige hinauf. Je höher, desto vorsichtiger, um ihn nicht zu erschrecken. Das heißt, damit er nicht springt, bevor wir
20 ihn retten können.
Meiner Meinung nach braucht man das nicht zu befürchten. Er wartet ja gerade auf mich. Er hätte ja sogleich springen können, nicht nur vor unserer

Ankunft, sondern sogar bevor sich die Menge versammelte. Er hätte zehn-, zwanzigmal springen können, ehe jemand ihn bemerkte. Aber nein, er wartet auf die Menschenmenge und anschließend auf uns. Erst dann beginnt die Vorstellung.

Ich steige also die Leiter hoch, immer näher zu ihm, und tue so, als wäre mir unerhört viel daran gelegen, daß er einverstanden ist, am Leben zu bleiben. Das erwartet er ja von mir, dafür werde ich bezahlt. Außerdem – wenn ich weniger so täte als ob, wäre das unten versammelte Publikum mit mir weniger zufrieden.

Heute bin ich schlechter Laune, dazu das ekelhafte Wetter, kalt, windig, vor allem hier oben. Hätte ich mir die warme Unterwäsche angezogen, wäre ich vielleicht in besserer Form. Bei schönem Wetter fällt es leichter, den Dummkopf zu spielen. Nicht aber, wenn der Wind dir bis ins Mark dringt. Außerdem werde ich älter, wie oft habe ich schon diese Rolle gespielt!

Ich nähere mich ihm langsam, und er tut wie gewöhnlich, als ob: Noch einen Schritt, und ich springe! Ein Typ ähnlich den früheren, schlampig, ärmlich, mit stumpfem Gesichtsausdruck. Dieses Vergnügen ist die Spezialität der Debilen. Leute, die Grips im Kopf haben, bringen sich ohne solche Zeremonien und wirklich um.

Ich weiß, was ich jetzt zu tun habe. Anhalten und zu ihm sprechen, mit möglichst sanfter Stimme. Ihn beruhigen, ihm auseinandersetzen, wie schön das Leben und wie sehr uns allen daran gelegen sei, daß er lebt. Mir persönlich, denen da unten und überhaupt der ganzen Gesellschaft. Ganz besonders liegt uns daran, daß noch ein Trottel in der Welt herumgeistert und die Luft verpestet!

Und die da unten tun auch so. Sie sind ihrer Wege gegangen, ein Tag wie alle anderen, Langeweile. Und nun erleben sie dieses Schauspiel. Der Selbstmörder auf dem Gesims. Fast springt er schon – Sensation. Natürlich wissen sie, daß die Feuerwehr kommt und die Rettung stattfindet und sonst nichts weiter daraus wird. Aber sie hoffen bis zum Schluß, daß er doch springt. Sie wissen, daß alles ohne Effekt endet wie immer, trotzdem ... Sie denken, vielleicht diesmal ... Vielleicht rutscht er aus oder ... Vielleicht bricht das Gesims ab ... Sie können nur mit einem Zufall rechnen, folglich warten sie darauf. Und ich muß mich bemühen, daß sie nicht enttäuscht sind von der Vorstellung, aber enttäuscht werden in dem, woran ihnen am meisten gelegen ist. Widerwärtig!

Wir tun darum alle so. Der Selbstmörder, als wollte er sich umbringen, obwohl es genau umgekehrt ist. Er möchte ein Held sein, auf sich aufmerksam machen, ein Publikum haben, und man soll über ihn in der Zeitung schreiben. Vor allem möchte er leben, und deshalb tut er so, als wollte er nicht. Die Menge tut so, als fürchtete sie sich vor dem Gräßlichen, das geschehen soll, und rührt sich nicht von der Stelle, um zu sehen, wie es nicht geschieht. Ausgerechnet! Im Grunde wünscht sie nichts so sehr, wie etwas Aufregendes zu sehen. Seit die öffentlichen Hinrichtungen abgeschafft wurden, gibt es für die Menge keine andere Chance. Und ich tue so, als glaubte ich dem Selbstmörder und glaubte denen da unten, und ich muß so handeln, als wüßte ich nicht, um was es ihm und denen in Wirklichkeit geht. Zu ihrem Vergnügen muß ich mich dümmer stellen, als ich bin.

Ich nähere mich ihm auf der Leiter, und kaum bin ich nahe bei ihm, aber noch nicht zu nahe, macht er einen Schritt hin zum Rand, als wollte er springen, ehe ich ihn aufhalten kann. Jetzt muß ich haltmachen und mit meiner Nummer beginnen. Folglich mache ich halt. Unten sind schon die Journalisten eingetroffen und fotografieren uns. Die Fernsehwagen sind da, die Kameras laufen. Die Verkäufer von gebrannten Mandeln sind gleichfalls gekommen und die Händler mit Brötchen. Sie wissen, daß sie ein gutes Geschäft machen werden, denn das Grauen macht dem Publikum Appetit. Ich aber habe heute fast nichts gegessen, denn morgens früh bringe ich nichts herunter, es ist noch recht zeitig, überhaupt fühle ich mich vormittags nicht besonders wohl. Auf den Fotos und im Fernsehen sieht man mich von hinten, ich bin hier nur der Schauspieler Nr. 2, der auf dem Gesims ist die Nr. 1. Im Übrigen bin ich in dieser Vorstellung schon so oft aufgetreten, daß sie mir gleichgültig geworden ist und mir überhaupt nichts mehr daran liegt. Außerdem bin ich ein ganz gewöhnlicher Feuerwehrmann, technisches Personal, Bedienung, ich tue nur, was ich zu tun habe. Der wirkliche Star ist der auf dem Gesims, mit dem Gesicht zur Kamera.

Doch was hilft's, man muß anfangen. So fange ich an mit meinem Zureden. Ich wende mich so sanft wie möglich an ihn: „Hallo, Mann! Einen Moment mal, was wollen wir da gerade tun?"

Der da schmollt scheinbar, macht einen Schritt vorwärts, geht nicht zurück, aber auch nicht mehr weiter. Anscheinend hört er nicht auf mich, aber natürlich wartet er doch auf die Fortsetzung. Ich will nicht behaupten, er habe darin Übung, aber jeder von ihnen, auch wenn er's zum ersten Mal macht, benimmt sich wie ein Fachmann. Punkt für Punkt wie nach einer Vorschrift.

„Verstehe, verstehe, selbstverständlich haben wir Gründe. Doch wir wollen lieber gemeinsam überlegen..."

Was denn nur überlegen, verdammt? Alles ist klar. Aber ich habe eine Anweisung, und die Anweisung sagt: Zeit gewinnen! Alles möglichst hinziehen, angeblich, damit er weich wird und seinen Entschluß aufgibt, in diesem Augenblick, und dann selbst herunterklettert, falls er nicht von bester Qualität ist, oder meine Leute ihn oben schnappen, falls er erstklassige Spitze ist. Darin liegt die Kunst des gesamten Teams: je näher der „letzte Augenblick" kommt, desto schöner wird es, vor allem im Fernsehen. Es gibt großartige Talente, die, wenn wir sie schnappen, beinahe schon fliegen. Doch sie gehören zu den seltenen Ausnahmen wie eben jedes große Talent.

Er hat die Stirn gerunzelt, schmollt und tut so, als hörte er nicht auf mich. Aber natürlich wartet er nur auf meinen nächsten Satz. Ich räuspere mich, weil ich schon seit gestern erkältet bin – und hier, im achtzehnten Stockwerk, zieht es auch noch –, und fahre fort, so vorsichtig, so süß ich nur kann.

„Denk an deine Familie und deine Freunde, und wenn du keine Familie hast, denk..."

Ich denke daran, woran er noch denken soll. Gewöhnlich überlege ich mir das nicht, ich kann es ja auswendig, heute aber ist es mir entfallen. Eigentlich nicht entfallen, es sitzt mir irgendwo im Kopf, hat aber selbst verstanden, wie dumm es ist, und schämt sich herauszukommen. Das mit der Familie und den Freunden ist schon dumm genug. Was denn, wenn er gerade um derentwillen diese ganze Geschichte aufführt?

Aber sagen muß man es. Folglich sage ich es, um Zeit zu gewinnen.
„Es weht heute mächtig, wie?"
210 Zum ersten Mal hat er mich etwas bewußter angeblickt. Offensichtlich hat er das nicht erwartet, ich bin aus der Rolle gefallen. Ein Fehler. Um mich zur Ordnung zu rufen, macht er noch einen
215 halben Schritt vor zum Rand. Sein Fuß hängt über dem Abgrund. Doch ich hatte plötzlich keine Lust mehr.
„Dann spring doch, du Sturkopf", sagte ich und begann die Leiter herun-
220 terzuklettern.
Meint ihr, er sei gesprungen? Ja, er ist gesprungen.

Jetzt warte ich auf die Verhandlung und das Urteil. Die Arbeit bei der Feu-
225 erwehr habe ich natürlich verloren, da gibt es keinen Zweifel. Und mit Recht, weil ich meinen beruflichen Pflichten nicht genügt habe. Ich bin angeklagt wegen... Aber das ist unwichtig. Der
230 Anklage stimme ich auch zu. Nur einem stimme ich nicht zu, stimme ich absolut nicht zu. Die Schlagzeilen lauteten „Selbstmord", aber meiner Ansicht nach war das ein Unfall. Auch im
235 Selbstmörderberuf ereignen sich tödliche Unfälle.

b) Der Ich-Erzähler ist Feuerwehrmann und berichtet vor allem über seine Einsätze bei der Rettung von Selbstmördern. Er bezeichnet diese Einsätze als „Routine" (Z. 6), weil er schon oft dabei war. Seine Hauptaufgabe ist, sich dem Selbstmörder auf der Leiter „vorsichtig" (Z. 17 f.) zu nähern, „um ihn nicht zu erschrecken..., damit er nicht springt" (Z. 18 f.).
Auch bei dem beschriebenen Einsatz nähert er sich dem Selbstmörder „langsam" (Z. 51) und muss dann anhalten. Dabei beobachtet er ihn genau und charakterisiert ihn als „schlampig, ärmlich, mit stumpfem Gesichtsausdruck" (Z. 54). Er muss ihn jetzt „mit möglichst sanfter Stimme... beruhigen, ihm auseinandersetzen, wie schön das Leben und wie sehr... allen daran gelegen sei, daß er lebt" (Z. 61 ff.). Die Spannung steigt, weil „er einen Schritt hin zum Rand" (Z. 117 f.) macht, „als wollte er springen" (Z. 118 f.). Neben der üblichen Menschenmenge sind inzwischen „Journalisten eingetroffen und fotografieren" (Z. 122 f.). Auch „Fernsehwagen sind da, die Kameras laufen" (Z. 124 f.). Damit wird die Rettungsaktion zu einem medialen Ereignis. Der Feuerwehrmann ist heute allerdings persönlich beeinträchtigt, weil er „schlechte Laune" (Z. 41) habe, das Wetter „ekelhaft" (Z. 42) sei und er „heute fast nichts gegessen" (Z. 131) habe. Er ermahnt den

Fakten der Geschichte

Einsätze als Routine?

Beschreibung eines Einsatzes

Aufgabe des Lebensretters

Rettungsaktion als „mediales Ereignis"

Persönliche Situation des Feuerwehrmannes

Selbstmörder, an seine Familie, an seine Freunde zu denken, bricht aber ab und fällt aus der Rolle, indem er ihn auffordert zu springen und ihn als „Sturkopf" (Z. 218) beschimpft.

Eklat

Am Ende springt der Selbstmörder in den Tod und der Feuerwehrmann muss sich wegen Fehlverhaltens vor Gericht verantworten.

Tod des Selbstmörders

c) Der Feuerwehrmann unterstellt dem Selbstmörder keine Notlage, sondern eine „Vorstellung" (Z. 31, 88, 139), die ihm selbst die Rolle des „Dummkopfs" (Z. 46) zuordne. Der Selbstmörder sei der „Star" (Z. 146) und er nur „der Schauspieler Nr. 2" (Z. 137). Er bezichtigt ihn der Dummheit, weil er keinen „Grips im Kopf" (Z. 57) habe, denn sonst brächte er sich „ohne solche Zeremonien (Z. 58 f.)" um. Er verhöhnt ihn als „Trottel" (Z. 68) und jemanden, der „die Luft verpeste" (Z. 69 f.). Später aber spricht er ihn hinsichtlich seiner Verhaltensweise auf dem Gesims als „Fachmann" (Z. 162) an, sofern er „Punkt für Punkt wie nach einer Vorschrift" (Z. 162 f.) handle. Auslösendes Moment für den Todessprung wird dann die provozierende Aufforderung des Feuerwehrmannes: „Dann spring doch, du Sturkopf" (Z. 218).

Analysefrage
Angebliche „Vorstellung" des Selbstmörders

Verhöhnung des Selbstmörders als „Trottel"

d) Der Feuerwehrmann empfindet den ganzen Einsatz als „Vorstellung" (Z. 31), die ihm „gleichgültig geworden" (Z. 141) sei. Dabei unterstellt er allen Beteiligten, dass sie schauspielern, d. h., etwas anderes vorgeben, als sie tatsächlich tun. Am meisten prangert er die sensationsgierige Menge an, die keine Rettung des Gefährdeten erwarte, sondern den Sprung in den Tod („sie hoffen bis zum Schluß, daß er doch springt", Z. 79 f.). Im Grunde wünsche sich die Menge „nichts so sehr, wie etwas Aufregendes zu sehen" (Z. 104 f.). Unterstützt würde die Menge auch vom Fernsehen und den Journalisten. Es sei ein „widerwärtiges Schauspiel" (vgl. Z. 74, Z. 90), das da ablaufe, zumal der Menschenauflauf jahrmarktmäßige Züge annehme, „denn das Grauen macht dem Publikum Appetit" (Z. 129 f.). Der

Interpretationsfragen
Einsatz als „Vorstellung"

Sensationsgierige Menge

Widerwärtiges Schauspiel

Selbstmörder wolle auch ein „Held" (Z. 94) sein, ein „Publikum haben" (Z. 95) und in der Zeitung erscheinen. Also wolle er sich im Umkehrschluss gar nicht umbringen, sondern „aufmerksamer" (vgl. Z. 94 f.) leben.

Der Feuerwehrmann will sich von dem falschen Schein der Menge distanzieren, er fühlt sich sogar missbraucht, indem er Scham empfindet, wenn er jemanden retten soll, den die Menge sterben sehen will. Wichtig ist ihm, aus der Rolle zu fallen, denn das bestätigt er als seinen Fehler: „ich bin aus der Rolle gefallen" (Z. 212 f.).

Distanz zur Menge

Protestverhalten

Dem entspricht auch der Schlussabschnitt, indem er die Anklage zwar akzeptiert, aber nicht die Sprachregelung, dass es ein „Selbstmord" (Z. 233) gewesen sei.

e) Der Feuerwehrmann hat seine Pflicht verletzt, weil er wider besseres Wissen den Selbstmordgefährdeten so provoziert hat, dass dieser in den Tod gesprungen ist. Er hat damit Beihilfe zum Tod eines Menschen geleistet und muss sich wegen fahrlässiger Tötung verantworten. Seine Anschuldigungen gegen die sensationslüsterne Menge und Presse mögen verständlich sein, aber er darf sie so nicht auf den Suizidgefährdeten übertragen. Eine derartige Verunglimpfung eines selbstmordgefährdeten Menschen verbietet sich von selbst. Außerdem hätte er – wenn er dem empfundenen Rollenzwang entgehen wollte – den Dienst quittieren müssen oder sich rechtzeitig um eine andere Aufgabe innerhalb der Feuerwehr bewerben müssen. So wiegt die unterlassene Hilfeleistung schon schwer, weil sie im Dienst auf dem Rücken des Opfers stattgefunden hat.

Pflichtverletzung

„Fahrlässige Tötung"

Verunglimpfung eines gefährdeten Menschen

Alternative Verhaltensweisen

„Unterlassene Hilfeleistung"

Aufgabe 13 a) Einfache, kurze Hauptsätze (mit Subjekt und Prädikat) herrschen vor (16 an der Zahl). Drei Aussagen gehen über den ganzen Vers (vgl. V. 7, 8, 10). Vier Sätze enthalten ein Satzgefüge (Hypotaxe) und gehen ebenfalls über den ganzen Vers (V. 2, 9, 12, 14).

Kennzeichnung der abweichenden Sätze:

Erich Kästner, Die Zeit fährt Auto (1928)

Die Städte wachsen. Und die Kurse steigen.
Wenn jemand Geld hat, hat er auch Kredit.
Die Konten reden. Die Bilanzen schweigen.
Die Menschen sperren aus. Die Menschen streiken.
Der Globus dreht sich. Und wir drehn uns mit.

Die Zeit fährt Auto. Doch kein Mensch kann lenken.
Das Leben fliegt wie ein Gehöft vorbei.
Minister sprechen oft vom Steuersenken.
Wer weiß, ob sie im Ernst dran denken?
Der Globus dreht sich und geht nicht entzwei.

Die Käufer kaufen. Und die Händler werben.
Das Geld kursiert, als sei das seine Pflicht.
Fabriken wachsen. Und Fabriken sterben.
Was gestern war, geht heute schon in Scherben.
Der Globus dreht sich. Doch man sieht es nicht.

b) Der Refrain heißt: „Der Globus dreht sich" (V. 5, 10, 15).

c) Das Motto des Refrains ist die Bewegung. Schon in der ersten Strophe ist vom Städtewachstum und den steigenden Kursen an der Börse die Rede. Die Strophe schließt mit einem Fazit, dass sich die Menschen mit der Erde bewegen. In der zweiten Strophe beschleunigt sich die Bewegung, denn man „fährt" neuerdings „Auto" und das Leben „fliegt ... vorbei" (V. 7). In der dritten Strophe mündet die Bewegung in eine Auf- und Abbewegung, sofern Fabriken entstehen und wachsen, gleichzeitig aber auch zugrunde gehen; der Dichter fasst dies in den Gegensatz: „Was gestern war, geht heute schon in Scherben" (V. 14).

d) Die Bewegung als vorherrschendes Anliegen des Gedichts spiegelt sich in der schnellen Abfolge der Sätze, denn so kann der Autor sehr viele verschiedene Bereiche des Lebens ansprechen und den Wechsel im Leben der Menschen deutlich machen.

e) Im Mittelpunkt stehen das Geld und das Wirtschaftsleben. Das „Geld" wird zweimal direkt thematisiert (V. 2 und 12); es taucht aber auch in den „Kurse[n]" (V. 1), „Kredit[en]" (V. 2), „Konten" (V. 3), „Bilanzen" (V. 3) und „Steuern" (V. 8) auf. Außerdem ist von Fabriken die Rede, die entstehen und vergehen (V. 13), aber auch von Menschen, die „streiken" bzw. „aussperren" (V. 4).

f) Ausgangspunkt für Kästners kritische Gedanken ist die neue Dynamik des Wirtschaftslebens. Auch wenn die Industrialisierung im 19. Jahrhundert begonnen hat, bestimmt sie weiterhin tiefgreifend die Veränderungen der Menschen. Das Städtewachstum hält unvermindert an (vgl. V. 1) und das Geld bzw. die Finanzströme sind die Antriebskräfte. Wenn allerdings nur die Menschen Kredit bekommen, die „Geld haben" (V. 2), so kann man schließen, dass diejenigen, die nichts haben, keine Chance haben, ihr Einkommen und ihre Lage zu verbessern. Wenn „Konten reden" und „Bilanzen schweigen" (V. 3, Personifikation), deutet das an, dass die Normalbürger ihre Einkünfte offenlegen und Steuern bezahlen müssen, während größere Unternehmen ihre Einkünfte verheimlichen können, um Steuern zu sparen. Dass die Unternehmer zuerst „aussperren" und dann die Arbeiter „streiken" (V. 4), ist die falsche Reihenfolge. Aber Kästner stellt damit heraus, dass die Unternehmer am längeren Hebel sitzen, schon vor dem Streik wissen, wie sie reagieren, und die Arbeiter geringe Chancen einer Gegenwehr haben.

Wenn Kästner in seinem Gedicht behauptet, dass die „Zeit ... Auto" (V. 6) fahre, ist das missverständlich, da um diese Zeit nur ganz wenige ein Auto besaßen. Man kann es deswegen so verstehen, dass nur diejenigen, die den Ton angaben, ein Auto fuhren. Kästner stellt in Abrede, dass diese Menschen „lenken" (V. 6) können. Damit unterstellt er ihnen Unfähigkeit, auch im übertragenen Sinn, die Zeit steuern zu könnten. Ferner kritisiert er, dass die Politik die Menschen oft nur mit Versprechungen abspeist.

Dass das „Leben ... wie ein Gehöft" (V. 7) vorbeifliege, ist ein ungewöhnlicher Vergleich, erklärt sich aber aus der Perspektive der dynamischen, „Auto fahrenden" Zeit. Im Zusammenhang mit der Aussage, dass kein Mensch lenken könne (vgl. V. 6), wird deutlich, dass der Mensch nicht Herr seines Lebens ist.

Kästner betrachtet den Menschen aus der wirtschaftlichen Perspektive und stellt fest, dass eine florierende Wirtschaft, so wie er sie in kurzen Sätzen lapidar charakterisiert, gleichsam naturgesetzlich wieder Einbrüche erleidet. Das Bild und Motiv der „Auto fahrenden" Zeit (vgl. Überschrift) ist somit mehrdeutig. Es symbolisiert die Modernität und den Reichtum der Zeit, aber auch die fehlende Macht des Menschen, das Auf und Ab der Zeit sinnvoll zu steuern.

g) Kästner geht in diesem Gedicht mit seiner Zeit sehr energisch ins Gericht. Das Gedicht besitzt viel mehr Sprengkraft, als es auf den ersten Blick den Anschein hat. Der sich drehende Globus erweckt den Eindruck einer natürlichen Bewegung. Aber das Gedicht hebt darauf ab, dass die Aufwärtsbewegung auch mit einer Abwärtsbewegung verbunden ist. Die genannten sozialen Spannungen weisen bereits darauf hin. Der Blick Kästners ist nicht nur kritisch, sondern auch pessimistisch, denn wenn „kein Mensch ... lenken" (V. 6) kann, ist es fraglich, ob und wie die Menschen mit Einbrüchen und Krisen umgehen können. Insofern sieht Kästner die Gegenwart und die Zukunft eher pessimistisch.

Die tatsächliche Entwicklung des Konjunkturrückgangs 1928 und der Weltwirtschaftskrise 1929 sollten ihm Recht geben.

Aufgabe 14   a) **Erich Kästner, Die Zeit fährt Auto** (1928)

Die Städte wáchsen. Únd die Kúrse stéigen.	a
Wenn jémand Géld hat, hát er áuch Kredít.	b
Die Kónten réden. Díe Bilánzen schwéigen.	a
Die Ménschen spérren áus. Die Ménschen stréiken.	a
Der Glóbus dréht sich. Únd wir dréhn uns mít.	b
Die Zéit fährt Áuto. Dóch kein Ménsch kann lénken.	c
Das Lében flíegt wie éin Gehőft vorbéi.	d
Miníster spréchen óft vom Stéuersénken.	c
Wer wéiß, ob síe im Érnst dran dénken?	c
Der Glóbus dréht sich únd geht nícht entzwéi.	d
Die Káufer káufen. Únd die Händler wérben.	e
Das Géld kursíert, als séi das séine Pflícht.	f
Fabríken wáchsen. Únd Fabríken stérben.	e
Was géstern wár, geht héute schón in Schérben.	e
Der Glóbus dréht sich. Dóch man síeht es nícht.	f

Erich Kästner, Im Auto über Land (1959)

Án besónders schőnen Tágen	a
íst der Hímmel sózuságen	a
wíe aus bláuem Pórzellán.	b
Únd die Féderwólken gléichen	c
wéißen, zárt getúschten Zéichen,	c
wíe wir síe auf Schálen sáhn.	b
Álle Wélt fühlt sích gehóben,	d
blínzelt glücklich schräg nach óben	d
únd bewúndert díe Natúr.	e
Váter rúft, dirékt verwégen:	f
„'n Wétter, glátt zum Éierlégen!"	f
(Ná, er rénommíert wohl núr.)	e
Únd er stéuert óhne Féhler	g

über Hügel únd durch Täler.	g
Tánte Páula wírd es schlécht.	i
Dóch die übrigé Verwándtschaft	j
blíckt begéistert ín die Lándschaft.	j
Únd der Lándschaft íst es récht.	i
Úm den Kópf weht éine Bríse	k
vón besónnter Lúft und Wíese,	k
divídíert durch víel Benzín.	l
Ónkel Théobáld beríchtet,	m
wás er álles síeht und síchtet.	m
Dóch man síeht's auch óhne íhn.	l
Dén Gesáng nach Kräften pflégend	n
únd sich rhýthmisch fórtbewégend	n
strömt die Ménschheit dúrchs Revíer.	o
Ímmer rắscher jágt der Wágen.	a
Únd wir hören Vátern ságen:	a
„Dáuernd Wáld, und nírgends Bíer."	o
Áber schlíeßlich hílft sein Súchen.	p
Ér kriegt Bíer. Wir kríegen Kúchen.	p
Únd das Áuto rúht sich áus.	q
Tánte schímpft auf díe Gehälter.	r
Únd allmählich wírd es kälter.	r
Únd dann fáhren wír nach Háus.	q

Beim Reim handelt es sich um einen **Schweifreim**.

b) Für das Gedicht „Die Zeit fährt Auto" gilt: Der Jambus drängt nach vorne und macht Tempo. Die Kurzsätze regen nicht gerade zum Pausieren an, sondern wollen zügig gelesen sein, denn häufig bilden sie auch einen Kontrast, den man zusammen hören will („Die Konten reden. Die Bilanzen schweigen", V. 3, oder „Fabriken wachsen. Und Fabriken sterben", V. 13). Geschwindigkeit ist aber nicht alles, denn jede Zeile endet mit einem Punkt und ist somit in sich abgeschlossen (Zeilenstil). Die Gedanken sind eher assoziativ (willkürlich) miteinander verknüpft. Also kann man am Ende der Zeile ruhig kurz einhalten, aber die Pause wird man nicht zu sehr ausdehnen, denn die Gedanken sollen am Ende sicher ein Gesamtbild ergeben, das nur entsteht, wenn die einzelnen Aussagen und Feststellungen nicht zu sehr in die Länge gezogen werden.

Für das Gedicht „Im Auto über Land" gilt: Der Trocháus verlangt, dass man beim Vortrag betont einsetzt. Bis auf die letzten beiden Strophen reichen viele Sätze über mehr als einen Vers; sie bilden einen Zusammenhang und wollen stimmlich (Heben und Senken der Stimme) auch so behandelt werden (vgl. die Enjambements). Die Stimme bleibt am Ende der ersten und zweiten Zeile oben, sodass auch die Paarreime deutlich hervortreten, und senkt sich dann zum Satzschlusszeichen des dritten Verses. Wenn man so einen Satz über drei Zeilen zum Hören und Vortrag gebracht hat, darf man ruhig pausieren, um ihn wirken zu lassen. Man will oder soll den „blauen" Himmel mit den „Federwolken" nachempfinden können, die Begeisterung und das Glück, das sie ausstrahlen. Damit das Ganze aber nicht zu stimmungsvoll wird, gibt es Kontraste, die man mit naserümpfender Stimme und gedrosseltem Tempo auch herausstellen kann: „Tante Paula wird es schlecht" (V. 15), es stinkt auch nach „Benzin" (V. 21), und als es dann „Bier" und „Kuchen" gibt, geht es sehr schnell (vgl. V. 32–36: jeder Vers ein Satz – Wechsel zum Zeilenstil), sodass das Ende des Ausflugs beschleunigt wird und fast abrupt endet.

Das Gedicht „Im Auto über Land" lebt also von der „rhythmischen Fortbewegung" (vgl. V. 26), aber auch von den oben erwähnten Kontrasten. Es geht um einen stimmungsvollen Ausflug mit dem „Auto über Land", angereichert mit einigen Schönheitsfehlern.

Das Gedicht „Die Zeit fährt Auto" liefert eine Momentaufnahme der Zeit im Sinne einer kritischen Bilanz, die – wie wir gesehen haben – auch anklagende und provozierende Punkte enthält. Also ist es im engeren Sinn ein politisches Gedicht, während das zweite sich eher mit der Gesellschaft beschäftigt, genauer mit ihrem Freizeitverhalten.

c) In dem Gedicht „Die Zeit fährt Auto" von 1928 dient das Auto als Metapher für die Dynamik der Zeit. Dabei ist der ironische Unterton wichtig: Die wenigsten besitzen schon ein Auto und deswegen ist es eine Übertreibung zu behaupten, „die Zeit" bzw. alle führen Auto. Kästner greift dieses neue Fortbewegungsmittel auf, um seine skeptische Grundeinstellung zu demonstrieren. Die mangelnde Beherrschung der Zeitläufe kann er so anschaulich vor Augen führen, indem er den Menschen das Vermögen zu lenken abspricht („Doch kein Mensch kann lenken", V. 6).

In dem Gedicht „Im Auto über Land" von 1959 ist eine neue Zeit angebrochen. Die Automobilisierung der Gesellschaft beginnt. Auch breite Schichten der Bevölkerung können sich nun ein Auto leisten. Allerdings ist es noch etwas ganz Besonderes, dass man sich mit der Verwandtschaft trifft, um das neue Bewegungsmittel auszuprobieren. Also hat noch nicht jeder ein Auto. Man trifft sich jetzt bei denen, die Vorreiter sind. Tante Paula fährt mit, obwohl es ihr schlecht wird, und alle sind begeistert von der neuen Perspektive (vgl. V. 16 f.), besonders Onkel Theobald, der alles haarklein „berichtet" (V. 22). Ein neues Natur- und Landschaftserlebnis geht also mit einher. In kurzer Zeit kann man mehr und intensiver beobachten. Das gilt natürlich vor allem für die Beifahrer. Allerdings gibt es noch eine beträchtliche Zahl von Spaziergängern, die „durchs Revier" strömen (V. 27) und sich „rhythmisch fortbewegen" (V. 26), ganz im Gegensatz zu dem „rascher" (V. 28) jagenden Auto. Die neue Freizeitkultur der Menschen (Spazierfahrt mit dem Auto) revolutioniert aber – trotz der Beschleunigung – nicht die Bedürfnisse der Menschen. Die Beteiligten ermüden relativ schnell („Dauernd Wald, und nirgends Bier", V. 30) und wollen möglichst bald einkehren, um Bier zu trinken oder Kuchen zu essen. Dass die Menschen „die alten" sind oder sich irgendwo treu bleiben, ist sicher ein gewollter Seitenhieb Kästners auf den Wirtschaftswundergeist, der die 50er-Jahre prägte. Es ist nicht alles so neu, wie es den Anschein hat. Wenn die Tante überdies „auf die Gehälter" schimpft (V. 34), hat diese Empörung einen heuchlerischen Beigeschmack, denn man kann sich offensichtlich „trotz der Gehälter" schon Beträchtliches leisten.

Aufgabe 15 a) Vom Fließband rollen die verschwitzten Tage, aus Plastiktüten steigt des Feierabends kurzer Atem, erloschen sind die Neonsonnen, leer die Straßen, morgen ist Sonntag und die Leute glauben an ein Leben nach dem Tod. Stülp dir den Sturzhelm übern Schädel, zeig der Welt dein Rücklicht, die Sterne spiegeln sich auf deinem Rücken, im schwarzen Lack der Lederjacke im Fahrtwind glaubst du, dass du lebst.

b) Vom Fließband
rollen
die verschwitzten Tage,
aus Plastiktüten
steigt
des Feierabends kurzer Atem,
erloschen sind
die Neonsonnen,
leer
die Straßen,
morgen
ist
Sonntag
und

die Leute
glauben
an ein Leben
nach dem Tod.
Stülp
Dir
den Sturzhelm
übern Schädel,
zeig
der Welt
dein Rücklicht,
die Sterne
spiegeln sich
auf deinem Rücken,
im schwarzen Lack der Lederjacke
im Fahrtwind
glaubst du,
dass
du
lebst.

c) Der erste Zeilensprung macht insofern Sinn, als die erste Zeile die Spannung hält, denn man fragt sich, was vom Fließband rollt. Ähnliche Fragen kann man sich stellen, wenn vollständige Satzglieder auf die nächste Zeile verschoben sind: Was steigt aus den Plastiktüten? (Z. 3 f.), was ist erloschen? (Z. 5 f.), was ist leer? (Z. 6 f.), was geschieht morgen? (Z. 7 f.), was tun die Leute? (Z. 8 f.), an welches Leben glauben die Menschen? (Z. 9 f.). So bleiben als zerrissene Satzglieder nur die Übergänge von Zeile zwei auf drei (aus/Plastiktüten) und vier auf fünf (kurzer/Atem).
Die zweite Strophe zeigt die Besonderheit, dass man nach je drei Zeilen ein Komma, Semikolon oder gar einen Punkt setzen kann. Hier (Z. 13, 16) liegen also keine Zeilensprünge vor, sondern die Aussage endet jeweils mit der Zeile. Die verbleibenden Zeilensprünge halten die Satzspannung mit folgenden Fragewörtern: worüber? (Z. 11 f.), wem was? (Z. 12 f.), wo? (Z. 14 f.) und was? (Z. 17 f.). Es gibt nur eine willkürliche Zäsur (im/Schwarzen Lack, Z. 15 f.), wo ein Satzglied zerschnitten ist.

d) Das Gedicht ist sorgfältiger gebaut, als es beim ersten Lesen scheint. Die meisten Zeilensprünge entpuppen sich als vertretbare Spannungselemente. Hinzu kommen ungewöhnliche Sinn-Verbindungen, die durch die Zeilensprünge besonders hervorgehoben werden. Dass „verschwitzte Tage" „vom Fließband rollen" (V. 1 f.) ist ebenso ungewöhnlich wie dass der Atem „aus Plastiktüten steigt" (V. 2 f.). Die Formulierungen kann man so deuten, dass die Arbeiter die verschwitzte Arbeitskleidung in den Plastiktüten nach Hause tragen oder noch hastig dringende Einkäufe tätigen. Aber immerhin kündigt sich „morgen" (V. 7) eine Veränderung an, weil der Tag ins Wochenende mündet. Der Glaube der Menschen ist doppeldeutig: Er kann Trost spenden, aber auch eine Anklage sein, dass ein richtiges Leben jetzt nicht möglich ist. Insofern können die Zeilensprünge die Ängste und Befürchtungen der Menschen spiegeln, an was sie sich nach einer Arbeitswoche halten können oder wie überhaupt Entspannung und Erholung möglich sind. Wenn man unsicher und skeptisch ist, redet man auch nicht fortlaufend, sondern eher mit Unterbrechungen, die die Zeilensprünge markieren.

In der zweiten Strophe wandeln sich die Aussagen in Aufforderungen. Der Leser wird mit „Du" angesprochen und aufgefordert, sich einen Sturzhelm überzuziehen und im Fahrtwind das Leben zu spüren. Interessant ist die Parallelität zwischen den beiden Strophen: Die verschwitzten Tage von Strophe 1 werden in Strophe 2 vom über den Schädel zu stülpenden Sturzhelm aufgenommen. Die „erloschenen Neonsonnen" der Fabrikhallen entsprechen dem „Rücklicht" (V. 13) des Motorrades sowie dem Spiegeln der Sterne auf der schwarzen Lederjacke und der Glaube an ein Leben nach dem Tod steht dem Glauben „im Fahrtwind", dass man lebt, gegenüber. Zudem kontrastiert der „Fahrtwind" (V. 17) mit „des Feierabends kurze[m] Atem" (V. 4 f.).

e) In diesem Gedicht wird das motorisierte Fahren, insbesondere das Motorradfahren, als Fluchtbewegung aus dem Arbeits- und Lebensalltag gesehen. Der Fahrer wird aufgefordert, der Welt sein „Rücklicht" zu zeigen: Man soll die „Welt" hinter sich lassen, Abstand gewinnen und sich gleichsam im Protest von ihr trennen. Die versprochene Verheißung hält sich allerdings in Grenzen. Kein wirklich neues Leben ist in Sicht, sondern nur der Glaube daran, dass man beim Fahren anders und besser lebt. Darin liegt zugleich eine Gefahr: Wenn das Motorradfahren als Ersatz für nicht gelebtes Leben gilt, kann sich der Fahrer in einen Geschwindigkeitsrausch hineinflüchten, um Frustrationserfahrungen im Alltag abzubauen. Sich beim Fahren abzureagieren, aufgestaute Aggressionen loszuwerden, wird heute vielfach zur tödlichen Gewissheit. Das scheint der Preis für die neue Freiheit des Fahrens zu sein.

Aufgabe 16 Das lyrische Ich steht bei den Kästner-Gedichten im Hintergrund, artikuliert sich aber im Zusammenhang der jeweiligen „wir"-Erfahrung. Bei „Die Zeit fährt Auto" ist das lyrische Ich in die Drehbewegung des Globus involviert („Und wir drehn uns mit", V. 5), bei „Im Auto über Land" begreift sich das lyrische Ich als Teilnehmer der Ausflugsfahrt, denn es fungiert als Augenzeuge, der Äußerungen und Verhaltensweisen der Ausflugsgäste authentisch aufzeichnet.

Im Gedicht „Die Zeit fährt Auto" ist die kollektive Erfahrung des Ausgeliefertseins und der Ohnmacht der Menschen übermächtig. Das lyrische Ich gewinnt allerdings etwas Distanz, weil es diese Entwicklung überhaupt wahrnimmt und kritisch kommentiert, denn die Welt müsste unter solchen Bedingungen eigentlich „entzweigehen" (vgl. V. 10) und die meisten Menschen nehmen die Drehbewegung des Globus gar nicht wahr, weil „man" sie nicht sieht (V. 15).

Im zweiten Gedicht ist das lyrische Ich eher schmunzelnder Reporter, der sich unter eine Ausflugsgesellschaft mischt, genauso aber auch der „Menschheit durchs Revier" (V. 27) folgen könnte. Er ist aufmerksam und registriert genau das Allzumenschliche, ohne die Betroffenen bloßzustellen.

Bei Törnes „Im Fahrtwind" ist das lyrische Ich ähnlich wie bei „Die Zeit fährt Auto" existenziell betroffen. Es hat Erfahrung mit der Fließbandarbeit, denn die Skizze des Feierabends in der ersten Strophe verrät den Kenner. Auch die Entsprechungen in der zweiten Strophe deuten darauf hin, dass es genau weiß, wie man die Fabrikarbeit ausgleichen kann. Gleichzeitig relativiert es seine Erfahrung, indem es zugibt, dass das Motorradfahren eben nur eine Kompensation für die Vereinnahmung durch die Fabrikarbeit ist („Im Fahrtwind *glaubst* du/Dass du lebst"). Die pessimistische Grundstimmung ist daher die gleiche wie in dem erstgenannten Kästner-Gedicht („Die Zeit fährt Auto").

Aufgabe 17 Die Überschrift weist das Gedicht von Eduard Mörike als Herbstgedicht aus, mit dem die Stimmung eines „Septembermorgens" eingefangen wird. Das Gedicht besteht aus einer Strophe, die sechs Verse umfasst und nur zwei Sätze enthält. Nach dem zweiten Vers ergibt sich mit dem Doppelpunkt ein größerer Einschnitt, der die Erwartung auf das, was folgt, steigert. Der Jambus empfiehlt ein flüssiges Lesen, zumal der Spannungsbogen bis zum Ende des sechsten Verses (dem Satzende) gehalten werden soll. Das Reimschema lautet abaaab. Der umarmende b-Reim ent-

Überschrift

Thema

Strophik

Satzbau

Metrik
Rhythmus

Reime

hält auch die weibliche Kadenz, während die a-Reime alle männlich, also betont enden.

Es gibt eine zeitliche Zweiteilung in dem Gedicht, die durch den Doppelpunkt abgegrenzt ist: der „Noch"-Zustand markiert die Gegenwart, während der „Bald"-Zustand das benennt, was unmittelbar folgen wird, also die Zukunft. Der Leser wird persönlich angesprochen und die angekündigte Veränderung der Welt gleicht einer Verheißung, denn die Zukunft ist im Präsens gehalten („bald siehst du") und wird damit als sicher und unumstößlich angenommen. Die Veränderung wird sich fast gesetzmäßig einstellen. Der personifizierte „Wald" und in gleicher Weise „Welt" und „Wiese" sorgen anfangs für Gelassenheit und Ruhe, weil sie vom Nebel noch eingehüllt sind und deswegen „träumen" (V. 2). Die weibliche Kadenz unterstreicht den Traumzustand. Wie in einem Theaterstück lüftet sich dann der Vorhang, der „Schleier fällt" (V. 3), der „blaue Himmel" (V. 4) wird sichtbar und die neue Welt erscheint mit drei Attributen: „herbstkräftig, gedämpft" (V. 5) und „in warmem Golde fließend" (V. 6). Der Vorgang gleicht einem Schauspiel, einer Inszenierung, wobei alles harmonisch ausklingt. Die Welt erscheint „kräftig", aber zugleich „gedämpft" und die Farbe, nämlich ihr goldener Glanz, verbreitet zugleich Wärme (Synästhesie). Die weibliche Kadenz am Ende des Gedichtes („fließen") verwandelt die anfängliche Starre (Statik) der Welt in eine angenehme und bezaubernde Bewegung.

So ergibt sich folgendes Fazit: Das lyrische Ich hält sich ganz zurück, es tritt als Regisseur nicht in Erscheinung, weil die Zauber-Macht der Naturkräfte im Vordergrund steht. Nur der Leser oder Zuhörer wird angesprochen und aufgefordert, an diesem Naturschauspiel teilzunehmen oder es zumindest einmal bewusst zu beobachten. Neben der Ruhe strahlt das Gedicht auch Vertrauen aus: Auch wenn unser Leben alltäglich und sogar mit Sorgen belastet ist, können wir der Natur und dem Wechsel der Jahreszeiten vertrauen, die immer ein kleines oder auch großes Wunder bereithalten und bewirken.

Aussagen/Intention

Ansprache des Lesers
Aussagen/Intention

Auftreten des lyrischen Ichs

Ansprache des Lesers

Abschließende Bewertung

Aufgabe 18 a) Der Nebel ist bei Hesse nicht Ausgangsort für eine Veränderung, sondern Dauerzustand vom Anfang bis zum Ende des Gedichts. Die Dauer des Nebels markiert einmal die Überschrift mit der Präposition „im", zum anderen der Ausruf, der das Gedicht einleitet und in der vierten Strophe wieder schließt: „Seltsam, im Nebel zu wandern!" (V. 1 und 13). Das Gedicht handelt von einer Wanderung im Nebel, die „seltsam" ist und eigentlich nicht aufhört. Der Ausruf wird zudem jeweils von einem Refrain begleitet, der betont, dass der Nebel nur die Kulisse, das Bild oder Symbol abgibt, um die Einsamkeit des Menschen herauszustellen: „Jeder ist allein" (V. 16). Die personifizierte Natur ist Spiegelbild der menschlichen Erfahrung. Im Nebel ist jeder Baum, Busch und Stein einsam, keiner sieht den anderen; sie kommunizieren nicht. Ebenso heißt es für den Menschen: „Leben ist Einsamsein" (V. 14). – „Kein Mensch kennt den andern" (V. 15). Die Erfahrung des lyrischen Ichs wird auf die Natur projiziert. Jedenfalls hebt sich die Natur nicht von der Befindlichkeit des Menschen ab, was die pessimistische Grundstimmung des Gedichts verstärkt.

Nebel als Dauerzustand

Überschrift

Refrainzeilen

Rolle der Natur

Einsamsein als Grunderfahrung

Während im „Septembermorgen" die Natur ein eigenes Energie- und Kraftzentrum darstellt, dient sie bei Hesse nur als Medium, um die Erfahrung der Einsamkeit zu verdeutlichen und zu vergegenwärtigen.

Rolle der Natur

b) Der Ausruf „Seltsam, „im Nebel zu wandern" klingt zunächst verlockend, denn „seltsam" meint irgendwie „interessant", aber die Personifizierung der Natur als „einsam" verstört den Leser. „Busch" und „Stein" (V. 2) symbolisieren organische und anorganische Natur und haben eigentlich nichts miteinander zu tun. Ihre „Einsamkeit" scheint daher natürlich, während die eingeschränkte „Wahrnehmung" der Bäume untereinander durch den Nebel begründet sein mag. Die personifizierte Vereinzelung der Natur („Jeder ist allein", V. 4) regt dennoch zum Widerspruch an, weil Bäume und Sträucher durch den Boden, Luft und Was-

Rolle der Natur

Personifizierung der Natur

ser verbunden sind. Allerdings kann man die Einsamkeit der Natur mit dem Stillstand des Wachstums im Winter in Verbindung bringen. So ergibt das Alleinsein einen Sinn, denn die Pflanzen koppeln sich von ihren Nahrungsquellen ab.

Einsamkeit und Stillstand der Natur

Der Sprachfluss der ersten Strophe fördert die Nachdenklichkeit. Die anfangsbetonten Trochäen ergeben mit den Satzzeichen am Ende (vgl. den Zeilenstil) eigentlich vier Ausrufe, die für sich stehen und mit entsprechenden Pausen vorgetragen werden können. Allerdings dürfen die Pausen nicht zu lange sein, denn die Schlusszeile gleicht einem Fazit, das die drei vorhergehenden Ausrufe zusammenfasst.

Rhythmus

Fazit der ersten Strophe

Der Übergang von der irritierenden Naturdarstellung der ersten Strophe zu dem persönlichen Bekenntnis des lyrischen Ichs erfolgt übergangslos. Hesse thematisiert die bekannte Erfahrung, dass Not einsam macht. Wahre Freunde erkennt man erst, wenn man durch Krankheit oder einen Schicksalsschlag in Bedrängnis geraten ist. Das lyrisch Ich verkündet, dass Freunde den Erfolgen eines Menschen folgen (vgl. V. 5), aber ausbleiben, wenn „der Nebel fällt" (V. 7).

Not macht einsam

Der Nebel ist das verbindende Motiv der ersten beiden Strophen. Für Mensch und Natur ist er in gleicher Weise wirksam. Er sorgt für Verdunkelung und Vereinsamung. Als das Leben des lyrischen Ichs noch hell („licht", V. 6) war, gab es auch noch Freunde, erst jetzt mit dem Nebel sind auch die Freunde unsichtbar geworden und verschwunden. Den Kontrast markiert das Temporaladverb „nun" (V. 7), das die Freunde und das „lichte" (V. 6) Leben vom Nebel und der Dunkelheit scheidet. Das Komma ist das Pausenzeichen des Wechsels, allerdings liest sich die Strophe viel zügiger, weil Haupt- und Nebensätze (vgl. V. 5 f. und 7 f.) für Verbindungen sorgen und bei dem Kontrastwort zusammentreffen.

Nebel als verbindendes Motiv

Temporaladverb als Nahtstelle

Womit der Wandel zusammenhängt, kann nur vermutet werden. Entweder hat es mit persönlichen Ereignissen zu tun (vgl. oben), oder der Nebel wird mit dem

Gründe für den Wandel

„Herbst" des Alters assoziiert, sodass mit den Einschränkungen und Hindernissen des Alters auch die Freunde rar werden.

Die Sprechweise des lyrischen Ichs ändert sich mit Beginn der dritten Strophe wiederum. Nach den Anrufungen der Natur (vgl. Str. 1) und dem Bekenntnis (vgl. Str. 2) befleißigt sich das lyrische Ich nun eines biblischen Verkündigungsstils: „Wahrlich, keiner ist weise, …". So gleicht die dritte Strophe einem Sinnspruch, der dann ebenso flüssig gelesen werden kann wie die zweite Strophe, weil die beiden letzten Zeilen jambisch (also unbetont) beginnen.

Sprechweise des lyrischen Ichs

Das lyrische Ich gewinnt seiner Situation aber etwas Gutes ab, indem es „Weisheit" für sich beansprucht, denn „keiner ist weise, / Der nicht das Dunkel kennt" (V. 9 f.). Der Nebel steigert sich hier zu Dunkelheit (vgl. V. 10).

Deutung der Dunkelheit und Einsamkeit

Die vierte Strophe greift die Ausrufe der ersten Strophe wieder auf (V. 13 und 16). Sie liest sich wie eine Variante der ersten, weil sich Motive, Reime und Satzbau gleichen.

Vierte Strophe als Variante der ersten

Die Erfahrung aus der Natur (vgl. V. 2 f.) wird auf den Menschen übertragen und gesteigert, indem er als zur Einsamkeit bestimmt vorgestellt wird. „Leben ist Einsamsein" (V. 14) lautet das Fazit. Die Menschen bleiben sich fremd: „Kein Mensch kennt den andern", (V. 15).

Die erste und vierte Strophe lassen sich demnach zusammenfassend als Rahmenstrophen begreifen, die die Botschaft des lyrischen Ichs transportieren und intensivieren, während die zweite und dritte Strophe Binnenstrophen sind, die die Botschaft begründen und deuten.

Rahmenstrophen

Binnenstrophen

Die Spannung des Gedichts wird abgeschwächt, weil schon nach der ersten Strophe das Fazit feststeht. Es wird in der vierten Strophe nur aufgegriffen und intensiviert, von der Natur auf die Menschen verallgemeinert. Allerdings sorgen die Binnenstrophen mit ihrer unterschiedlichen Sprechweise für Abwechslung.

Spannungsverlauf

Die in der zweiten Strophe artikulierte persönliche Erfahrung stützt das Fazit und begründet nachträglich die spezifische Sichtweise auf die Natur, die man dann als Projektion eben dieser Erfahrung begreifen kann.

Funktion persönlicher Erfahrung

Der Sinnspruch der dritten Strophe ist eigentlich ein Trostspruch. Erfahrene Menschen stufen Einsamkeit als notwendig und produktiv ein. Nur in der Einsamkeit sind bestimmte Überlegungen und Entscheidungen möglich. Also ist sie wichtig für die Entwicklung und Reife.

Sinnspruch als Trostspruch

Die dritte Strophe bildet mit ihrem Charakter ein Gegengewicht gegen die Schlussthese: „Jeder ist allein" (V. 16). Sie schwächt ihre Radikalität ab.

Funktion der dritten Strophe

Dass kein Mensch den anderen kenne, scheint provozierend, denn die Menschen sind auf intensive Beziehungen und Kontakte angewiesen, um zu überleben. Umgekehrt reizen die Schlussverse zum Widerspruch: Dass keiner den anderen wirklich kenne, ist eigentlich kein Grund für die Einsamkeit. Die Menschen sind zu vielgestaltig, um sie auf einen einzigen Nenner bringen zu können. Ihre Entwicklungsfähigkeit und Offenheit ist etwas Positives.

Auseinandersetzung mit der Schlussthese

So wird die Schlussthese, „jeder sei allein", abgemildert, weil kein Individuum ganz in der Gesellschaft aufgeht, sondern auf seine Eigenverantwortung verwiesen wird, die sich vor allem im „Dunkel" (V. 10) der Einsamkeit bewährt.

Aufgabe 19 a) Gleich geblieben ist die äußere Form. Das Gedicht besteht bei A wie B aus drei Strophen, die wiederum in drei Teile binnendifferenziert werden können. Jeder Strophenteil zählt vier Zeilen, mit Ausnahme der dritten Strophe, wo das Original sechs, die Fassung B sogar acht Zeilen umfasst. Der vierzeilige Schlussteil einer jeden Strophe ist ein Refrain, der hier wie dort eine problematische Begegnung gestaltet. Die Begegnung erfolgt über den Augen- und damit Blickkontakt; sie wird über die Frage „Was war das?" gleich kritisch kommentiert, indem sie folgenlos bzw. erfolglos ein-

Gleich geblieben: Strophik

Refrain

Blickkontakt

gestuft wird. Die Einleitungsverse steigern sich im Verlauf der drei Strophen. Beide Gedichte beginnen mit einem schwierigen Gang, hier dem Gang zur Arbeit in der Stadt, dort dem Weg zur Schule. Das konditionale Gefüge (wenn – dann) führt parallel zu einem „Menschen- bzw. Lerntrichter", der als bedrohlich empfunden wird, weil die Stadt wie die Schule die Menschen einseitig vereinnahmt und ihre Konturen abschleift. In der zweiten Strophe wird der konkrete Weg am Morgen als Lebensweg verallgemeinert (Gedicht A, V. 13: „Du gehst dein Leben lang" – B, V. 13: „Du gehst dein Lebtag"). In der dritten Strophe steigert sich der Gang zu einem Geschehen, dem man nicht entfliehen kann (vgl. das Modalverb „müssen"). Die Aussichten, einem „Freund" (A, V. 30) und „Genosse[n]" (A, V. 32) oder der „Freiheit" (B, V. 29) bzw. dem „Leben" (B, V. 30) zu begegnen, bestehen zwar, aber ob sie sich erfüllen, bleibt im Ungewissen.

Ausgangssituation

Weg als Lebensweg

Echte Begegnungen ungewiss

Den „Sorgen" am Morgen (A, V. 4) stehen die Plagen „ohne Hausaufgaben" (B, V. 4) gegenüber. Statt „Millionen Gesichter" (A, V. 8) existieren hier die „Lehrergesichter" (B, V. 8), die naturgemäß „bekannt" und nicht „fremd" sind. Der „kurze Blick" (A, V. 9, 21, 35) wandelt sich bei B vom „ermahnende[n]" (B, V. 9), über den „strenge[n]" (B, V. 21) hin zum „getrübte[n]" (B, V. 37). Hier findet also Kommunikation in ganz spezifischer Weise statt, während bei A die Kommunikation völlig anonym und nur sehr flüchtig bleibt. Die Mittelstrophe bei A klingt hoffnungsvoller (vgl. A, V. 17 f.: das „winkende Auge" und die „klingende Seele"), während bei B jede Hoffnung im Keim erstickt wird: Wenn ein „Aufsatz winkt" (B, V. 17) so ist das nur euphemistisch (schönfärberisch) zu verstehen, denn eine echte Chance gibt es nicht, weil die Note im Hintergrund steht und eine echte Lösung fehlt.

Veränderungen: Schulsituation statt Großstadtsituation in B

Hoffnungslosigkeit statt verpasster Gelegenheit

b) Bei Tucholsky geht es um die neue Großstadterfahrung (1930), die den Einzelnen der Masse von Menschen hilflos ausliefert. Er verliert die Orientierung und weiß nicht mehr, wer sich hinter den anderen verbirgt, ob es „Freund" oder „Feind" ist. Bei Gedicht B geht es nur um Schulerfahrungen. Im Unterschied zu A gibt es bei B eine Begründung für die Schulmisere: Das lyrische Ich fühlt sich zumindest mitverantwortlich, weil es ohne Hausaufgaben und damit ohne den rechten Einsatz zur Sache geht. Bei B steht das persönliches Versagen im Vordergrund, denn am Ende lautet zweimal das Bekenntnis: „versiebt – mal wieder" (V. 12, 24), während das Fazit bei A („Vorbei, verweht, nie wieder.") mehr auf eine gesellschaftliche Erfahrung zielt, die eben unausweichlich oder schicksalhaft ist. Auch wenn B negativer klingt, besteht Aussicht, dass die Schulzeit irgendwann doch vorbei ist („nie wieder", V. 40) und damit Freiheit und wirkliches Leben Einzug halten.

Großstadterfahrung (A)

Schulerfahrung (B)

Persönliches Versagen (B)

Schicksalhafte gesellschaftliche Erfahrung (A)

Ende der Schulerfahrung absehbar (B)

Aufgabe 20 Beide Gedichte beginnen mit einer These, die so zuspitzt und verallgemeinert, dass sie herausfordert („Du siehst, wohin du siehst, nur...", V. 1). Der räumliche Bezug („überall") ist hier mit der Periphrase „wohin du siehst" besonders herausgestellt. Dann wird diese These als Wechselspiel zwischen Aufbauen und Zerstören in einem Fall, im anderen zwischen Angebot und Nachfrage entfaltet. Begünstigt durch die Mittelzäsur des sechshebigen Jambus, stehen sich die Aussagen antithetisch gegenüber, wobei im 3. Vers drei Gegensätze ausgemacht werden können (dieser – jener; heute – morgen; bauen – reißen bzw. bieten – kaufen). Vor- und Nachsatz sind zudem chiastisch angeordnet.
Die Folgen des Wandels scheinen gravierend: Hier (bei A) verschwinden Städte, dort (bei B) verschwindet die Natur zugunsten von Einkaufszentren.

1. Strophe: Provokativ zugespitzte These

Vergänglichkeit (A) und Konsum (B) als Themen

Antithetik der Darstellung

Die Bedürfnisse der Menschen werden als wechselhaft und vergänglich vorgeführt (vgl. Strophe zwei). Gryphius spricht davon, dass sogar Erz und Marmor nicht von Dauer seien, während es bei dem Schülergedicht nur Schuhe und Schmuck sind, wobei der Schmuck ja immerhin aus Edelmetall sein kann. Die Gegensätze (Antithesen) prallen häufig in einer Verszeile aufeinander (V. 2, 3, 5, 6) und erhöhen so die Kontrastwirkung. Die Menschen bei Gryphius sind dem „Glück" und „Unglück" ausgeliefert, während die des Schülergedichts ihrem Besitzerstolz frönen, der sich aber auch wandeln kann, wenn die Einkünfte weniger werden oder eine Krankheit ihre Schatten wirft.

Unbeständigkeit menschlicher Bedürfnisse und Verhältnisse

Die beiden ersten Zeilen der zweiten Strophe sind anaphorisch und parallel gebaut, wobei Gryphius die Absicht, den Willen hinter dem Zerstörungswerk betont (vgl. das Modalverb: „sol bald zutretten werden"). Gryphius benutzt spezifische Doppelungen (Hendiadyoin), um die gegenwärtige Lebendigkeit („pochen" und „trotzen") mit einem Bild des Todes („asch vnd bein") zu kontrastieren. Die doppelte Verneinung (vgl. V. 7: „Nichts ist... kein...") unterstreicht die Verallgemeinerung im Sinne von „alles". „Glück", „Beschwerden" (A, V. 8) und „Stolz" (B, V. 8) sind personifiziert, um zu zeigen, wie schicksalsmächtig sie die Menschen beeinflussen können.

2. Strophe: Anaphern, paralleler Satzbau

Hendiadyoin

Kontrast Lebendigkeit – Tod

Bei Gryphius wird in der dritten Strophe der Heldenmut des Menschen entwertet, indem der Mensch als zu „leicht", also als „spiell der zeitt" (V. 10) befunden wird, bei Gedicht B steht das Gaukelspiel der Werbung im Vordergrund. Gryphius verwendet somit eine doppelte Metapher, die ihre Entsprechung in des „Spieles Schein" und „der Werbung Glanz" (B, V. 10) findet. Bei beiden Gedichten ist das Modalverb „müssen" (V. 9) wichtig, weil es die Naturnotwendigkeit der Vergänglichkeit gleichsam als unumstößliches Gesetz behauptet.

3. Strophe: Vergänglichkeit des Menschen (A), Flüchtigkeit des Konsums (B)

Der Übergang zur letzten Strophe ist fließend, insofern das, was den Menschen etwas bedeutet, sie also „wert"- schätzen (vgl. V. 11), als „nichtikeitt" (A, V. 12) und „Nippes" (kleine Gegenstände zur Zierde, B, V. 12) ent-

4. Strophe:

tarnt und in Metaphern (Bildern) als „staub" (A, V. 12) oder „seelenloser Müll" (B, V. 13) gebrandmarkt wird.

Die vorwiegend asyndetische Reihung (vgl. V. 12 und bei B auch 13) sorgt für eine bildkräftige Intensivierung der Grundüberzeugung, wobei beide Gedichte Pleonasmen gestalten (Gedicht A: „schlechte nichtikeitt" – Gedicht B: „schaler Dung", „seelenloser Müll", „hohle Gier"), die die Begriffe überdeutlich herausstellen.

Asyndetische Reihe von Metaphern zur Stützung der These

Der Schlussvers versucht ein Fazit, indem Gryphius anklagt, dass die Menschen das „Ewige", also die göttliche Dimension, vergäßen, während parallel dazu das Schülergedicht in den Vordergrund rückt, dass die Menschen häufig über ihr Konsumverhalten und -denken nicht hinauskämen.

Fazit im Schlussvers: Klage über mangelnde Orientierung an beständigen Werten

Abschließend kann man festhalten, dass das Sonett in der vorliegenden Form vor allem als Protestgedicht gegen die Menschen an sich (Gryphius) oder gegen eine bestimmte Eigenart (Schülergedicht) geeignet ist.

Wertung

Aufgabe 21 Das Gedicht von Günter Kunert lautet im Original folgendermaßen:

Für mehr als mich

Ich bin ein Sucher
Eines Weges.
Zu allem was mehr ist
Als
Stoffwechsel
Blutkreislauf
Nahrungsaufnahme
Zellenzerfall.

Ich bin ein Sucher
Eines Weges
Der **breiter** ist
Als ich.

Nicht zu **schmal**.
Kein Ein-Mann-Weg.
Aber auch keine
Staubige, tausendmal

Überlaufene Bahn.

Ich bin ein Sucher
Eines **Weges**.
Sucher eines **Weges**
Für mehr
Als mich.

Aufgabe 22   **Für mehr als mich**

Ich bin ein Sucher
Eines Weges.
Zu allem was mehr ist
Als
**Aufstehen
Schlafengehen
Alltagsleier
Älterwerden**.

Ich bin ein Sucher
Eines Weges
Der **tiefgründiger** ist
Als ich.

Nicht zu **beengt**.
Kein Ein-Mann-Weg.
Aber auch keine**n**
Abgenutzten, tausendmal
Ausgetretenen Pfad.

Ich bin ein Sucher
Eines **Pfades**.
Sucher eines **Pfades**
Für mehr
Als mich.

Aufgabe 23 Der Coole ist ein Trendsetter. Er gibt den Ton an. Man denke nur daran, was heute alles cool ist. Da ist der Coole schon so etwas wie die Krone der Schöpfung. Wer möchte nicht cool sein? Wegen seines Aussehens und Selbstbewusstseins ist der Coole auch bei den Mädchen gefragt oder begehrt. Er lässt sich gern umschwärmen, ohne sich gleich durch eine Freundschaft zu binden. *Wie ist er bei wem anerkannt?*

Der Coole ist wohl so beliebt, weil er sich positiv von den Aufgeregtheiten der Zeit abhebt. Er bewahrt stets die Ruhe; er ist der ruhende Pol inmitten einer stürmischen Welt. Er lässt sich nicht so leicht aus der Fassung bringen und quittiert selbst Provokationen mit einem gelassenen, manchmal sogar herablassenden Blick. Um so der Zeit standzuhalten, bedarf es eines eigenen Outfits. Der Coole muss sich in seiner Haut besonders wohl fühlen, ansonsten könnte er gegenüber anderen nicht so distanziert sein. Die Haare sind gegelt und gestylt, sodass sie immer die gleiche Lage haben, oder von einer Kappe bedeckt, um locker nach allen Seiten zu fallen. Auch die Klamotten huldigen einem bestimmten Stil, der mode- und zeitabhängig ist. Chic sollte es schon sein, ohne dass es unbedingt Designerware sein muss. Er bevorzugt lässige Kleidung, denn eingezwängt will der Coole nicht sein. Die Hände finden in den Hosentaschen bequem Platz. Ein spezifisches Accessoire ist Ehrensache; entweder ein imponierend bedrucktes T-Shirt oder ein auffälliges Schmuckstück um Hals oder Handgelenk. Nicht zu vergessen die Sonnenbrille, die direkten Blickkontakt erschwert. *Selbstsicherheit*

Kleidung/Outfit

Nach außen gibt sich der Coole eher wortkarg, denn er lässt den anderen, die gern reden und sich sprechen hören, den Vortritt. Er hält sich diskret zurück und ist ein Meister des Kommentars. Er macht durch intelligente Einwürfe von sich reden, etwa der Art: „Glaubst du das wirklich?" – „Und wenn schon!" – „Wir werden sehen!" So verbreitet er den Eindruck eines entschiedenen und gescheiten Menschen, ohne viel zu sagen. Besonders eindrucksvoll wirken die Kommentare, wenn der Coole von seinen Altersgenossen noch als ausgesprochen attraktiv eingestuft wird. *Kommunikationsmuster*

Dann macht sein vermeintlicher Intelligenzquotient noch einmal einen Sprung nach oben und entfernt sich beträchtlich von der Realität. Nicht dass der Coole dumm wäre. Davon kann keine Rede sein. Nur ist er in der Regel nicht so begabt, wie er eingestuft wird. Er hat seine Lieblingsfächer, die er cool findet, die er beherrscht oder für die er etwas tut. Andere lässt er verächtlich links liegen. Das berührt ihn nicht. Wo andere unter Versagensängsten leiden, wischt der Coole mit einer legeren Handbewegung alles weg, was nicht sein Bereich ist. Insofern ist er eigentlich ehrlich, aber gleichzeitig auch nicht sehr einsatzfreudig oder fleißig. *Vorliegen/Abneigungen*

Arbeitshaltung

Er muss mit seinen Kräften haushalten, denn meistens frönt er auch einer bestimmten Sportart, die ihn körperlich auslastet. Drahtig und schlank zu bleiben, gehört zu seinem äußeren Erscheinungsbild. Sport ist somit eher Pflicht als Freizeitbeschäftigung. Und wenn der Coole nach außen hin auch so tut, als könne er alles und tue es „voll locker", so ist das keineswegs der Fall. Das ist nur Fassade. Damit die anderen ihn nicht durchschauen, hält er sie auf Abstand, lässt sie nicht an sich heran. So kann es durchaus sein, dass er zu Hause und privat nicht so locker ist, wie es in der Schule den Anschein hat. *Tätigkeiten*

Besonderheiten in seinem Freizeitverhalten

Wovor hat er Angst?

In der Schule holt sich der Coole sein Prestige dadurch, dass er nicht alles mitmacht, was die Lehrer von ihm verlangen. Und wenn es sein muss, leistet er zunächst einmal Widerstand. Er lässt sich nicht zum Klassensprecher wählen; das würde ihn in seiner Freiheit und Individualität zu sehr einschränken. Er möchte unabhängig sein: nicht anderen, nur sich selbst verpflichtet. *Gewohnheiten für bestimmte Situationen*

Ideale/Lebensanschauungen

Der Coole kann richtig erfolgreich sein, denn er hat etwas von einem Lebenskünstler, ohne so undiszipliniert zu sein wie jener, und einem Macho, ohne zu sehr aufzutrumpfen und sich in eine Scheinwelt zu flüchten. *Ähnlichkeiten mit anderen Typen*

Aufgabe 24

aggressiv	**friedfertig, friedlich**
aktiv	passiv
ängstlich	**mutig**
bescheiden	wählerisch
attraktiv	**abstoßend, unansehnlich**
begabt, klug	untalentiert, mittelmäßig
echt	**falsch, unaufrichtig**
einfach	kompliziert
ehrlich	**unaufrichtig, verlogen**
empfindlich	abgehärtet, widerstandsfähig
entschlossen	**ängstlich, zaudernd**
fröhlich	betrübt, verstimmt
gemächlich	**eilig, schnell**
gewandt	ungeschickt, unbeholfen
gleichgültig	**beteiligt, begeistert**
harmlos	gefährlich
heiter	**trübsinnig, schwermütig**
kräftig, stark	erschöpft, matt, schwach
langweilig	**fesselnd, unterhaltsam**
mobil	unbeweglich
mühelos	**anstrengend**
natürlich	gezwungen, steif
nüchtern	**überschwänglich, schwärmerisch**
ordentlich	schlampig
plump	**elegant, geschmeidig**
reich	arm, mittellos
ruhig	**hektisch, unstet**
solide	unreif, unzuverlässig
trostlos	**hoffnungsvoll, erfreulich**
unauffällig	elegant, prächtig, toll

Aufgabe 25 a) Streitgespräch zwischen Elisabeth und Maria Stuart
3. Aufzug, 4. Auftritt
(Maria rafft sich zusammen und will auf die Elisabeth zugehen, steht aber auf halbem Weg schaudernd still, ihre Gebärden drücken den heftigsten Kampf aus)
ELISABETH.   Wie, Mylords?
    Wer war es denn, der eine Tiefgebeugte

Mir angekündigt? Eine Stolze find ich,
Vom Unglück keineswegs geschmeidigt.
MARIA.   Seis!
Ich will mich auch noch diesem unterwerfen.
Fahr hin, ohnmächt'ger Stolz der edeln Seele!
Ich will vergessen, wer ich bin, und was
Ich litt, ich will vor ihr mich niederwerfen,
Die mich in diese Schmach herunterstieß.
(Sie wendet sich gegen die Königin)
Der Himmel hat für Euch entschieden, Schwester!
Gekrönt vom Sieg ist Euer glücklich Haupt,
Die Gottheit bet ich an, die Euch erhöhte!
(Sie fällt vor ihr nieder.)
Doch seid auch Ihr nun edelmütig, Schwester!
Laßt mich nicht schmachvoll liegen, Eure Hand
Streckt aus, reicht mir die königliche Rechte,
Mich zu erheben von dem tiefen Fall.

b) Wie man aus der ersten Regieanweisung entnehmen kann, ist das Gespräch für Maria Stuart ein Kampf. Sie muss sich erst bezähmen („*rafft sich zusammen*"), um Elisabeth begegnen zu können. Den Grund erfahren wir in dem kurzen vorgeschalteten Selbstgespräch: Sie möchte Elisabeth eigentlich „stolz" und selbstbewusst entgegentreten, weiß aber wohl, dass das nicht ratsam ist, und will sich deswegen „vergessen" (Z. 11) und vor ihr erniedrigen („niederwerfen", Z. 12).
Dies spiegelt sich auch in der Wahrnehmung Elisabeths wider: Sie erwartet eine „Tiefgebeugte" (Z. 5) – wie ihr die Ratgeber wohl voraussagten – und erblickt eine „Stolze" (Z. 6), wie sie sagt.

c) Maria beginnt mit einem Lobpreis auf die königliche Stellung Elisabeths. Sie spricht von ihr als einer Siegerin, die von Gott dazu ausersehen und bestimmt worden sei, über England zu herrschen. Mit dem Kniefall bittet sie gleich um Gnade, indem sie an den „Edelmut" Elisabeths appelliert. Die erniedrigende Bitte um „Erhebung" verbindet sie mit der Anrede „Schwester" (Z. 19), um eine blutsverwandtschaftliche Nähe zu betonen, die Elisabeth zur Schonung auffordern soll. Hier zeigt sich der große Zwiespalt zwischen ihrem „Stolz", der sich aus ihrem königlichen Stand ergibt, und der Tatsache, dass sie Elisabeth auf Gedeih und Verderb ausgeliefert ist.

d) Da Elisabeth die Forderung Marias energisch zurückweist (mit Ausrufezeichen, vgl. Z. 24), ist Maria betroffen und enttäuscht über die ablehnende Haltung Elisabeths (sie reagiert „*mit steigendem Affekt*", Z. 28). Sie ermahnt Elisabeth, an den „Wechsel" des Schicksals zu denken, droht ihr mit göttlicher Rache. Gleichzeitig verweist sie auf die gleiche Herkunft der Königinnen („das Blut der Tudor", Z. 35), wobei sie Elisabeth unterstellt, dass sie dieses Blut „entweihe" und „schände", wenn sie Maria so behandle, wie sie es tue. Sie ruft Gott – wie in einem Bitt- oder Stoßgebet – an, Elisabeths Herz zu „rühren". Dabei charakterisiert sie Elisabeth als „schroff und unzugänglich" (Z. 37), sie vergleicht sie mit einer „Felsenklippe" (Z. 38) und spricht ihr einen „Eisesblick" (Z. 43) zu, der dem „Strandende[n]" (Z. 38, damit meint sie sich selbst) „kaltes Grausen" (Z. 45) einflöße.

Für die vorliegende Textstelle gilt somit das Fazit, dass Maria von der Bitte über die Mahnung bis hin zur Androhung göttlicher Rache alles einsetzt, um Elisabeth zu erweichen, die unbeugsam ihre Macht und Überlegenheit ausspielt. Dabei ist festzustellen, dass Marias Erregung steigt, als sie feststellt, dass ihre – für eine Königin – erniedrigende Unterwürfigkeit nichts nützt.

Aufgabe 26 a) Der Text hat dann folgendes Aussehen (Konjunktionen und entsprechende Wörter sind farblich markiert)

Franz Kafka, Die Vorüberlaufenden

Wenn man in der Nacht durch eine Gasse spazierengeht,
und ein Mann, von weitem schon sichtbar
– denn die Gasse vor uns steigt an und es ist Vollmond –,
uns entgegenläuft,
so werden wir ihn nicht anpacken,
selbst wenn er schwach und zerlumpt ist,
selbst wenn jemand hinter ihm läuft und schreit,
sondern wir werden ihn weiterlaufen lassen.

Denn es ist Nacht,
und wir können nicht dafür,
daß die Gasse im Vollmond vor uns aufsteigt,
und überdies,
vielleicht haben diese zwei die Hetze zu ihrer Unterhaltung veranstaltet,
vielleicht verfolgen beide einen dritten,
vielleicht wird der erste unschuldig verfolgt,
vielleicht will der zweite morden, und wir würden Mitschuldige des Mordes,
vielleicht wissen die zwei nichts voneinander, und es läuft nur jeder auf eigene Verantwortung in sein Bett,
vielleicht sind es Nachtwandler, vielleicht hat der erste Waffen.

Und endlich, dürfen wir nicht müde sein, haben wir nicht so
viel Wein getrunken?
Wir sind froh, daß wir auch den zweiten nicht mehr sehn.

b) In dem Text geht es um die mangelnde Entschlusskraft eines Menschen, in einer bestimmten Situation zu handeln. Er versucht mehrfach zu begründen, warum er nicht einschreiten kann. Obwohl die Begründungen verallgemeinert werden (er benutzt das unpersönliche „man" oder die 1. Person Plural „wir" statt der 1. Person Singular „ich"), klingen sie nicht sehr überzeugend, eher an den Haaren herbeigezogen.

c) **Der Kaufhausdieb**

Wenn man sich unentschlossen in einem Kaufhaus bewegt,	Schauplatz: im Kaufhaus
und einen Kaufhausdieb beobachtet	Kaufhausdieb
– denn man hat schließlich Augen im Kopf –,	
so werden wir ihn nicht zur Verantwortung ziehen,	zur Verantwortung ziehen
selbst wenn alles taghell erleuchtet ist,	oder
selbst wenn wir alles haargenau beobachtet haben,	
sondern wir werden ihn unbehelligt lassen.	unbehelligt lassen
Denn es ist früh am Morgen,	Vorbehalte:
und wir können nicht dafür,	
dass wir noch nicht so entscheidungsfreudig sind,	Mangelnde Entscheidungskraft
und überdies,	
vielleicht war alles eine Sinnestäuschung,	Sinnestäuschung
vielleicht hat der Kaufhausdieb zum ersten Mal zugeschlagen,	
vielleicht ist er gar kein Kaufhausdieb, sondern nur ein Mensch in einer Notlage,	Mensch in Notlage
vielleicht würden wir als Komplize verdächtigt und	Verdächtigung als Komplize
vielleicht würde er uns die Schuld in die Schuhe schieben,	
vielleicht ist das Ganze nur eine Übung für einen Kaufhausdetektiv.	Übungscharakter
Und endlich, dürfen wir nicht noch unkonzentriert sein, sind wir nicht noch in Gedanken?	Mangelnde Konzentration
Wir sind froh, dass der Kaufhausdieb verschwunden ist und wir ihn nicht mehr sehen.	

d) Die Geschichte von Kafka spielt nachts bei Vollmond auf offener Straße („Gasse"), die Kaufhausgeschichte am frühen Morgen in einem Kaufhaus bei künstlichem Licht. Der Protagonist bei Kafka beobachtet zwei Menschen, die sich verfolgen, während es sich bei dem Kaufhausdieb um nur einen Menschen handelt. In beiden Texten gibt es verharmlosende Gedanken (die sich Verfolgenden als „Nachtwandler" oder der Diebstahl als „Übung für den Kaufhausdetektiv"), abstruse Ideen („Hetze als Unterhaltung" oder der Dieb als „Mensch in einer Notlage"), die Angst davor, mitschuldig („Mitschuldige des Mordes" und „als Komplize verdächtigt") zu werden sowie Hinweise auf die eigene Unzurechnungsfähigkeit (die Frage bei Kafka: „haben wir nicht so viel Wein getrunken?" oder die „Sinnestäuschung" bzw. „Unkonzentriertheit" bei Aufgabe 26 c).

Aufgabe 27 **Kampf ums Aufstehen**

Wenn man morgens aufwacht und aufstehen soll,	*Früh am Morgen*
und der Wecker schon geklingelt hat	*Weckerklingeln*
– denn man hat schließlich Verpflichtungen –,	
so werden wir nicht aufstehen,	*Aufstehen oder nicht?*
selbst wenn die Sonne scheint,	
selbst wenn der Tag ein angenehmer zu werden verspricht,	
sondern wir werden liegen bleiben.	
Denn es ist früh am Morgen,	*Begründungen:*
und wir können nicht dafür,	
dass die Glieder noch so müde sind,	*Müdigkeit*
und überdies,	
vielleicht kann man alles morgen bewerkstelligen,	*Morgen ist auch noch ein Tag*
vielleicht wird man heute gar nicht gebraucht,	
vielleicht erledigt ein anderer für einen die Geschäfte,	*Andere erledigen Geschäfte*
vielleicht ist es ein Unglückstag,	*Unglückstag*
vielleicht ist man gar nicht in der Lage, die einem zugeteilten Aufgaben zu bewältigen,	*Fehlendes Zutrauen*
vielleicht wird das Fehlen gar nicht auffallen.	
Und endlich, dürfen wir nicht noch müde sein, sind wir nicht sehr spät ins Bett gegangen?	*Zu späte Nachtruhe*
Wir sind froh, dass der Wecker wieder Ruhe gibt und wir weiterschlafen können.	

Aufgabe 28 a) • Der Autor behauptet, dass früher alles besser war. Die Welt sei echter, einfacher und übersichtlicher gewesen. Es habe noch echte Dörfer, richtige Sommer, endlose Ferien und gesunde Milch gegeben. Es seien noch kirchliche Traditionen gepflegt worden und Gerechtigkeit sei handgreiflich zu spüren gewesen. Die Menschen hätten sich sicher orientieren („Früher wußten wir, woran wir uns zu halten hatten", Z. 16 f.), Freund („Gleichgesinnte", Z. 25) und Feind unterscheiden können.

• Schattenseiten sind, dass die Dörfer wohl noch rückständig waren, die Kinder auch nicht mehr lernten als die Eltern (wenn sie dieselben Lehrer hatten), dass es mehr Strafen für Regelverstöße und viele Feindbilder („Mohren, Indianer und Chinesen", Z. 30 f.) gab. Vieles klingt nach heiler Welt, die aber voller Anpassung („wem es absolut nicht passen wollte, der konnte ja bleiben, wo der Pfeffer wächst", Z. 27 ff.) und Spießbürgerlichkeit war. Dass es vieles noch nicht gegeben habe, liegt vielleicht einfach daran, dass man noch nichts davon wusste.

• Vordergründig preist der Autor die frühere Zeit, aber unterschwellig ist genug Kritik zu spüren. Insofern fährt der Text doppelgleisig. Oberflächlich gleicht er einer Hymne an die gute alte Zeit, aber im Hintergrund entlarvt er viele Verheißungen als brüchig. Lob und Tadel für die alte Zeit halten sich die Waage.

b) **Jürgen Becker, Früher war das alles ganz anders**

1 Früher war das alles ganz anders. Die Städte alle waren viel größer und die Dörfer waren noch Dörfer. Früher gab es noch Gerechtigkeit, und wer nicht
5 hören wollte, mußte eben fühlen. Da waren unsere Lehrer noch die Lehrer unserer Eltern. Sonntags zogen wir noch Sonntagsanzüge an. Die Kirche stand noch im Dorf. Die Wacht stand
10 noch am Rhein. Früher wußten wir, daß Gott mit uns ist. Früher kam auch noch Hans Muff. Wen wir fingen, der kam an den Marterpfahl. Die Sommer waren richtige Sommer. Die Ferien
15 sahen immer endlos aus. Die Milch war noch gesund. Früher wußten wir, woran wir uns zu halten hatten. Da wurde noch gewandert. Wer im Wirtshaus saß, der saß auch bald im Klingelpütz.
20 Früher ging man noch zu Fuß. Da schützte man seine Anlagen. Da gab's sowas nicht. Da gab es noch Feinde, bei denen man das Weiße im Auge erblicken konnte. Wohin man auch ging,
25 man traf immer auf Gleichgesinnte. Wer es nicht besser wußte, der hielt auch den Mund, und wem es absolut nicht passen wollte, der konnte ja bleiben, wo der Pfeffer wächst. Früher gab
30 es noch Mohren, Indianer und Chinesen. Früher ging das alles viel einfacher. Da wäre doch sowas nie passiert. Da gab es das doch alles nicht. Früher hörte man noch zu, wenn man von früher
35 erzählte.

c) Original und Gegentext

Früher war das alles ganz anders	Heute ist alles ganz anders
Früher war das alles ganz anders.	Heute ist alles ganz anders.
Die Städte alle waren viel größer und die Dörfer waren noch Dörfer.	Die Städte haben Fußgängerzonen; Fahrräder und Inliner bestimmen das Bild. Die Dörfer sind zivilisiert.
Früher gab es noch Gerechtigkeit, und wer nicht hören wollte, mußte eben fühlen.	Heute gibt es keine Gerechtigkeit mehr; keiner muss für das geradestehen, was er anstellt.
Da waren unsere Lehrer noch die Lehrer unserer Eltern.	Die Lehrer, Methoden und Lerninhalte wechseln ständig.
Sonntags zogen wir noch Sonntagsanzüge an.	Selbst am Sonntag gibt es keine Kleiderordnung mehr.
Die Kirche stand noch im Dorf.	Die Kirchen sind leer oder werden verkauft.
Die Wacht stand noch am Rhein.	Nationalstolz ist nicht mehr so wichtig.
Früher wußten wir, daß Gott mit uns ist.	Gott ist nicht mehr bei uns; die Welt ist gottlos geworden.
Früher kam auch noch Hans Muff.	Jeder hält sich für etwas Besonderes oder gar den letzten Schrei.
Wen wir fingen, der kam an den Marterpfahl.	Niemand lässt sich noch etwas sagen.
Die Sommer waren richtige Sommer.	Die Jahreszeiten sind nicht mehr das, was sie einmal waren.
Die Ferien sahen immer endlos aus.	Die Ferien sind geschrumpft.
Die Milch war noch gesund.	Milch gibt es nur noch in Tüten.
Früher wußten wir, woran wir uns zu halten hatten.	Wer sagt uns, was sich eigentlich gehört?
Da wurde noch gewandert.	Wer sich bewegt, tut dies mit einem fahrbaren Untersatz.
Wer im Wirtshaus saß, der saß auch bald im Klingelpütz.	Heute kann sich jeder überall unbehelligt bewegen und aufhalten.

Früher ging man noch zu Fuß.	Keiner geht mehr zu Fuß.
Da schützte man seine Anlagen.	Welche Anlagen soll man heute noch schützen?
Da gab's sowas nicht.	Heute gibt es alles.
Da gab es noch Feinde, bei denen man das Weiße im Auge erblicken konnte.	Niemand kennt mehr Freunde oder Feinde.
Wohin man auch ging, man traf immer auf Gleichgesinnte.	Gleichgesinnte gibt es nicht mehr, nur noch Individualisten.
Wer es nicht besser wußte, der hielt auch den Mund, und wem es absolut nicht passen wollte, der konnte ja bleiben, wo der Pfeffer wächst.	Jeder weiß es heute besser, auch wenn er keine Ahnung hat und posaunt es auch immer und überall hinaus..
Früher gab es noch Mohren, Indianer und Chinesen.	Heute gibt es nur noch Ausländer und Indianer.
Früher ging das alles viel einfacher.	Heute ist alles so kompliziert.
Da wäre doch sowas nie passiert.	Heute passiert alles.
Da gab es das doch alles nicht.	Nichts ist unmöglich.
Früher hörte man noch zu, wenn man von früher erzählte.	Heute interessiert niemanden mehr, was früher war.

d) Land und Stadt haben sich angenähert; es gibt eine größere Mobilität. Die Bildung ist lebendiger und zeitgemäßer geworden, die Menschen haben mehr Freiheiten und können so leben, wie es ihnen behagt. Nationalismus und Fremdenfeindlichkeit haben abgenommen; Toleranz ist weiter verbreitet. Kritisch kann man sehen, dass es keine allgemein verbindlichen Gewohnheiten mehr gibt (vgl. den Sonntag), dass es oft an Anstand und Rücksichtnahme mangelt, dass es in der Gesellschaft immer weniger Gemeinsamkeiten gibt und die Welt komplizierter und undurchschaubarer geworden ist.

Aufgabe 29 Links steht der Originaltext mit den markierten Aussagen und Begriffen, rechts der Kontrasttext mit den neuen Formulierungen.

Die zehn Gebote der sozialistischen Moral (Juli 1958)

Nur derjenige handelt sittlich und wahrhaft menschlich, der sich aktiv für den **Sieg des Sozialismus** einsetzt, das heißt für die **Beseitigung der Ausbeutung des Menschen durch den Menschen**.
So kommt er dazu, seinem Leben einen neuen Sinn, einen festen inneren Halt und eine klare Perspektive zu geben.

Das moralische Gesicht **des neuen, sozialistischen Menschen**, der sich in diesem **edlen Kampf um den Sieg des Sozialismus** entwickelt, wird bestimmt durch die Einhaltung der grundlegenden **Moralgesetze**:

1. Du sollst Dich stets für die **internationale Solidarität der Arbeiterklasse und aller Werktätigen** sowie für die unverbrüchliche **Verbundenheit aller sozialistischen Länder** einsetzen.

2. Du sollst Dein **Vaterland lieben** und stets bereit sein, Deine **ganze Kraft und Fähigkeit für die Verteidigung der Arbeiter-und-Bauern-Macht** einzusetzen.

3. Du sollst helfen, die **Ausbeutung des Menschen durch den Menschen** zu beseitigen.

4. Du sollst gute Taten **für den Sozialismus** vollbringen, denn der **Sozialismus** führt zu einem besseren Leben für alle Werktätigen.

5. Du sollst **beim Aufbau des Sozialismus im Geiste der gegenseitigen Hilfe und der kameradschaftlichen Zusammenarbeit** handeln, das **Kollektiv achten und seine Kritik** beherzigen.

Zehn Gebote der demokratischen Moral

Nur derjenige handelt sittlich und wahrhaft menschlich, der sich aktiv für den **Sieg der Demokratie, Freiheit und Menschenrechte** einsetzt.
Dort, wo die **Rechte des Volkes und die Menschenrechte mit Füßen getreten werden**, muss man eingreifen und für Abhilfe sorgen.

Das moralische Gesicht **des neuen demokratischen und humanistischen Menschen**, der sich in diesem edlen Kampf **um den Sieg der Freiheit** entwickelt, wird bestimmt durch die Einhaltung der grundlegenden **Moralgesetze**:

1. Du sollst Dich stets **für die internationale Solidarität der Völkergemeinschaft** und **aller freiheitsliebenden Menschen** sowie für die unverbrüchliche Verbundenheit aller **friedliebenden Länder** einsetzen.

2. Du sollst **Deine Familie lieben** und stets bereit sein, Deine ganze Kraft und Fähigkeit für das **Wohlergehen der Familie** einzusetzen.

3. Du sollst helfen, **soziale Notlagen** von Menschen zu beseitigen.

4. Du sollst gute Taten **für die Gemeinschaft** vollbringen, denn der **Bürgersinn** führt zu einem besseren Leben für alle Menschen.

5. Du sollst **beim Aufbau einer menschenwürdigen Gemeinschaft** im Geiste der gegenseitigen Hilfe und der kameradschaftlichen Zusammenarbeit handeln, **die Mitmenschen achten und ihre Kritik** beherzigen.

Lösungsvorschläge ⬥ 137

6. Du sollst das **Volkseigentum** schützen und mehren.

7. Du sollst stets nach **Verbesserung Deiner Leistungen streben, sparsam** sein und **die sozialistische Arbeitsdisziplin** festigen.

8. Du sollst Deine Kinder im Geiste des Friedens und **des Sozialismus** zu allseitig gebildeten, **charakterfesten** und **körperlich gestählten** Menschen erziehen.

9. Du sollst **sauber und anständig leben und Deine Familie** achten.

10. Du sollst **Solidarität mit den um ihre nationale Befreiung kämpfenden und den ihre nationale Unabhängigkeit verteidigenden Völkern** üben.

Diese Moralgesetze, diese Gebote der neuen, **sozialistischen** Sittlichkeit, sind ein fester Bestandteil unserer **Weltanschauung**.

6. Du sollst **jedes Eigentum** schützen und mehren.

7. Du sollst stets nach Verbesserung Deiner **Verantwortung** streben, **konsumfreudig** sein und **die demokratische Selbstdisziplin** festigen.

8. Du sollst Deine Kinder im Geiste des Friedens und **des Humanismus** zu allseitig gebildeten, **charakterstarken und körperlich trainierten** Menschen erziehen.

9. Du sollst **verantwortlich** leben und Deine **Mitmenschen** achten.

10. Du sollst **Solidarität mit den um Freiheit kämpfenden und Menschenrechten verteidigenden Völkern** üben.

Diese Moralgesetze, diese Gebote der neuen, **humanen** Sittlichkeit, sind ein fester Bestandteil unserer **Überzeugung**.

Aufgabe 30 a) An folgenden Formulierungen/Textpassagen könnte Heinz Anstoß nehmen.

Elfriede Jelinek, was ist das, was da so leuchtet?

1 was ist das, was da so leuchtet wie reife polierte kastanien, fragt sich heinz eines tages auf dem weg zur arbeit. es ist brigittes haar, das frisch getönt ist. man
5 muß nur aufpassen, daß die einwirkungszeit nicht zu lange ist.
   heinz hat geglaubt, daß das reife polierte kastanien sind, die da so leuchten, jetzt sieht er aber, daß es brigittes haar
10 ist, das da so leuchtet. er ist erstaunt, daß das schicksal zugeschlagen hat.
   ich liebe dich, sagt brigitte. ihre haare glänzen in der sonne wie reife kastanien, die auch nicht poliert sind. ich

15 liebe dich so sehr. das ist das gefühl der liebe, dieses unausweichliche gefühl. mir ist, als ob ich dich immer schon gekannt hätte, seit meiner längstvergangenen kindheit schon. brigitte sieht zu
20 heinz auf.
   auch heinz ergreift sofort das gefühl. außerdem ergreift ihn eine sinnlichkeit, von der er schon gehört hat, daß es sie gibt.
25 es ist neu und erschreckend zugleich.
   heinz will elektriker werden. wenn man etwas lernt, ist man nachher mehr

als man vorher war. außerdem ist man dann auch mehr als alle, die nichts gelernt haben.

uns beiden passiert hier etwas, sagt brigitte, das neuer und erschreckender ist als alles, was uns bisher geschehen ist, auch neuer und erschreckender als der betriebsunfall voriges jahr, bei dem eine hand verloren wurde: die liebe. ich weiß jetzt nämlich, daß ich dich liebe, und bin froh, daß ich es weiß. für mich gibt es keinen anderen mann als dich, heinz, und wird auch keinen mehr geben. oder siehst du hier einen anderen mann? heinz sieht keinen, und das gefühl der sinnlichkeit verstärkt sich noch. diese lippen ziehen mich förmlich in ihren bann, denkt heinz. sie locken, und sie verheißen etwas. was? heinz denkt nach. jetzt hat er es: sinnlichkeit.

ich liebe dich so sehr, sagt brigitte, ihr haar glänzt wie reife kastanien in der sonne. ihre vollen lippen sind leicht geöffnet, als ob sie locken oder zumindest verheißen würden. was? ich liebe dich so sehr, daß es weh tut, es tut seelisch in der seele weh und körperlich im körper weh. ich möchte, daß du immer bei mir bleibst, mich niemals verläßt. nach der hochzeit möchte ich ganz zu hause bleiben und nur für dich und unser gemeinsames kind dasein.

was ist meine arbeit in der fabrik gegen dieses gefühl der liebe? nichts! sie verschwindet, und nur mehr das gefühl der liebe ist hier.

[...]

ich brauche dich, und ich liebe dich, sagt brigitte. ihr haar leuchtet in der sonne wie reife polierte kastanien. die liebe ist ein gefühl, daß einer den anderen braucht. ich brauche dich, sagt brigitte, damit ich nicht mehr in die fabrik gehen muß, denn die fabrik brauche ich eigentlich überhaupt nicht. was ich brauche, das bist du und deine nähe. ich liebe dich und ich brauche dich.

hoffentlich ist diese liebe auch körperlich, hofft heinz. ein mann muß alles mitnehmen, was er kriegen kann. auch muß er einmal ein schönes heim haben, auf das er vorher sparen muß, auch muß er einmal kinder haben, aber vorher muß er noch etwas vom leben gehabt haben. die arbeit ist nicht alles, weil die liebe alles ist. ob das wohl die körperliche liebe ist, fragt heinz.

ja, heinz, es ist die liebe, sagt brigitte. ihr haar schimmert in der sonne wie reife polierte kastanien. plötzlich ist sie zu uns gekommen, ganz über nacht, heinz, wer hätte das gedacht? du wirst für mich sorgen und mich für meine liebe belohnen und entschädigen, nicht wahr, heinz?

ich liebe dich nämlich so sehr.

heinz behält sein berufliches fortkommen und kurse, die vielleicht besucht werden werden, im auge. brigitte behält in einem auge die liebe, die wie eine schwere krankheit ist, im anderen auge behält brigitte ihre zukünftige wohnung und deren einrichtung im auge. brigitte hat gehört, daß es richtig ist, wenn es wie eine krankheit ist, brigitte liebt heinz richtig und echt.

verlaß mich niemals, heinz!

[...]

ich liebe dich, sagt brigitte, die heinz nicht verlieren will. was man einmal hat, das möchte man behalten, womöglich kann man sogar mehr bekommen als man hat. vielleicht ein eigenes geschäft. sie kann fleißig mitarbeiten, was sie gewohnt ist.

ich liebe dich, sagt brigitte. endlich muß man nicht mehr fragen, ob dies die liebe ist, weil sie es sicher ist.

[...]

brigitte muß schauen, daß sie einen mann bekommt, der nicht ins wirts-

haus geht. sie muß schauen, daß sie eine schöne wohnung bekommt. sie muß schauen, daß sie kinder bekommt. sie muß schauen, daß sie schöne möbel bekommt. dann muß sie schauen, daß sie nicht mehr arbeiten gehen muß. dann muß sie vorher noch schauen, daß das auto ausbezahlt ist. dann muß sie schauen, daß sie sich jedes jahr einen schönen urlaub leisten können. dann muß sie allerdings schauen, daß sie nicht durch die finger schauen muß.
[...]
heinz will noch etwas von seinem leben haben. heinz kann noch etwas von seinem leben haben, solange er bei seinen eltern wohnt und geld spart. außerdem ist er noch zu jung, um sich schon zu binden. brigitte, deren haar heute wieder glänzt, daß es in den augen weh tut, liebt heinz so sehr, daß etwas in ihr zerbrechen würde, wenn heinz sie wegwirft. ich liebe dich, sagt sie in der art ihrer lieblinge von film, funk, fernsehen und schallplatte. ich weiß nicht, ob es für ein ganzes leben reicht, sagt heinz, ein mann will viele frauen genießen. ein mann ist anders.

ich liebe dich doch gerade deswegen, weil du ein mann bist, sagt brigitte. du bist ein mann, der einen beruf lernt, ich bin eine frau, die keinen beruf gelernt hat. dein beruf muß für uns beide reichen. das tut er auch spielend, weil er so ein großer schöner beruf ist. du darfst mich niemals verlassen, sonst würde ich sterben, sagt brigitte.

so schnell stirbt man nicht, sagt heinz. du müßtest eben auf einen zurückgreifen, der weniger verdient, als ich einmal verdienen werde.

ich liebe dich doch gerade deswegen, weil du mehr verdienst als einer, der weniger verdient.

außerdem liebt brigitte heinz, weil dieses gefühl in ihr ist, gegen das sie nicht ankommt. schluß.
[...]
ich werde es mir bis morgen überlegen, sagt heinz. so macht man das im modernen Wirtschaftsleben, in welchem ich mich auskenne.

ich liebe dich so sehr, antwortet brigitte. morgen ist schon die zukunft, und die habe ich nicht.

mich hast du jedenfalls auch nicht, sagt heinz.

ich möchte daher nicht in deiner haut stecken.

b) Liebe Brigitte,

da ich mich sehr spontan von dir abgewendet habe, möchte ich meinen Entschluss nochmals schriftlich darlegen und begründen.

Begründung seines Entschlusses

Du bist zweifellos eine sehr attraktive Frau, mit der ich mir eine gemeinsame Zukunft vorstellen könnte. Es gibt aber eine ganze Reihe von Bedenken, die ich geltend machen muss.

Bedenken:

Ich bin noch in der Ausbildung und weiß noch gar nicht, was aus mir werden wird. Ich bin zwar ehrgeizig und will Elektriker werden, aber ob und wie ich dieses Berufsziel verwirklichen kann, steht in den Sternen. Du träumst aber schon davon, dass ich gut verdiene

Ausbildungssituation

und dich miternähren kann. Der Druck ist für mich zu groß, mich um eine qualifizierte Ausbildung zu bemühen und gleichzeitig schon Familienvater zu spielen. Warum erwartest du von mir, dass ich für dich sorgen, dich belohnen oder sogar entschädigen soll? Seit wann ist die Liebe ein Geschäft, für das man zahlen muss? Du bist selber jung, kannst arbeiten oder dich um eine Ausbildung bemühen. Dass du so schnell deine Arbeit loswerden willst, ist mir nicht geheuer. Jeder muss zunächst einmal für sich selber sorgen. Erst viel später – wenn überhaupt und wenn man Kinder hat – kann es sein, dass der eine für den anderen mitverdient. Die Drohung, dass du sterben würdest, wenn ich dich verließe, halte ich für kindisch und erpresserisch, denn wir sind noch gar nicht richtig zusammen. Ich will aus freien Stücken bei jemandem bleiben und nicht deswegen, weil mir derjenige droht. Das ist keine gemeinsame Basis, Vertrauen ist viel wichtiger.

Überforderung mit Doppelrolle

Liebe als Geschäft?

Selbstverantwortung

Drohung als Erpressung

Freie Entscheidung

Außerdem bin ich noch sehr jung und möchte mich nicht gleich auf Lebenszeit verpflichten. Ich habe noch nicht sehr viel Erfahrung in der Liebe, möchte sie aber sammeln und nicht gleich an gemeinsame Wohnung und Kinder denken. Ich brauche meine Freiheit und will sie auch noch genießen. Die Zeit kommt früh genug, wo man auf eigenen Füßen stehen muss. Ich lebe bei meinen Eltern und das ist auch nötig, um mir wenigstens am Wochenende ein Vergnügen leisten zu können. Zu mehr reicht es noch nicht. Bevor ich einen eigenen Hausstand gründe, will ich mehr Geld haben, auch etwas Gespartes, um nicht alles später abarbeiten zu müssen. Da habe ich kein gutes Gefühl dabei.

Alter

Erfahrung

Freiheit

Ansparen von Geld

Auch erdrückst du mich mit deinen Liebesbekundungen. Ich finde es zwar schön, wenn man geliebt wird, aber man muss es nicht ständig beteuern und unterstreichen. Das ist unnatürlich. Auch verstört mich, dass für dich die Liebe etwas Erschreckendes hat oder gar wehtut. Das geht mir zu weit und ich verstehe es auch nicht. Insgesamt fühle ich mich von dir zu sehr in Besitz genommen. Das nimmt mir die Luft zu atmen

Besitzergreifende Liebe

und auch die Freiheit, die ich brauche. Du beanspruchst mich zu sehr, wenn du ständig davon redest, dass du mich brauchst. Auch das kann ein schönes Gefühl sein, aber ich spüre vor allem die Abhängigkeit, in die du mich drängst. Ich bin noch von so vielem abhängig, da will ich nicht auch schon von der Freundin abhängig sein. Du solltest umgekehrt bedenken, ob es für dich so gut ist, wenn du dich von einem Mann so abhängig machst, wie du es tust.
Lebe wohl; ich wünsche dir Glück und Zufriedenheit!
Heinz

Beanspruchung

Abhängigkeit

Aufgabe 31 a) Die zentralen Aussagen des „Älteren" sind blau, diejenigen des „Jüngeren" grau markiert:

Kurt Marti, Der schrumpfende Raum

¹Du wirst doch nicht, sagte der Jüngere. O nein, sagte der Ältere. Zwischen ihnen stand eine Karaffe, in der Karaffe Wein. Das Leben ist ein schrumpfender ⁵Raum, sagte der Ältere. Es wird immer wieder schön, sagte der Jüngere, oft ist es beschissen, aber es wird immer wieder schön. Es ist ein schrumpfender Raum, beharrte der Ältere, es schrumpft ¹⁰um dich zusammen. Du denkst wohl an Runzeln, sagte der Jüngere. Nein, sagte der Ältere, das ist es nicht, ich denke wirklich an Raum, er schrumpft auch hinter uns. Du nimmst es zu ¹⁵schwer, sagte der Jüngere. Die Vergangenheit überfährt dich von hinten her, sagte der Ältere, wie eine Lokomotive. Du spinnst, sagte der Jüngere. Die Lokomotive überfährt dich, sagte der ²⁰Ältere, du weißt genau, sie kommt und überfährt dich von hinten. Aber nicht auf der Straße, sagte der Jüngere. Überall, sagte der Ältere, überall wird der Raum kleiner, die Luft zum Atmen ²⁵geht aus. Niemals, sagte der Jüngere, die Luft geht niemals aus. Ja, sagte der Ältere, du bist noch jünger, du hast noch Raum. Nicht mehr als du, sagte der Jüngere. Du kannst noch weg, ich nicht ³⁰mehr, sagte der Ältere, ich nicht. Ich will nicht weg, sagte der Jüngere. Aber du könntest, wenn du nur wolltest, sagte der Ältere, ich nicht, auch wenn ich wollte, das ist es ja, wer alt wird, ist ³⁵zu diesem Kaff verdammt. Du hast dein eigenes Häuschen, sagte der Jüngere, so verdammt ist es nicht. Ja, sagte der Ältere, mein Raum ist auf ein Häuschen zusammengeschrumpft. Du hast einen ⁴⁰Garten, sagte der Jüngere, du hast eine Frau. Ja, sagte der Ältere, doch du vergißt, daß es noch tausend Gärten und tausend Frauen gibt. Oho, sagte der Jüngere, das ist mir neu, daß du ein solcher ⁴⁵bist! Bin ich nicht, sagte der Ältere, du weißt, daß ich kein solcher bin. Ja, sagte der Jüngere, das ist wahr. Auch wer kein solcher ist, sagte der Ältere, denkt sich, was noch möglich wäre. Ja, ⁵⁰sagte der Jüngere, vieles ist möglich. Dann aber schrumpft der Raum zusammen, sagte der Ältere, du merkst auf einmal, daß du nicht mehr denken magst, so wie du jetzt denkst, weil du

jünger bist. Ist mir zu kompliziert, sagte der Jüngere. Nein, es ist einfach, sagte der Ältere, der Raum schrumpft ein. Ach Quatsch, sagte der Jüngere. Alles schrumpft langsam zusammen, sagte der Ältere, zuletzt bleibt nur noch ein Punkt. Ach was, sagte der Jüngere, das Leben geht weiter. Der Raum schrumpft zusammen, sagte der Ältere, auch du wirst's noch sehen, er schrumpft, und eines Tages kannst du nicht mehr atmen, weil du allein und ohne Raum bist. Der Jüngere lachte. Die Karaffe zwischen ihnen war leer.

b) Thema des Älteren ist das Leben als „schrumpfender Raum". Es ist ein Bild für das Altern des Menschen. Der Ältere variiert und steigert diese Vorstellung während des Gesprächs mehrfach. Der „schrumpfende Raum" steht dabei konkret für Wohnort, Haus und Garten des Älteren, was er alles nicht mehr verlassen kann. Er bezieht ihn aber auch im übertragenen Sinn auf die Vergangenheit und Zukunft eines älteren Menschen. Die Vergangenheit rückt immer weiter weg, gerät in Vergessenheit, während die Zukunft immer aussichtsloser wird. Höhepunkt ist, dass alles „langsam zusammenschrumpft" und „nur noch ein Punkt" bleibt (Z. 58 ff.). Das ist ein Bild des Sterbens und des Todes, denn die „Luft zum Atmen" (Z. 24) geht aus, der Mensch ist einsam und „ohne Raum" (Z. 66).

c) Liebes Tagebuch,
(1) das Leben – ein schrumpfender Raum. Wie oft hat das der Alte gesagt? Es muss an die zehn Mal gewesen sein. Er hat damit angefangen und konnte nicht wieder aufhören. Er hat nicht davon abgelassen, auch als ich ihm vorgeworfen habe, er nähme alles zu schwer, er spinne regelrecht oder es sei Quatsch, was er da von sich gebe. Alle meine Einwürfe waren umsonst, er hat sich nicht von der Stelle bewegt. Das Einzige, was uns verbunden hat, war der Wein, den haben wir zusammen getrunken. Am Ende blieb mir nur die Kapitulation, dass mir das alles zu kompliziert sei. Auch mein Lachen war kein überlegenes Lachen, sondern eher angespannt, verlegen und hilflos.

Das Leben – ein „schrumpfender Raum"?

Einwürfe

Kapitulation

(2) Da haben die Alten den Raum erobert, Haus und Garten erworben und wir Jungen können sehen, wo wir bleiben. Den Alten gehört der meiste Raum und auf einmal fangen sie an zu lamentieren, dass er schrumpfe. Das ist schon stark. Sie haben im Übrigen nicht nur Boden und Land in Anspruch genommen, sondern viele Einrichtungen, Institutionen und Unter-

Übermacht der „Alten"

nehmen mit ihren Entscheidungen geprägt, sodass für uns der Raum eng geworden ist. Wo können wir eigentlich noch wirken? Sie sind in der Welt herumgereist und haben sich in der Heimat häuslich niedergelassen, wozu sie niemand gezwungen hat, und beklagen sich nun, dass sie keinen Raum mehr hätten, in einem „Kaff" festsäßen.

Raum für die Jüngeren?

(3) Dabei könnten wir die Enge des Raumes beklagen, für uns Jüngere schränken sich die Möglichkeiten immer mehr ein. Was müssen wir für ein Lernpensum bewältigen, bis wir einen Schulabschluss erreichen! Welche Voraussetzungen müssen wir erfüllen, um eine Ausbildungsstelle zu erhalten! Welchen Raum billigt uns schließlich der Arbeitsmarkt zu, eine Stelle zu finden? An die globalen Herausforderungen will ich jetzt gar nicht denken. Welche Luft bleibt uns noch zum Atmen, welches Klima müssen wir verkraften und welche Bodenschätze stehen uns noch zur Verfügung?

Enge des Raumes für die heranwachsende Generation

(4) Was bildet sich der Alte eigentlich ein, sich so in den Vordergrund zu rücken! Und dennoch – er hat es so überzeugend getan, dass ich mich kaum wehren konnte, dass ich die Enge unseres Raumes gar nicht thematisieren konnte. Er hat mich regelrecht überrumpelt. Ob das an seinen Phantasien lag? Er konnte von den schrumpfenden Räumen ja nicht genug bekommen und musste ihnen mit der ausgehenden Luft noch eins draufsetzen. Es gleicht einem Horrorszenario, dass der Raum um einen herum enger und die Luft dünner und weniger wird. Vielleicht war ich deswegen so gelähmt. Die Enge des Raumes macht – nach dem Alten – auch vor den Menschen nicht halt, sondern lässt sie zu einem Punkt zusammenschrumpfen. Das ist schon abartig, aber auch ziemlich erschreckend. Vielleicht war ich schockierter, als ich es nach außen hin zugeben konnte.

Einbildung contra Überzeugung des Alten

Horrorszenario „Enge"

Die einzige Erklärung, die ich für diese Behauptungen finde, liegt wohl bei dem Alten selber. Er fühlt sich so eingeschränkt oder mit zunehmendem Alter so be-

Erklärungsansätze

grenzt, dass er alles um sich herum im Schrumpfen begriffen sieht. Das könnte ich immerhin verstehen, dass seine körperlichen Fähigkeiten nachlassen und er die Welt um sich herum engmaschiger wähnt, obwohl sie die gleichen Dimensionen hat wie vorher.   *Schwinden der Kräfte*

Kühn bleibt aber, wie er das Ende, den Tod ganz allgemein beschreibt. Der Atem setzt aus, weil der Mensch einsam und ohne Raum sei. Also kommt der Tod nicht durch Krankheit, sondern durch die Erfahrung der Seele (Einsamkeit) und die des fehlenden Raumes. Ich kann es mir nur so erklären, dass ein sterbender Mensch innerlich von seinen Mitmenschen Abschied genommen haben muss und erst dann bereit ist, – in dieser Einsamkeit – aus dem Leben zu scheiden. Jedenfalls klingt es so vernünftig.   *Beschreibung des Todes* / *Einsamkeit* / *Abschied*

Bleibt noch der Gedanke, dass die Vergangenheit so übermächtig wird, dass sie einen „wie eine Lokomotive" überfährt. Ein drastisches Bild, über das ich zunächst einmal erschrocken bin. Im Nachhinein finde ich es gar nicht so abwegig, denn schon wir Jüngeren wissen, dass ältere Menschen immer mehr in ihrer Vergangenheit leben, sofern sie die Gegenwart nicht mehr in ihrer Fülle wahrnehmen, sie sogar häufig vergessen, sich aber dafür Dinge, die lange und weit zurückliegen, sehr eindeutig und klar vorstellen und davon erzählen können. Allerdings möchte ich jetzt doch gegen das Bild des „Überfahrens" protestieren, denn ich glaube, dass auch ältere Menschen aktiv in ihrer Zeit leben können, wenn sie bereit sind, sich weiter zu informieren und an wichtigen Entwicklungen teilzunehmen. Nur wenn sie eines Tages einen Schlussstrich ziehen und dort stehen bleiben wollen, wo sie sich gerade befinden, dann scheint es mir möglich, dass die Vergangenheit eine solche Gewalt über sie ausübt.   *Bedeutung der Vergangenheit* / *Wahrnehmung der Gegenwart* / *Aktiv in der Zeit leben*

Aufgabe 32 **Zigarettenautomaten**

- Zigarettenautomaten müssen abmontiert und verschrottet werden, damit sich Kinder und Jugendliche nicht selbst bedienen können.

- Zigarettenautomaten unterlaufen die Bestimmungen des Jugendschutzes und müssen deswegen verboten werden.

Rauchen in der Schule
- Raucherzonen in Schulen sollten ganz verboten werden, denn Schulen sollten nicht nur fächerspezifisches Lernen ermöglichen, sondern sich auch für Gesundheitsschutz verantwortlich fühlen.
- Raucherzonen sind in der Regel ab einem bestimmten Alter freigegeben, sodass Schüler mit dem Erreichen der entsprechenden Altersstufe das „Privileg" des Rauchens verbinden.

Rauchen in Lokalen und Restaurants
- Lokale und Restaurants sollten kennzeichnungspflichtig werden, ob sie rauchfreie Zonen bzw. spezielle Raucherzimmer haben oder rauchfrei sind.
- Der Genuss eines Essens kann durch Raucherdunst erheblich eingeschränkt werden.

Rauchen in öffentlichen Verkehrsmitteln
- In Bussen und Bahnen des Regionalverkehrs gibt es meist ein Rauchverbot, warum nicht auch im überregionalen Reiseverkehr und in Flugzeugen?
- In Zügen muss man häufig durch Raucherabteile, um zu seinem Sitzplatz zu gelangen. Manchmal sind auch nur Sitzplätze im Raucherabteil frei, sodass man den schädlichen Qualm unfreiwillig einatmet.

Rauchen in der Öffentlichkeit
- Rauchen müsste ganz aus öffentlichen Einrichtungen, Orten und Plätzen verbannt werden.
- Die Raucher können nicht kontrollieren, wohin ihr Raucherdunst entweicht, sodass auch die Nichtraucher ungewollt Rauchschwaden einatmen. Zudem werden Gehwege und Rabatten von den vielen Kippen verunreinigt.

Aufgabe 33 **Bedeutung des PC in Gesellschaft und Schule**
Der PC hat sich zu dem wichtigsten Arbeits- und Verwaltungsinstrument entwickelt. Kaum ein Betrieb oder Geschäft ist heute nicht mit PC ausgestattet. Die Mitarbeiter müssen ihn bedienen können. Den Umgang mit PCs lernt man zwar inzwischen auch in der Schule, aber den geläufigen Umgang und die entsprechende Sicherheit erhält man erst durch die Übung zu Hause.

Unabhängigkeit von anderen Familienmitgliedern
Wenn Jugendliche auf einen Familien-PC angewiesen sind, müssen sie sich mit ihren Eltern bzw. Geschwistern abstimmen, wann sie ihn benutzen können. Der jedem zur freien Verfügung stehende Speicherplatz ist bei mehreren

Nutzern dann beschränkt. Auch muss man sich erst neu zurechtfinden, wenn die Mitbenutzer Neueinstellungen vorgenommen haben, auf die man nicht gefasst ist.

Eigene Formatierungen und Standards
Den eigenen PC kann man ganz individuell auf sich zuschneiden. Der PC speichert nämlich die Einstellungen, die ihm vorgegeben werden. Die Gestaltung des Desktops wie des Bildschirmschoners sind Beispiele für Vorlieben, bei denen man sich gleich heimisch fühlt. Der eigene PC startet mit den Programmen, mit denen man regelmäßig arbeitet und die ohne Umschweife zur Verfügung stehen. Auch innerhalb der Programme gibt es Standardeinstellungen, auf die man zurückgreifen kann und die die Arbeit erleichtern.

Eigene Programme
So wie sich Kinder und Jugendliche Bücher und Spielzeug zu bestimmten Anlässen wünschen, können sie spezifische Programme auf ihren Wunschzettel schreiben. Es gibt heute für jedes Interesse Programme. Sie können sich damit in alte und fremde Kulturen hineinversetzen, aber auch Häuser bauen und einrichten oder Flugzeuge und Züge steuern. Auch Spiele sind auf dem Markt, die man zu zweit spielen kann und die nicht gewaltverherrlichend sind. PC-Programme können so wie das eigene Bücherregal oder die Modellsammlung identitätsstiftend sein.

Speichersystem
Der PC verlangt eigene Ordnungs- und Speichersysteme, wenn man Dateien schnell und zielsicher finden will. Je umfangreicher die Dateien werden, umso mehr muss man sich über sinnvolle „Schränke" und „Ordner" Gedanken machen. Passende Ober- und Unterbegriffe zu suchen, ist eine geistige Herausforderung, die Gedanken filtert und ordnet. Beim eigenen PC muss man mit der eigenen Ordnung oder Unordnung zurechtkommen und kann frei experimentieren, was am günstigsten scheint.

Umgang mit PC-Problemen
Für den eigenen PC fühlt sich der Jugendliche auch verantwortlich. Er beteiligt sich an der Fehlersuche und wird Maßnahmen, die ein Abstürzen des PC verhindern, beherzigen. Sein Verständnis für Hard- und Software kann sich besser entwickeln, weil er mit einem anderen PC im Haus vergleichen kann.

Aufgabe 34 Wenn ein geklonter Mensch die exakte Kopie eines jetzt lebenden Menschen ist, so hat er keine oder nur eine sehr eingeschränkte Individualität. Er wird sich an seinem Klonvorbild orientieren und damit vergleichen. Das kann eine sehr große Belastung sein, denn die meisten Menschen wollen nur in ganz jungen Jahren so sein wie ihre Eltern, später distanzieren sie sich aber und gehen eigene Wege. *Geklonter Mensch als Kopie / Eingeschränkte Individualität*

Wenn man das Abziehbild eines anderen darstellt, ist die eigene Freiheit sehr begrenzt. Die Nähe zum Klonvater oder der Klonmutter ist zu groß, weil spezifische Begabungen und Fähigkeiten des Vorbilds auch von dem Abbild erwartet werden. Dieser Erwartungsdruck kann sich gegen eigene Begabungen wenden. Wenn eine spezifische künstlerische Begabung vorliegt, kann sich das Klonkind unter Umständen nur aus Protest und Widerwillen gegen die eigenen Anlagen sträuben. Die Freiheit, auch etwas ganz anderes zu machen als das, was Vater oder Mutter vorleben, ist eingeschränkt. *Begrenzung eigener Freiheit*

Erwartungsdruck

Ein Klonkind ist nicht spontan und aus Liebe gezeugt, sondern entsteht durch Berechnung und Planung. Wer ein Klonkind möchte, der hat besondere Absichten und Motive. So könnte jemand auf die Idee kommen, sein durch eine lebensbedrohende Krankheit gefährdetes Leben über ein Klonkind weiterzuführen, eine künstlerische oder mathematische Begabung an das Klonkind weiterzugeben oder seine Firma mit dem Klonkind in den eigenen familiären Banden zu halten, um sie erfolgreich fortzuführen. Egoistische Motive stehen dabei im Vordergrund. *Klonkind aus Berechnung und Planung*

Absichten/Motive

Ob die Absichten der Kloninitiatoren aufgehen, scheint sehr fraglich. Die genetische Identität ist die eine, Erziehung und Umwelt die andere Seite. Auch ein Klonkind ist verschiedenen Einflüssen und Erfahrungen ausgesetzt. Welche Begabungen optimal entfaltet und entwickelt werden, hängt nicht nur vom erzieherischen Wirken von Eltern und Schule ab, sondern auch vom Willen des Betroffenen und den Anreizen, die die Gesellschaft bietet. *Genetische Identität contra Erziehung/Umwelt*

Aus religiöser Sicht ergeben sich ebenso Vorbehalte. Der Mensch als Geschöpf Gottes muss die natürliche Fortpflanzung respektieren und darf sie nicht infrage stellen. Wer in die Genetik der Fortpflanzung eingreift, verletzt die göttliche Ordnung. Der Mensch kann auch mit den besten Absichten scheitern. Er ist nicht Herr über das Schicksal.

Religiöse Vorbehalte

Bei Pflanzen gibt es bereits genetische Manipulationen, deren Folgen nicht absehbar und umstritten sind. In welcher Weise Klonkinder und deren Nachkommen die Genese des Menschen verändern könnten, ist nicht planbar. Nicht umsonst gibt es das Inzestverbot, weil zu enge genetische Verwandtschaft zu Degenerationserscheinungen führen kann. Auch bei Klonkindern ist nicht kalkulierbar, welche Folgen deren Fortpflanzung haben könnte.

Problematik von Genpflanzen

Genetik des Menschen steuerbar?

Aufgabe 35

a) **Der Kampf ums Handy –
Woher die Gewalt in unseren Hauptschulen kommt**

1 Das ganze Land schaut auf die Rütli-Schule in Berlin, und viele Deutsche sagen sich: Wir haben die Hauptschüler nicht mehr im Griff. Meiner Erfahrung
5 nach sind aber nicht die Jugendlichen das größte Problem, sondern es sind die Lehrer der Schule und vor allem die Eltern. In der Rütli-Schule muss schon lange sehr viel schief gelaufen sein. Wie
10 anders ist es zu erklären, dass jetzt einzelne Eltern behaupten, sie hätten gar nicht gewusst, dass ihre Kinder mit Schlagringen zur Schule kommen? Haben die Lehrer nichts gesehen? Haben
15 die Lehrer den Eltern nichts gesagt? Oder wollten die Eltern es nicht hören? Hätte der Kontakt zwischen Eltern und Lehrern funktioniert, die Gewalt wäre nicht so eskaliert.
20 In meiner Stadt haben wir Erfolg damit, früh in die Schulen zu gehen, deren Schüler sich prügeln. Wir laden die Eltern ein, gemeinsam mit dem Jugendamt. Wir schärfen ihnen ein, dass
25 sie ihren Kindern verbieten müssen, Waffen in die Schule mitzunehmen. Ja, das muss man denen tatsächlich sagen! Ein Kollege veranstaltet außerdem ein Training, Coolness-Training genannt, in
30 dem Schüler lernen, ruhig zu bleiben, nicht gleich zuzuschlagen, wenn sie jemand anmacht. Und für die Wiederholungstäter gibt es Wochenendarrest: einen Samstag und einen Sonntag ohne
35 Fernsehen, ohne Freunde, ohne Handy. Das hilft bei manchen schon. Man muss früh zeigen, wo die Grenzen liegen.

Wir haben Gewalt nicht nur an Schulen mit einem hohen Ausländer-
40 anteil, sondern längst auch an vermeintlich guten Schulen mit deutschen Schülern. Seit zehn, fünfzehn Jahren beobachte ich, wie die Gewalt zunimmt: Die Schüler werden immer
45 rücksichtsloser, sie prügeln sich wegen eines Spruchs, eines falschen Blicks.

Und wenn sie sich erst mal prügeln, geht es heftig zur Sache. Früher gab es ein kleines Gerangel, dann war Schluss. Heute tragen manche ein ganzes Arsenal an Waffen mit sich rum: Messer, Schlagringe, Gaspistolen.

Ich vermute, wir haben zum Teil alleine schon deshalb mehr Gewalt, weil sich die Schüler heute um teure Handys und MP3-Spieler streiten, die es früher einfach nicht gab. Auch der Zugang zu Gewaltvideos ist einfacher geworden, per Internet oder von Handy zu Handy. Der tieferliegende Grund ist aber der, dass Eltern ihren Kindern keine Leitlinien mehr vorgeben. Ich gehöre ja selbst zu einer Generation, die mal dachte, man müsse den Kindern alles erlauben.

Aus meiner Sicht kann ich sagen: Ja, die Gewalt an Schulen nimmt zu. Nein, nicht vornehmlich unter Türken oder anderen ausländischen Gruppen. Im vorigen Jahr ist die Kriminalitätsrate ausländischer Jugendlicher in NRW anders als in Berlin sogar leicht gesunken. Klar: Türkische Jungs sind sehr aufbrausend, wenn es um ihre Ehre geht oder das, was sie dafür halten. Da brennt schnell ihre Sicherung durch. Aber ihre deutschen Klassenkameraden wissen auch ganz gut, wie sie die Sicherung zum Durchbrennen bringen.

b) **Abschnitt 1:** Der Autor unterstreicht, dass nicht die Schüler der Rütli-Schule in Berlin das Hauptproblem seien, sondern Lehrer und Eltern. Sie hätten versagt, weil sie weder wahrgenommen hätten, was in der Schule passiert sei, noch entsprechend miteinander kommuniziert hätten. Nur wegen dieser Versäumnisse sei die Gewalt eskaliert.

Abschnitt 2: Wolfgang Seitz beruft sich auf eigene gegenteilige Erfahrungen. Schulen mit gewaltbereiten Schülern könnten von Anfang an von Jugendämtern und Polizei betreut werden, um Eltern zu beraten und Schülern ihre Grenzen aufzuzeigen.

Abschnitt 3: Gewalt gebe es nicht nur an Schulen mit hohem Ausländeranteil, sondern auch an Schulen mit vorwiegend deutschen Schülern. Bedenklich sei vielmehr, dass die Gewalt insgesamt zunehme und Schüler sich auch rücksichtsloser verhielten, wenn sie aus nichtigem Anlass und sogar mit Waffen andere angriffen.

Abschnitt 4: Als Grund für die zunehmende Gewalt vermutet der Autor fehlende „Leitlinien" (Z. 62), also mangelnde Orientierung vom Elternhaus her, sowie den Wunsch nach teuren elektronischen Geräten wie Handys und MP3-Playern.

Abschnitt 5: Im Schlussabschnitt bekräftigt der Autor, dass die Gewalt an Schulen zunehme, aber ausländische Jugendliche nicht allein dafür verantwortlich gemacht werden sollten.

c) Hauptanliegen des Autors ist es, auf die zunehmende Gewalt an den Schulen hinzuweisen. Dabei nimmt er ausländische Schüler in Schutz, weil sie nicht allein dafür verantwortlich gemacht werden könnten. Bedenklich sei, dass die Gewalt „rücksichtsloser" (Z. 45), weil aus nichtigem Anlass entstehend, und gefährlicher werde.
Als Ursachen der zunehmenden Gewalt sieht der Autor das Versagen von Eltern, Erziehern und Lehrern, Gewaltvideos und das Wohlstandsgefälle, was bei Schülern vor allem durch den Besitz von Handys und MP3-Playern sichtbar werde.

Aufgabe 36 a) • Der Autor wird namentlich als Hauptkommissar vorgestellt, sodass er mit Straftaten vertraut ist, das Arbeitsgebiet kennt oder zumindest Einblick in entsprechende Kriminalstatistiken hat.
Der Text lässt sich gut bearbeiten; man kann spezifische Sätze unterstreichen (vgl. Aufgabe 35 a), die Abschnitte gut gliedern (vgl. Aufgabe 35 b) und Wesentliches zusammentragen. Der Informationsgehalt des Textes lässt sich ohne Probleme skizzieren, sodass man dem Autor bescheinigen kann, dass er kompetent ist und weiß, worauf es ankommt.
• Ein Live-Interview könnte offene Fragen klären:
Verfügt Herr Seitz über eigene Ermittlungserfahrungen oder bezieht er sich auf Ermittlungsakten von Kollegen und trägt sie nur vor? Kann er bestimmte Thesen durch eigene Beispiele erhellen? Wo und wie kann man bei weiterem Interesse Einblick in entsprechende Statistiken nehmen? Sachlich könnte nachgefragt werden, ob sein Fazit flächendeckend für alle Schulen gilt oder ob es bestimmte Schulen, Schularten oder -typen vorrangig betrifft.

b) Ursachen der Gewaltbereitschaft und Lösungswege:

Verantwortung der Eltern (Defizite bei Eltern)
Es gibt Eltern, die sich zu wenig um ihre Kinder kümmern. Sie sind froh, wenn ihre Kinder alles allein machen. Häufig ist es Eltern zu anstrengend, ihre Kinder zur Rede zu stellen und sich mit ihnen auseinanderzusetzen. Je älter die Kinder werden, desto mehr entwickeln sie ihren eigenen Willen und widersprechen auch, was vielen Eltern nicht behagt. Kinder brauchen aber klare Grenzen, die Eltern markieren müssen. Kinder und Jugendliche sind experimentierfreudig, sie

Versagen der Eltern

Kinder brauchen Grenzen

wollen an die Grenzen ihrer Möglichkeiten gehen. Ohne Orientierung können sie leicht auf die schiefe Bahn geraten.

Eltern müssen auf einem grundlegenden Einblick in das Leben ihrer Kinder beharren. Es kann nicht sein, dass sie nicht wissen, ob ihr Kind überhaupt in die Schule geht oder wo es sich aufhält. Jede Hausgemeinschaft ist eine Solidargemeinschaft, wo man sich abmeldet und Auskunft über Aufenthaltsort und voraussichtliche Dauer der Abwesenheit gibt.

Einblick in das Leben der Kinder

Leitlinien sind gefragt, die nicht zu sehr einengen, aber auch klare Signale setzen. Dazu gehören auch Sanktionen. Wenn Kinder merken, dass ihr Fehlverhalten folgenlos bleibt, werden sie sich einen Schritt weiter in die falsche Richtung bewegen.

Leitlinien und Sanktionen

Kommunikationskultur zu Hause

Entscheidend für die Hausgemeinschaft ist die Kommunikationskultur. Reden die Eltern und die Geschwister miteinander? Nimmt man sich Zeit, familiäre Angelegenheiten zu besprechen und zu klären? Wenn man gewohnt ist, sich regelmäßig den Frust von der Seele zu reden, wird es keine emotionale Schieflage geben, die in Aggressivität ausartet. Miteinander reden setzt Vertrauen voraus, fördert es aber auch gleichzeitig. Wo kann man sonst noch so ungeschützt denken und reden, wenn nicht in der Familie? Offene Kommunikation gelingt freilich nur dort, wo es keine oder nur geringe Abhängigkeitsverhältnisse gibt. Wird ein Familienmitglied auf eine bestimmte Rolle reduziert und kann sich nicht frei bewegen, wird es sich auch nicht frei äußern können.

Familiäre Angelegenheiten besprechen

Vertrauen stärken

Offene Kommunikation

Für Kinder aus Migrantenfamilien kann die Kommunikation das entscheidende Problem sein. Wenn die Eltern nur ihre Muttersprache verstehen, das Kind aber auf die deutsche Sprache in der Schule angewiesen ist, können die Eltern kaum helfen, wenn das Kind die Schulsprache ausbauen und auch familiär einbringen will. Viele Migranteneltern weigern sich, Deutsch zu

Probleme von Kindern aus Migrantenfamilien

lernen, sodass ein lebendiger Austausch in der neuen Sprache gar nicht möglich ist.

Rollenklischees in Familien

Manche Kinder sind so fest in familiäre Strukturen eingebunden, dass es für sie sehr schwierig ist, außerhalb Anerkennung zu finden. Sie werden dann rechthaberisch, vorlaut und gewaltbereit. Macht über andere suchen vor allem diejenigen, die ein verletztes Selbstwertgefühl ausgleichen wollen. Also brauchen Kinder Anerkennung und Freiräume, um sich entfalten zu können.

Bedenkliche familiäre Strukturen

Verletztes Selbstwertgefühl

Rollenklischees, wie Matriarchat (Herrschaft der Mutter) und Patriarchat (Herrschaft des Vaters, Familienoberhauptes) sie praktizieren, sind kontraproduktiv. Ob nun die Mutter oder der Vater herrscht, bleibt sich da gleich. Beide müssen bereit sein, auch von ihrer Macht abzugeben, an den Ehepartner und an die Kinder. Woran sollen Kinder wachsen, wenn sie nicht von Eltern Unterstützung erhalten? Eine absolute, d. h. unumschränkte Herrschaft führt direkt in die Gewaltbereitschaft, denn der Unterdrückte und Unterworfene sehnt sich übermächtig nach Anerkennung und selbst ausgeübter Macht.

Problematik von Matriarchat und Patriarchat

Konfliktbereitschaft bei Eltern und Lehrern

Je schwieriger sich die Kinder entwickeln, desto mehr laufen Eltern Gefahr, die Entwicklung einfach laufen zu lassen. In der Tat müssen Eltern bei den Entwicklungssprüngen ihrer Kinder einiges aushalten. Aber es muss einen Mittelweg geben zwischen ständigem Donnerwetter und Laisser-faire. Auch Eltern brauchen ein Coolness-Training. Wenn sie sich von ihren Kindern permanent provozieren lassen, führt das zu einer Verhärtung der Fronten. Andauernde verbale Gewalt in der Familie kann sich nach außen in „echter" Gewalt fortsetzen. Der Bereitschaft zu Konflikten muss auch ein Instrumentarium zur Seite steht, damit man weiß, wie man in einer konkreten Spannungssituation reagieren kann.

Gefahr der Gleichgültigkeit

Mittelweg zwischen Autorität und Freiheit

Problem verbaler Gewalt

Lehrer sind bei Problemkindern manchmal überfordert. Sie sind für den Umgang mit besonders schwierigen Kindern und Jugendlichen nicht entsprechend ausgebildet. Zu große Klassen lassen die Zeit schrumpfen, die sich ein Lehrer einem einzelnen Schüler widmen kann. Wechseln Lehrer stündlich, wissen sie nicht, was in den Stunden vorher passiert ist. Das nutzen Schüler oft aus.

Überforderung der Lehrer

Lehrer, die nur über fachliche, aber nicht über persönliche Autorität verfügen, werden von Schülern nicht ernst genommen. Im Extremfall können selbst Lehrer zu Opfern der Gewalt werden, wenn Schüler ihren Aggressionen freien Lauf lassen.

Persönliche Autorität der Erzieher

Selbst der engagierteste und kompetenteste Lehrer gelangt schließlich ans Ende seiner Möglichkeiten, wenn er ständig Verhaltensformen einfordern muss, die für einen Schulbesuch vorausgesetzt werden. Auch die Palette von Bestrafungen und Zurechtweisungen ist irgendwann ausgeschöpft.

Verhaltensnormen für Schulbesuch

Zudem gibt es noch die Sprachbarriere. Kaum ein Lehrer beherrscht die Muttersprache von Migrantenkindern. So kann es sein, dass die Schüler die „Bildungs- und Erziehungssprache" des Lehrers nur teilweise verstehen und der Lehrer keine Möglichkeit hat, in der Muttersprache der Schüler einzugreifen, erzieherisch oder pädagogisch zu wirken.

Sprachbarrieren

Gewalt in den Medien

Gewalt wird in den Medien großgeschrieben. Sie hat einen ebenso großen Unterhaltungswert wie Spiel- oder Wissensshows. Katastrophenfilme sind von Natur-„gewalten" geprägt und bei Horror- oder Science-Fiction-Filmen spielt Gewalt eine herausragende Rolle. Gewaltbetonte Videospiele reihen sich nahtlos ein.

Unterhaltungswert von Gewaltdarstellungen

Der Weg von der Fiktion zur Wirklichkeit wird immer kürzer. Die Anschläge vom 11. September 2001 sowie die Selbstmordattentate im Nahen und Mittleren Osten halten die Welt in schrecklichem Atem. Die Selbst-

Fiktion und Wirklichkeit

Selbstmordattentate

mörder erheischen Berechtigung und Legitimation, indem sich immer neue Attentäter finden und zur Verfügung stellen. Selbstmordattentate haben sich vom Ausnahmeereignis zum Tagesgeschäft der Medien entwickelt.

Das Leben macht keinen Halt vor der Fiktion: Terroristen filmen die Enthauptung oder Tötung von Gefangenen und stellen dies ins Internet, sodass sich jedermann bedienen und vergewissern kann. Grenzen und Tabuzonen werden immer mehr überschritten. Es gibt keine Grausamkeit, die nicht vorstellbar geworden ist oder an irgendeinem Ort der Welt Nachahmer gefunden hat.

Gewaltexzesse von Terroristen

Gewalt ist alltäglicher Konsum geworden und da nimmt es nicht wunder, wenn besonders Jugendliche darauf anspringen. Wer in seinem Wertesystem und seiner Vorstellungswelt noch nicht gereift ist, kann der Faszination der Gewalt erliegen. Sie verspricht das Außergewöhnliche und Macht über Opfer, womit die Täter eigene Ohnmachtsgefühle ausgleichen.

Gewalt als alltäglicher Konsum

Probleme einer Leistungsgesellschaft

Schließlich entscheiden Geld und Besitz über den sozialen Status. Angst und Neid begleiten schon Jugendliche, ob und was sie sich an neuen elektronischen Medien leisten können. Man will mitreden können und die neuesten technischen Errungenschaften nutzen. Deswegen ist es wichtig, dass in einer Gesellschaft neben der Leistungsbereitschaft auch andere Dinge zählen. Es gibt viele Menschen, die wegen einer körperlichen, geistigen oder seelischen Behinderung nicht die Leistung erbringen können, die andere auszeichnet. Also braucht eine Gesellschaft auch Werte wie Solidarität und Schutz für unverschuldet in Not geratene Menschen.

Angst und Neid bei Geld und Besitz

Grenzen der Leistungsgesellschaft

Die Angstpädagogik mancher Eltern und Lehrer steuert Jugendliche in die falsche Richtung. Im Hintergrund steht dabei das große Geld, das man verdienen könnte, wenn man sich nur genug anstrenge. Dem

Angstpädagogik als falsche Alternative

immensen Druck, zumindest dasselbe oder mehr als die Eltern erreichen zu müssen, sind viele Jugendliche letztendlich nicht gewachsen. Mehr Bescheidenheit ist gefragt und die Einsicht, dass viele Wege zum Ziel führen. Gerade Jugendliche, die eine Klasse wiederholen oder in der Ausbildung einen Umweg gehen, können sich später als lebenstüchtiger erweisen als die, die immer den Lernanforderungen gerecht geworden sind.

Erwartungsdruck contra Bescheidenheit

Handy als Möglichkeit, andere einzuschüchtern
Neuerdings können Gewaltszenen auch auf Handys geladen und herumgezeigt werden. Früher gab es Spielkarten mit Autos oder Flugzeugen, deren Leistungsfähigkeit man spielerisch ermessen konnte. Heute bilden Gewaltexzesse den Vergleichsmaßstab. Hier mischen sich dann schon Fiktion und Realität, wenn man auf dem Handy eine selbst erlebte oder inszenierte Gewaltaktion filmt und festhält.

Dokumentation von Gewalt auf Handys

Durch die Möglichkeit, mit Handys auch Bilder aufzunehmen, zu speichern und zu verschicken, wird der Rahmen eines Kommunikationsmittels gesprengt. Es reicht schon, Lehrer und Mitschüler in einer unvorteilhaften Pose zu erwischen und aufzuzeichnen, um sich über sie zu erheben und lustig zu machen. Die Beteiligten stehen dann in einem ständigen Beobachtungskrieg, der Angst und Misstrauen schürt.

Visuelle Möglichkeiten von Handys

Schließlich ist die Liveschaltung zu Bekannten und Freunden außerhalb der Schule ein beliebtes Mittel, um zu zeigen, dass man Einfluss hat und über Freunde verfügt. Allein die Verabredung mit anderen vor, während oder nach der Schule kann Mitschüler unter Druck setzen oder einschüchtern, wenn sie sich von solchen Gruppen beobachtet oder gar verfolgt fühlen.

Liveschaltung von Handys

c) Lösungsansätze im Überblick:
Wenn Familie, Schule, Medien und Gesellschaft in der oben dargestellten Weise versagen, stellt sich die Frage, wer gewaltbereiten Jugendlichen überhaupt noch Einhalt gebieten kann und soll. Solche Jugendliche gleich speziellen Strafanstalten zu überantworten, ist

Versagen von Erziehungsautoritäten

wohl keine ernsthafte Lösung, denn man würde ihnen
den Weg einer kriminellen Karriere geradezu eröffnen.
Eigentlich müsste die Gesellschaft doch aus einem
System vorteilhafter und wechselseitiger Beeinflussung bestehen. Wenn das Elternhaus in einem bestimmten Punkt versagt, sollte die Schule ausgleichend wirken können. Wenn die Medien Heranwachsende zu einseitig beeinflussen, sollten Familie und Schule ein Gegengewicht bilden. Wenn allerdings Familie, Medien und Gesellschaft versagen, kann die Schule wohl kaum oder nur in Ausnahmefällen dagegenhalten. *System vorteilhafter Beeinflussung*

Daraus ergibt sich die Schlussfolgerung, dass alle Teile der Gesellschaft ihren spezifischen Beitrag leisten müssen, wenn das System einer menschenwürdigen Gesellschaft funktionieren soll. Wenn ein Systembereich ausfällt und verloren geht, kann nicht ein anderer das Doppelte an Aufgaben und Verantwortung schultern. Jeder muss vor der eigenen Tür kehren, seine Korrekturen oder Reformen bedenken und zu einem vernetzten Denken beitragen, das auch unterschiedliche Personengruppen zusammenführt (z. B. Eltern – Schüler – Lehrer). *Schlussfolgerung*

Verantwortung für jeden zu vernetztem Denken

Vorstellbar ist ein Netz intensiverer Beratung. So sollte die Hürde für Eltern, die mit ihren Kindern Schwierigkeiten haben, eine Erziehungsberatung aufzusuchen, möglichst gering sein. Auch in Schulen könnten hauptamtliche Erziehungsberater und Verhaltenstherapeuten für Eltern, Schüler und Lehrer wichtige Unterstützungsarbeit leisten. Schließlich könnten Schulen ein spezifisches Regelwerk erarbeiten, das an der Schule für alle gilt. Wenn z. B. Handys gewaltverherrlichend oder als Waffe benutzt werden, müsste ihr Gebrauch auf dem Schulgelände strikt verboten werden. *Bedeutung von Beratung*

Erziehungs-/Verhaltens-therapeuten

Regelwerk an Schulen

Aufgabe 37   a) Frau Lorenz teilt die Bestandsaufnahme von Herrn Seitz, indem sie – zumindest für eine Großstadt wie Berlin – eine Zunahme von Gewaltvorfällen an Schulen bestätigt (vgl. Z. 22 ff.). Von ihrer Funktion her (Leiterin des Schulpsychologischen Beratungszentrums Berlin-Mitte) hat sie – so

kann vermutet werden – einen gesicherten Überblick über gemeldete Vorfälle. Sie schränkt nur ein, dass die gestiegenen Meldezahlen auch nur eine „Dunkelfelderhellung" (Z. 34 f.) sein könnten, weil man jetzt „genauer hinschaut" (Z. 31 f.) und Vorfälle auch aktenkundig macht.
Außerdem bestätigt Sie Herrn Seitz in der Einschätzung, dass Gewalttäter immer mehr Hemmungen verlören, weil sie grundlos, willkürlich und ohne „Empathie" (Z. 44) für die Opfer agierten.

b) Frau Lorenz plädiert dafür,
1. die „Gewalt endlich öffentlich" (Z. 70) zu machen, damit sie auch bekämpft werden kann;
2. Sanktionen „schnell" und „konsequent" (Z. 83) zu ergreifen;
3. den Schülern konsequent Grenzen zu setzen, um ihnen eine „Chance zum sozialen Lernen" (Z. 93 f.) einzuräumen;
4. den Schülern mit einer „konfrontative[n] Pädagogik" (Z. 106 f.) zu begegnen, indem Lehrer mit „Respektleidenschaft" (Z. 116) „durch eine Art fürsorgliche Belagerung" (Z. 113 f.) „eindeutig" sind und „nichts durchgehen" lassen (Z. 117 ff.);
5. ein „Schulgericht aus Lehrern und Schülern" (Z. 129 f.) zu schaffen, um zu zeigen, dass „Fehlverhalten Konsequenzen" hat (Z. 127 f.);
6. besonders gefährdete Schüler „mit reuigen Inhaftierten" zusammenzubringen (Z. 138 f.), um ihnen den Ernst und die Konsequenzen ihres Verhaltens vor Augen zu führen.

c) Die Stellen, wo auf das Interview Bezug genommen wird, sind blau, eigene Gedankengänge grau markiert.

Die Gewalt öffentlich zu machen (vgl. Z. 31 ff.), ist sicher ein wichtiger Ansatz. Wenn dies nicht geschieht, kann sich die Gewalt verselbstständigen und wie eine Spirale ausbreiten und gefährlicher werden. Die Frage ist nur, wie sog. Dunkelziffern zustande kommen. Wenn Gewalthandlungen im Verborgenen bleiben, muss das seine Gründe haben. Angst und Scham des Opfers über die Erniedrigung können hier ausschlaggebend sein. Ebenso die Angst von Unbeteiligten vor Racheaktionen der Gewalttäter. Also ist es wichtig, Augenzeugen und Opfern ein Forum zu bieten, wo sich jemand um sie kümmert, sie berät und auch Schutz gewährt. Auch unter Lehrern gibt es Bedenken und Ängste vor Reaktionen bestrafter Schüler.

Gewalt öffentlich machen

Gründe für Dunkelziffer

Einfacher und bequemer ist es, Gewaltanwendung zu übersehen. Klassenkonferenz und Schulleitung müssen sich häufig erst auf ein bestimmtes Strafmaß einigen, bevor eine Strafe verhängt werden kann. Jede Strafandrohung oder jedes Strafurteil ist daher mit Aufwand verbunden, den mancher scheut.

Schulberater oder Schulpsychologen sind deswegen kein Luxus, sondern eine unbedingte Forderung. Das gilt besonders für Brennpunktschulen, aber auch für Schulen, die eine bestimmte Schülerzahl überschreiten. Gemessen an dem, was auf dem Spiel steht, wäre ein Schulpsychologe für eine bestimmte Schülerzahl zu befürworten. Schulpsychologen könnten auch umfassend für die Lehr- und Lernberatung der am Schulleben Beteiligten zur Verfügung stehen.

Professionelle Hilfe

Wenn sich Schüler an einen Schulberater wenden können, werden sie auch Gebrauch davon machen oder sich zumindest gegenseitig dazu ermutigen, Demütigungen nicht einfach hinzunehmen, sondern weiterzugeben. Die Hemmschwelle, sich an den eigenen Lehrer zu wenden, ist vielleicht zu hoch, je nachdem, welche Erfahrungen der Schüler mit dem Lehrer gemacht hat. So scheint eine neutrale Instanz, die nicht in den laufenden Schulbetrieb eingebunden ist, Erfolg versprechend.

Schulberater als neutrale Instanz

Lehrer sind in Konflikten mit Schülern und Klassen selbst betroffen. Jemand von außerhalb hat vielleicht einen besseren, weil distanzierteren Blick für eine Konfliktsituation. Das spricht nicht dagegen, Lehrer pädagogisch und psychologisch besser auszubilden und zu schulen.

Die „Unfähigkeit der Täter, Empathie zu empfinden" (Z. 43 f.), ist eine besondere Herausforderung für die Mitschüler und die Schule. Ausgebildete Streitschlichter haben Erfahrung damit, dass es wichtig ist, durch offene Aussprache der beteiligten Schüler die gegenseitigen Anfeindungen und Beschuldigungen zu dokumentieren und einzuschätzen, wo der Konfliktkern

Aufgabe von Streitschlichtern

liegt. Erst dann lässt sich ermessen, wie Eskalationen künftig vermeidbar sind.

Ein ähnliches Verfahren könnten Streitschlichter bei Gewaltanwendungen durchführen. Dass der Täter weiß und beherzigt, welche Gefühle und Verletzungen er beim Opfer ausgelöst hat, wäre neben der Strafe ein wichtiger Teil der „Resozialisierung". So wie bei Gerichtsverfahren die Reue des Täters über das Strafmaß mitentscheidet, wäre auch das Verständnis des Täters für das Opfer ein wichtiger Aspekt. Wenn dem Opfer eine direkte Konfrontation nicht zuzumuten ist, könnten Streitschlichter durch vorherige Befragung des Opfers dessen Rolle in der Gegenüberstellung übernehmen.

Versuch einer Resozialisierung

Die Forderung, gegen Gewalttäter „schnell" und „konsequent" (Z. 83) vorzugehen, wird auch von den Mitschülern erhoben. Schüler haben ein Gespür dafür, was in ihrer Klasse oder in der Schule passiert. Auch wenn sie nicht Augenzeuge sind, spüren sie die Atmosphäre oder das Klima der Gewalt. Es beeinträchtigt sie in ihrem Lernverhalten, wenn sie sich als potenzielles Opfer von Gewalttätern fühlen müssen.

Konsequentes Einschreiten gegen Gewalt

Das Gleiche gilt für die „konsequente Grenzsetzung" (Z. 89). Die meisten Schüler sind dankbar für klare Orientierungen. Sie wollen z. B. wissen, wie sich ihre Noten zusammensetzen. So sind sie auch grundlegend daran interessiert, dass sich nicht ein Mitschüler auf Kosten der anderen ungebührlich benimmt. Ihr Gerechtigkeitsempfinden ist in der Regel noch stärker ausgeprägt als das der Erwachsenen.

Entschiedene Grenzsetzung

Frau Lorenz fordert ebenso, dass Jugendliche hinter dem Regelwerk einer Schule stehen müssen (Z. 98 ff.) und sie deswegen von Anfang an bei der Festlegung beteiligt werden müssten. Es gibt wohl keinen Schüler, der dies in Abrede stellt. Die Schülermitverantwortung (SMV) könnte dadurch gestärkt und die Mitsprache der Schüler in der Schulkonferenz ausgebaut werden. Auch wenn der Schulleiter die Schulordnung verfügt, spricht nichts gegen die Beteiligung der Schüler. Schü-

Beteiligung und Mitverantwortung der Schüler

ler haben ein gutes Gespür dafür, welche Strafe sie trifft. So könnte der übliche Sanktionskatalog von Arrest bis zum Schulausschluss durch Aufgaben und Dienste an der Schulgemeinschaft ergänzt werden. Wenn Schüler ein Regelwerk maßgebend mitgestalten, könnten sie auch eine Verpflichtungserklärung darauf unterzeichnen.

Frau Lorenz geht noch einen Schritt weiter, dass sie sich sogar ein „Schulgericht aus Lehrern und Schülern" (Z. 129 f.) vorstellen könne. Eine fesselnde Idee, dass auch Schüler über Mitschüler zu Gericht sitzen. Schüler haben Ideen, welche Maßnahmen der Gewaltverhütung dienen, und sie können vorschlagen, mit welchen Maßnahmen man Mitschüler sinnvoll bestraft und zu mehr Verantwortung zwingt. Bei gewaltbereiten Jugendlichen ist die Distanz zu der Erwachsenenwelt manchmal so groß, dass sie alles in Kauf nehmen und nichts akzeptieren. Wenn aber ihresgleichen zu Gericht sitzt, befragen und mitentscheiden kann, ist das manchem schon peinlich und verfehlt nicht seine Wirkung.

Konzeption eines Schulgerichts

Besonders gefährdete Schüler „mit reuigen Inhaftierten" zusammenzubringen (Z. 138 f.), ist keine so neue Idee, wenn man daran denkt, dass die Schule auf das Leben vorbereiten soll. So gibt es auf vielen Gebieten Initiativen, den Schülern das Tor zur Gesellschaft und zum Leben zu öffnen. Die bekannteste Form sind Betriebspraktika, wo Schüler in Betrieben und Institutionen Arbeitsweisen, Produktionsformen und -abläufe kennenlernen. Schulen kooperieren auch mit sozialen Einrichtungen oder Krankenhäusern. Als geschützter Raum zielt Schule immer auf den Ernst des Lebens. Also ist die Idee, mit Vollzugsanstalten in Verbindung zu treten, nicht von der Hand zu weisen, wenn dadurch entsprechend veranlagte Schüler abgeschreckt werden können.

Konfrontation mit Straffälligen

Die „Respektleidenschaft" der Lehrerinnen und Lehrer (Z. 116) ist ein faszinierendes Wort, aber Schüler wissen, dass nicht alle Lehrer dieser Forderung ent-

Respektleidenschaft und konfrontative Pädagogik

sprechen können. Je nach Begabung und Persönlichkeit gibt es auch bei Lehrern große Unterschiede. Schüler sollten zwar lernen, mit sehr unterschiedlichen Lehrern auszukommen, aber eine „konfrontative Pädagogik" (Z. 106 f.) ist aus Schülersicht schon sehr fragwürdig. Lehrer können konsequent sein in dem, was sie fordern, aber deswegen muss man keine Konfrontationspädagogik betreiben. Lehrer sollen durch ihre Fachkompetenz überzeugen und wirken und nicht ständig Polizeifunktionen im Unterricht übernehmen. Es liegt in der Verantwortung der Schulleiter, geeignete Lehrer in die verschiedenen Klassen zu schicken. Zugegebenermaßen brauchen manche Schüler eine härtere Hand als andere, aber dafür gibt es unterschiedlich strenge Lehrer.

Auch wenn Frau Lorenz zuzustimmen ist, dass „die Schulstruktur ... nicht der Schlüssel zum Gewaltproblem" (Z. 150 f.) ist, kann man die Frage stellen, ob eine Ganztagsschule gefährdeten Schülern nicht bessere Lernleistungen und faireres Verhalten ermöglichen würde. Der Rückhalt mancher Schüler zu Hause ist sehr begrenzt, weswegen sie bei einer Ganztagsbetreuung mehr Auftrieb erhielten. Eine flächendeckende Einführung von Ganztagsschulen ist aus finanziellen Gründen schwierig, auch sperren sich viele Schüler und Eltern dagegen, aber ein wohnortnahes Angebot für jede Schulart sollte machbar sein. *Möglichkeiten einer Ganztagsschule*

Die Ganztagsbetreuung allein bringt noch nicht den Fortschritt. Dieser hängt von der Art der Schülerbetreuung ab. Qualifizierte Betreuungsangebote sowie entsprechende Räumlichkeiten sind nötig. Auf alle Fälle ließe sich die Mitverantwortung der Schüler steigern, denn sie könnten an Nachmittagsprojekten eigenverantwortlich teilnehmen und jüngeren oder schwächeren Mitschülern bei Hausaufgaben helfen. *Qualifizierte Betreuungsangebote*

d) Wie bei vielen Problemen in der Gesellschaft gibt es auch für den Umgang mit gewaltbereiten Jugendlichen in der Schule kein Patentrezept. Man kann aber auf *Keine Patentrezepte* allen Ebenen Phantasie entwickeln und Vorschläge erarbeiten.

Wichtig ist zunächst die Hellhörigkeit von Schülern, Eltern und Lehrern gegen jede Form der Diskriminierung und Gewalt. Wenn potenzielle Täter genau wissen, dass sie nicht ungeschoren davon kommen, schützt das alle Beteiligte und den Schulfrieden.

Aufmerksamkeit gegen Diskriminierung und Gewalt

Ein weiterer Gedanke betrifft die Stellung der Schüler an der Schule. Sie dürfen nicht zu Befehlsempfängern degradiert werden, sondern müssen sinnvoll in allen Bereichen beteiligt werden. Ebenso wie im häuslichen Bereich können Jugendliche mit zunehmendem Alter auch in der Schule mehr Verantwortung übernehmen. An Gestaltungsspielräumen der Schule mitwirken zu können, ist genauso wichtig, wie in Fragen der Disziplin und Schulordnung.

Stellung und Verantwortung der Schüler an der Schule

Schwieriger ist die Beteiligung der Eltern. Es gibt Klassenpflegschaft und Elternbeirat, aber an Eltern schwieriger Schüler kommt man oft nicht heran. Sprechtage für Eltern und Schüler könnten den Kontakt mit der Schule fördern.

Beteiligung der Eltern

Durch ein Ganztagsangebot hätten schwierige Schüler die Möglichkeit, besser im Lernbetrieb Fuß zu fassen.

Ganztagsangebote

Aufgabe 38 **Leben in der Warteschleife**

Wo muss man heute nicht warten? Warteschleifen gibt es überall.

Am schlimmsten sind die Warteschleifen beim Telefonieren. Jeder Anbieter verspricht für sein Produkt eine Hotline, die bei Problemen weiterhelfe. Hat man sich an dem Besetztzeichen vorbeigemogelt, wird man damit vertröstet, dass alle Mitarbeiter zur Zeit beschäftig seien und man sich noch etwas gedulden solle. Dann tickt die Zeit und mit ihr die Telefonrechnung und man muss sich darauf gefasst machen, dass es irgendwann heißt: „Leider ist momentan keine Weiterverbindung möglich, versuchen Sie es bitte später noch einmal."

Warteschleifen beim Telefonieren

	Hat man das Glück, mit einem Sachbearbeiter verbunden zu sein, wird man an eine andere Abteilung verwiesen, die ihrerseits eine neue Warteschleife mit Musik anbietet. So wird die Auskunft oder Reklamation zu einer Geduldsprobe, die gute Nerven verlangt.	*Auskunft als Geduldsprobe*
	Obwohl viele Betriebe und Unternehmen ihre Kundenfreundlichkeit werbend unterstreichen, trifft häufig das Gegenteil zu, indem der Kunde auf eine harte Probe gestellt wird.	*Fazit*
Aufgabe 39	Wir leben in einer Wettbewerbsgesellschaft, die immer mehr und bessere Produkte anbietet, aber der versprochene Kundendienst am Einzelnen lässt oft zu wünschen übrig. Wenn wir etwas Neues kaufen oder etwas Gekauftes reklamieren wollen, brauchen wir eine Menge Geduld.	*Verallgemeinernde These*
	Viele Produkte werden heute nicht mehr von Fachgeschäften angeboten, sondern von Einkaufszentren oder -ketten, wo man sich in Geduld üben muss, ob und wie man den gewünschten Artikel überhaupt findet. Für „Schnäppchen" nehmen die Kunden oft längere Wege in Kauf, was sie später bei Problemen mit dem Artikel oft bereuen. Häufig ist es schwierig, einen Fachverkäufer, der sich auskennt, vor Ort oder telefonisch zu erreichen. Bei Internetgeschäften erhöht sich das Risiko, ein fehlerhaftes oder nur eingeschränkt funktionstüchtiges Gerät oder Produkt zu erwischen, das man – mangels Beratung – dann wieder zurückschicken muss.	*Begründungen*
	Die Einkaufswelt verändert sich und damit auch die Anforderungen an den Kunden: Er braucht viel Geduld.	*Fazit*
Aufgabe 40	**Nur der geduldige Kunde ist ein erfolgreicher Käufer**	*These*
	Bei der Vielzahl und Verschiedenartigkeit der angebotenen Artikel muss der Kunde sich vorab klarmachen, was er haben will, was seinen Ansprüchen genügt und was gegebenenfalls mit vorhandenen Geräten kompatibel ist.	*Notwendigkeit der Geduld (1)*

Allein der Wunsch z. B. nach einem Fahrrad reicht nicht mehr aus, denn es gibt so viele Arten und Modelle, dass man sich vorher damit beschäftigen muss, für welchen Zweck man ein Fahrrad braucht und was es kosten darf. Will man ein Fahrrad nur zum Einkaufen im Ort und für kurze Strecken oder eines für die Freizeit und größere Touren, ein Rennrad oder Trekking-Rad, mit dem man querfeldein fahren kann? Innerhalb einer Modellreihe gibt es dann verschiedene Ausstattungen und Qualitätsstufen, zwischen denen man wählen kann. So werden heute Fahrräder für jeden Anspruch und jeden Geldbeutel angeboten, aber die Zeit für die Kaufentscheidung wird aufwendiger, denn selbst eine gute Beratung kann ein nochmaliges Überdenken zu Hause erforderlich machen, um Preis und Leistung in Einklang zu bringen.

Wer also bei einer Anschaffung keine Geduld hat, läuft Gefahr, das Falsche oder zu teuer zu kaufen. Preisvergleiche kosten Zeit, aber andererseits kann man nicht immer warten, bis der Preis der eigenen Idealvorstellung entspricht. Oft sinken die Preise erst dann, wenn ein besseres Nachfolgemodell auf dem Markt ist. Wenn man z. B. bei einem PC immer erst das Auslaufmodell in die engere Wahl zieht, sind möglicherweise neuere Programme nicht einsetzbar. *Grenzen der Geduld (2)*

Einen großen Aufwand an Geduld erfordern Handy- und Telefontarife. Welche Gesellschaft welche Tarife unter welchen Bedingungen anbietet, ist eine eigene Wissenschaft. Jugendliche kennen sich da meist bestens aus, weil ihr Budget begrenzt ist und sie für möglichst wenig Geld ein optimales Gerät bzw. Nutzungsrecht wollen. Ältere Menschen bleiben häufig aus Bequemlichkeit bei dem einmal gewählten Anbieter. *Notwendigkeit der Geduld (1)*

Wenn die Gebühren für Dienstleistungen dann doch überhandnehmen, machen sich auch Ältere die Mühe, einen neuen Anbieter zu suchen. Geduld und Zufriedenheit der Kunden enden da, wo die Kosten davonlaufen. *Grenzen der Geduld (2)*

Eine konkurrierende Marktwirtschaft lebt davon, dass die Kunden auch andere Anbieter wählen und neue Produkte kaufen. Ansonsten könnten sich Anbieter von Dienstleis- *Fazit (3)* tungen und Hersteller von Produkten auf ihrem Stand der Entwicklung ausruhen und die Preise hoch halten, denn der feste Kundenstamm bringt sichere Einnahmen.

Ein Kunde, der kritisch das Preis-Leistungs-Verhältnis überprüft, sorgt für fairen und qualitätsbewussten Wettbewerb. Die Grenzen liegen allerdings da, wo der Zeitaufwand zu groß wird. Verbraucherzeitschriften und Internetvergleichsbörsen bieten Hilfestellung, damit der Kunde sich besser orientieren und Preisvergleiche in kurzer Zeit bewerkstelligen kann.

Nur geduldige Kinder und Jugendliche bringen es zu etwas *These*

Geduld ist etwas, was man von Kindesbeinen an lernt. Ein Baby oder Kleinkind schreit oder weint, wenn es etwas möchte oder etwas wehtut. Wenn Kinder reden können, erproben sie andere Formen, etwas zu erreichen. Dazu gehört, sich in irgendeiner Weise bemerkbar zu machen. Aber schon in jungem Alter kann man erkennen, dass es vorteilhaft ist, sich nicht immer fordernd vorzudrängeln, sondern sich zu gedulden. *Notwendigkeit der Geduld (1)*

Sich gedulden heißt ja nicht, auf alles zu verzichten, es bedeutet nur, auf einen günstigen Augenblick zu warten, um sein Anliegen vorbringen und durchsetzen zu können. Wenn Vater oder Mutter Zeit haben, sind die Chancen, etwas zu erreichen, höher, als wenn man sie in Eile bedrängt. Der Fordernde lernt sich zu beherrschen und zunächst Verzicht zu üben.

Nicht in jeder Situation können Kinder Geduld wahren und es bedarf eines langen Trainings der Selbstdisziplin, um geduldig zu werden. Gerade die Konkurrenzsituation bei Geschwistern entfaltet ein breites Feld von Aggressionen und Auseinandersetzungen. Jüngere Geschwister fühlen sich allein wegen des Alters benachteiligt, weil der Ältere etwas schon darf, was dem Jüngeren noch verwehrt ist. *Grenzen der Geduld (2)*

Sich lautstark bei den Eltern wegen einer vermeintlichen Benachteiligung zu melden, ist ein Akt der Selbstbehauptung, der für das Selbstbewusstsein und die Entwicklung eines Kindes sehr wichtig ist. Es muss seinen Platz innerhalb der Familie erst erkämpfen, wobei kluge Eltern das schwächere Kind stützen und das stärkere zum Verzicht anhalten.

Ein Kind, das mögliche Attacken seiner Geschwister immer emotionslos erträgt, kann seelisch verkümmern, weil es sich in einer Opferrolle eingräbt, ohne die eigenen Kräfte und Widerstände zu erproben.

Kommen Kinder in die Schule und werden mit dem Ernst des Lebens konfrontiert, beginnen neue Auseinandersetzungen mit Eltern, Lehrern und Mitschülern.

Notwendigkeit der Geduld (1)

Sie erfahren, dass Lesen- und Schreibenlernen nicht von heute auf morgen funktioniert, sondern einer längeren Anstrengung bedarf. Sie müssen lernen, sich zu gedulden, gewissenhaft Einzelschritte zu üben, ohne das große Ziel, lesen und schreiben zu lernen, aus den Augen zu verlieren.

Bei Rückschlägen sind Schulkinder auf die Hilfe und Unterstützung von Mitschülern, Lehrern und Eltern angewiesen. Kinder sind keine Maschinen, die immer das reproduzieren, was man ihnen eingetrichtert hat. Wenn sie blockieren, bringen sie nicht die Leistung, die ihrer Lernvorbereitung entspricht. Kinder und Jugendliche, die leistungsmäßig einbrechen, brauchen Geduld, mit sich selbst nicht zu hadern und zu verzagen, und Unterstützung von außen.

Kinder und Jugendliche brauchen Selbstvertrauen, um auch bei Misserfolgen nicht zu verzweifeln, sondern an sich zu glauben und kontinuierlich weiterzuarbeiten. Je mehr sie gelernt haben, einen Leistungseinbruch auszuhalten und zu verkraften, desto erfolgreicher und stärker werden sie.

Jeder Schüler weiß, wie viel Geduld er von Tag zu Tag, von Klassenarbeit zu Klassenarbeit und von Schuljahr zu Schuljahr braucht, um endlich den gewünschten Abschluss zu erreichen. Lernen und Schule brauchen einen langen Atem. Für viele ist es eine „Geduldsprobe auf Dauer". Wer keinen Schulabschluss vorweisen kann, gerät schnell aufs Abstellgleis.

Eine vernünftige Planung vermeidet unnötigen Druck: Plant man von vornherein ausreichend Zeit zum Lernen ein, wird man selbst mit Störungen, welcher Art auch immer, gelassener umgehen können. Wer stets alles bis zur letzten Minute hinausschiebt, schafft sich selbst vermeidbaren Stress.

Umso wichtiger ist es, sich mit der „Geduldsprobe auf Dauer" auseinanderzusetzen. Wer die Zeit nur geduldig erträgt, wird keine Fortschritte machen. Unabhängig von der eigenen Begabung ergeht die Aufforderung, sich zu motivieren und nach Möglichkeiten zu suchen, sich entwickeln und wachsen zu können. Dabei müssen Eltern, Erzieher und Lehrer helfen. *Grenzen der Geduld (2)*

Gibt es unüberwindbare Schwierigkeiten (Lese- oder Rechtschreibschwäche), brauchen Schüler eine gezielte Extra-Förderung. Möglicherweise schafft auch ein Klassen- oder Schulwechsel Abhilfe. So dürfen weder Kinder noch Eltern eine schwierige Schulsituation als unabänderlich hinnehmen, sondern müssen in offener Kommunikation nach Ursachen forschen, um gemeinsam eine Lösung zu finden.

Kinder und Jugendliche brauchen besonders viel Geduld, weil sie sich an der Erwachsenenwelt orientieren und danach sehnen, alles zu können, was Erwachsenen erlaubt ist. Das Ziel der Jugendlichen ist klar: Sie wollen freier und von den Eltern unabhängiger werden. Der Wunsch, ein Mofa zu fahren, ist ein treffendes Beispiel. Es verspricht eigene Mobilität und mehr Unabhängigkeit. *Fazit (3)*

Eltern werden Wünschen nach mehr Freiheit entgegenkommen, wenn der Jugendliche bereit und in der Lage ist, mehr Verantwortung zu übernehmen. Der Freiheit des Mofa-Fahrens steht die Verantwortung gegenüber, sich selbst und andere im Straßenverkehr durch besondere Umsicht zu schützen.

Warum die Gesellschaft viel Geduld haben, aber auch ungeduldig sein muss

Eine humane Gesellschaft muss sich um all die Menschen kümmern, die nicht in das Schema einer Leistungsgesellschaft passen. Behinderte und kranke Menschen benötigen mehr Geduld und Schutz, weil sie länger brauchen, um bestimmte Tätigkeiten auszuüben oder Berufsziele zu erreichen. Auch Arbeitslose müssen entsprechend betreut werden, um wieder in das Berufsleben zurückzufinden.

Vor allem ältere Menschen brauchen viel Geduld, weil Alltagsverrichtungen anstrengender und aufwendiger werden. Besucht man ältere Menschen, sollte man Zeit und Geduld mitbringen. Ältere müssen sich oft erst an den Gast gewöhnen, sie brauchen mehr Zeit, um aufzutauen und auszudrücken, was sie sagen möchten. Das Gehirn arbeitet je nach Alter in der Regel langsamer und auch die Sprechwerkzeuge funktionieren nicht mehr so, wie man es gewohnt ist.

Dass die Gesellschaft Störenfriede, die das gesellschaftliche Leben angreifen und gefährden, nicht dulden darf, sondern aktiv eingreifen muss, liegt auf der Hand. Wenn das friedliche Zusammenleben der Menschen empfindlich beeinträchtigt ist, muss die Gesellschaft reagieren und Gegenmaßnahmen treffen. Das betrifft alle Formen der Diskriminierung und Gewalt. Wer andere Menschen ausgrenzt und sie ins gesellschaftliche Abseits drängt, der missachtet den Gleichheitsgrundsatz, der besagt, dass alle Menschen – unabhängig von Geschlecht, Religion und Hautfarbe – die gleichen Entwicklungschancen haben müssen.

Eine geduldige Gesellschaft ist eine soziale Gesellschaft, weil sie sich um die Ausgegrenzten und Benachteiligten in angemessener Weise kümmert.

Eine ungeduldige Gesellschaft ist eine wehrhafte Gesellschaft, die Gewaltandrohung und Gewaltanwendung in jeder Form strikt unterbindet. Keine Gesellschaft darf sich mit Gewalt erpressen lassen. Eine Demokratie ist nur wehrhaft, wenn sie keine Geduld und keine Toleranz für Gewalttäter aufbringt. Eine andere Frage ist, ob und in

These

Notwendigkeit der Geduld (1)

Grenzen der Geduld (2)

Fazit (3)

welcher Weise man Gewalttäter resozialisieren, d. h., als friedliche Bürger wieder in die Gesellschaft integrieren kann.

Aufgabe 41 Bei der ersten These haben wir gesehen, dass nur der geduldige Kunde erfolgreich ist, indem er sich mit den Möglichkeiten und der Qualität des Produktes vertraut macht und über Preisvergleiche das günstigste erwirbt.
Erfolg des geduldigen Kunden

Bei der zweiten These hat sich gezeigt, dass Ausbildung und Bildung viel Geduld verlangen. Das bezieht sich auf den Lernstoff und die Zeit, die eine qualifizierte Schulbildung in Anspruch nimmt. Ein guter Schüler versucht stets, seine Lernleistung auszubauen und zu verbessern, um ein bestimmtes Niveau zu behaupten oder gar zu überschreiten. Bei übergroßen Schulängsten oder Schulversagern ist ein Wechsel der Klasse oder der Schule in Betracht zu ziehen.
Bildung als Geduldsprobe

Das Beispiel des Mofa-Fahrens verdeutlicht, dass mehr Freiheit für Jugendliche auch mehr Verantwortung nach sich zieht.
Freiheit und Verantwortung

Bei der letzten These ging es um die Geduld, die eine Gesellschaft für Benachteiligte und Bedürftige aufbringen muss.
Geduld für sozial Schwache

Gegenüber Gewalttätigen und Terroristen darf der Staat keine Geduld und keine Toleranz zeigen. Hier ist unmittelbares Eingreifen und unnachgiebiges Verhalten vonseiten der Gesellschaft und des Staates gefordert.
Keine Geduld mit Gewalt

Aus all diesen Beispielen ergibt sich, dass Geduld kein absoluter Wert oder Selbstzweck ist, sondern immer nur angemessen angewendet und geübt werden sollte.
Geduld kein Selbstzweck

Bei der Erziehung ihrer Kinder brauchen Eltern nicht nur Geduld, sie müssen auch klare Grenzen setzen. Die Geduld darf nicht überstrapaziert werden.
Geduld in der Erziehung

Es hat sicher auch keinen Zweck, Konflikte in Familie, Schule oder Gesellschaft immer geduldig zu ertragen. Recht verstandene Geduld bedeutet keine Gleichgültigkeit. Man darf nicht alles hinnehmen, sondern muss auf
Grenzen der Geduld

Abhilfe sinnen, sich kompetenten Rat holen oder sich auch von Gewohntem trennen.

Geduld steht und fällt mit der Bereitschaft, im richtigen Moment einzugreifen und zu handeln. Geduld und aktives Handeln müssen sich – je nach Situation – sinnvoll ergänzen. *Geduld und aktives Handeln*

Der Geduldige ist im Vorteil, weil er nicht in blinden Aktionismus verfällt, sondern das, was es zu ändern gilt, bewusst überlegt, und so mit voller Überzeugung seinem Leben eine andere Richtung gibt. *Vorteil des Geduldigen*

Der Ungeduldige läuft Gefahr, unüberlegt einer unangenehmen Situation zu entfliehen, was er später bereut, wenn er entdeckt, dass er sie mit dem entsprechenden Durchhaltewillen hätte meistern können. *Gefahr für den Ungeduldigen*

Aufgabe 42 Vorder- und Rückseite des Taschenbuches sind aufeinander bezogen, indem sie den gleichen beigen Hintergrund aufweisen, getrennt nur von dem orangefarbenen Buchrücken. Alle Seiten des Covers enthalten das Gulliver-Emblem (Taschenbuchreihe des Beltz & Gelberg Verlages) in Form einer Briefmarke, die unterschiedlich groß gestaltet ist.

Beherrschend auf der Vorderseite ist das Halbprofil der Schauspielerin Franka Potente, das viel Schönheit und Sensibilität ausstrahlt. Erst auf den zweiten Blick erschließt sich ein spiegelbildlich angeordnetes zweites Porträt am rechten Seitenrand, das verblasst nur die eine Gesichtshälfte mit der Nase zeigt. Unterhalb der Kinnpartie des Porträts, das fast drei Viertel der Vorderseite ausfüllt, steht der Name der Autorin und der Titel „blueprint. blaupause". Die Schrift ist schwarz, wobei „blueprint" farblich heraussticht, weil „blue" rot eingefärbt ist.

Die Rückseite des Einbandes bietet in ebenfalls roter Schrift die Erklärung des Titels.

Der Bucheinband suggeriert also richtig einen **Frauenroman** oder einen **Erziehungsroman**, der von der besonderen Beziehung zwischen Mutter und Tochter handelt.

Die Fragen, die das Cover stellt, führen in die Konfliktmitte des Buches:
- „Wo genau verläuft die Grenze zwischen ... [den] Persönlichkeiten [von Mutter und Tochter]?"
- „Wer ist hier Ich und wer Du, wer frei und wer Sklavin der anderen?"

Da Mutter und Tochter in besonderer Weise voneinander abhängig sind, kann man auch von einem **Generationenroman** sprechen, weil jede nachwachsende Generation in spezifischer Weise von der Lebenswelt und den Einstellungen der erwachsenen Generation abhängig ist.

Da es bisher noch keine geklonten Menschen gibt, kann man den Roman auch als **Science-Fiction-Roman** einordnen, der vorführt, was einmal der Fall sein könnte.

Schließlich bietet das blau gefärbte Zitat aus der Saarbrücker Zeitung auf der Buchrückseite „Einer der aufregendsten Beiträge zur Diskussion um die Gen-Technologie", das Buch als **Diskussions- und Erörterungsbeitrag** an.

Die Altersangabe („ab 14") informiert, dass das Buch einiges an Bildung und Leseerfahrung voraussetzt.

Der erfahrene Leser kann die rote Schrift von „blue" und der Inhaltsskizze auf der Rückseite mit der Dramatik des Konflikts in Verbindung bringen. Der Konflikt, der hier zwischen Mutter und Tochter entfaltet wird, ist kein harmloser, sondern einer, der bis „aufs Blut" geht, also lebensbedrohliche Ausmaße annimmt.

Als Fazit ergibt sich:
Wenn es um Leben und Tod geht, ist Spannung vorprogrammiert. Dadurch, dass sich der Roman fünffach charakterisieren lässt, eröffnet er fünffache Lesemöglichkeiten. Jeder, der sich für eine der genannten Romanformen interessiert, kann sich zum Lesen aufgefordert fühlen.

Aufgabe 43 Der eigentliche Roman erstreckt sich über gut 160 Seiten (von S. 9 bis 173). Der Innentitel (S. 3) informiert, dass es ein Nachwort (S. 178 ff.) und einen Essay der Autorin (S. 194 ff.) zum Film gibt. Auf der Copyright-Seite (S. 4) erfährt man, dass das Buch den Jugendliteraturpreis bekommen hat und mit der Schauspielerin Franka Potente in einer Doppelrolle verfilmt wurde. Außerdem gibt es eine Hörspielfassung und ein Arbeitsheft für Lehrkräfte. Die Copyright-Jahre (1999, 2001, 2004) zeigen, dass das Buch inzwischen mehrfach aufgelegt wurde und seit 1999 bei den Lesern dauerhaft nachgefragt wird.

Das Inhaltsverzeichnis umfasst den eigentlichen Roman wie auch die anderen Beiträge. Die Romankapitel haben jeweils eine kursiv gedruckte Unterüberschrift. Der Roman beginnt mit einem *Prolog* (Vorwort) und endet mit dem *Epilog* (Nachwort). Über das Nachwort und den Essay erfährt man, was die Wissenschaft heute kann (S. 185 ff.) und welche Quellen (S. 203 ff.) die Autorin benutzt hat.

So lässt das Buch kaum Wünsche offen, wobei der Leser sich frei entscheiden kann, wo er beginnt oder welche Zusatzinformationen er wann liest.

Buch-Auszeichnungen bzw. -Preise wie auch Verfilmungen sind heute sicher eine zusätzliche Entscheidungshilfe, weil das Leseangebot überreich ist und die Auswahl schwerfällt. Bei Gefallen am Buch kann man später den Film bzw. das Hörbuch erwerben oder sich schenken lassen.

Aufgabe 44

a) **Siri als Kind**

Ich heiße Siri Sellin. Man sieht es mir nicht an, aber ich bin anders als die anderen Kinder: Ich bin ein Klon. Ich habe keinen Papa, aber dafür habe ich meine Iris. Iris ist meine „Muzwi", sie ist meine Mutter und meine Zwillingsschwester, also mein „Mutterzwilling".

Meine Mama ist Pianistin, eine sehr erfolgreiche Pianistin. Deshalb reist sie oft in der ganzen Welt umher, um Konzerte zu geben. Dann ist sie oft wochenlang weg und ich bin mit meiner Betreuerin und deren Sohn allein zu Hause. In dieser Zeit vermisse ich sie besonders. Ich bin fast schon ein wenig böse auf meine Muzwi, weil sie mich so lange allein lässt. Aber dann, wenn meine Mama einmal nicht mit ihrer Arbeit beschäftigt und zu Hause ist, bin ich das glücklichste Mädchen auf der ganzen Welt.

In der Zeit, in der meine Mama auf Reisen ist, übe ich immer besonders fleißig an meinen Klavierstücken, damit ich ihr zeigen kann, welche Fortschritte ich gemacht habe. Ich will nämlich auch Pianistin werden. Ich möchte einmal so schön mit Tönen zaubern können wie Mama und in schönen Märchenkleidern Konzerte geben.

Wenn ich weiterhin fleißig übe, kann ich meine Mama mit meiner Musik bestimmt gesund zaubern. Ich muss nur fleißig genug üben, dann wird Mama ganz sicher gesund ... Ich will nicht, dass meine Mama krank ist. Sie sagt, ich sei ihr Leben ..., und wenn ich ihr Leben bin, dann mache ich sie auch wieder gesund.

b) **Siri als Erwachsene**

Heute denke ich anders. Ich fühle anders, denn ich habe mich von meiner Mutter abgewandt. Ich bin mir nun bewusst, was es heißt, ein Klon zu sein. Meine Großmutter hatte damals, als ich noch klein war, die Wahrheit über mich gesagt, nämlich, ich sei ein Monster. Als ich Iris zur Rede stellte, weshalb ich ein Monster sei, log sie mich eiskalt an, um den trügerischen Schein unserer Beziehung aufrechtzuerhalten. Sie wich mir aus und sagte

nur, dass ich das falsch verstanden hätte. Aber ich wusste genau, was meine Ohren da vernahmen. So verlor ich das Vertrauen zu meiner „Muzwi".
Immer klarer wurde mir, welche Pläne Iris mit mir wirklich hatte. Nicht elterliche Liebe, sondern reine Selbstsucht war die Grundlage ihres und damit meines Lebens. Iris hatte mich geschaffen, nach ihrem Ebenbild, ihr zu Diensten, um ihre abnehmende schöpferische Kraft zu ersetzen. Sie war meine Schöpferin und beinahe eine Göttin für mich. Ich war ohne sie nicht lebensfähig, denn ich war sie. Ich war ihr Leben, wie sie immer beteuerte. Wo blieb da ich? Ich fühlte kein eigenes Ich.
Die wichtigste Eigenschaft eines Lebewesens blieb mir verwehrt – meine Identität. So sehr ich auch nach ihr suchte, ich stieß immer wieder auf meine „Muzwi". Ich war gefangen, gefangen in dem „Ich" meiner Mutter. Doch ich fing an, mich zu wehren. Wir wurden zu Rivalinnen. Ich schlüpfte in Iris Rolle, um ihren Freund zu verführen. Das gelang mir zwar nicht, aber ich traf Iris damit. Darauf kam es mir an. Ich entfachte einen Kampf der Stärkeren.
Doch bis ich mich endlich von ihr lösen konnte, verging eine ganze Weile. Ich sehnte mich so sehr nach Freiheit, Veränderung und meinem eigenen Leben, dass ich mich entschloss, nach Hamburg zu ziehen. Trotz des Umzugs war Iris immer noch bei mir, nein, vielmehr war sie in mir. Deswegen verbrachte ich viel Zeit damit, andere Gesten einzustudieren und Iris Stück für Stück aus meinem Körper zu verdrängen. Doch ich konnte mich nicht völlig lösen. Die Sehnsucht, die uns Klone verbindet, war stärker.
Erst mit dem Tod von Iris gelang es mir, über Trauer und Freude einen neuen Anfang zu finden. Mit Iris' Tod starb ein Teil von mir. Doch gleichzeitig bereitete dies den Weg für „mein" neues Leben. Erst mit dem Tod meiner Muzwi fühlte ich mich befreit, stark und einzigartig. Um allen und mir meine Einzigartigkeit zu beweisen, spielte ich auf der Beerdigung meiner Mutter zum letzten Mal Klavier. Ich stand nun nicht mehr länger in ihrem Schatten. Nun war ich diejenige, der der Applaus galt. Ich konnte sogar mit Motiven aus dem Werk meiner Mutter frei improvisieren. Dies war der Anfang und das Ende meiner Pianistenkarriere, denn ich wollte nicht ewig als Abbild meiner Mutter eingeengt und vorgeführt werden.
Ich hatte mit Iris abgeschlossen, nie mehr sollte sie „mein" Leben bestimmen und so lehnte ich ihr Vermächtnis (einschließlich einer Pianistenkarriere) und ihre Tagebücher ab. Damals fiel mir das schwer, ich war ja schließlich ihr Leben. Aber wenn ich heute auf damals zurückblicke, dann bin ich stolz, diesen Entschluss gefasst und mich von Iris gelöst zu haben.

Ich bin heute eine erfolgreiche Künstlerin, keine Pianistin. Iris' Plan ist nicht aufgegangen, denn ich lebe mein Leben.

Aufgabe 45 Besondere Probleme eines Klonkindes:

a) **Klone besitzen keine eigene Identität / Individualität**
Klone gleichen der Klon-Mutter als exakte Kopien im Aussehen, in der Entwicklung und ihrem Verhalten. Sie bemühen sich zunächst als Kind, die Erwartungen der Klon-Mutter übereifrig zu erfüllen.
Erst in der Pubertät erfahren sie schmerzlich ihre Abhängigkeit und versuchen, sich davon zu befreien.

b) **Klone als Mittel zum Zweck**
Klone werden erschaffen, um einen bestimmten Zweck zu erfüllen. Siri wurde erschaffen, um das künstlerische Talent von Iris – nach einer tödlich verlaufenden Krankheit – fortsetzen zu können. Ein Klon soll das Leben eines anderen ersetzen. Sein Lebensweg ist vorgegeben. Platz für Freiheit und einen eigenen Willen gibt es nur sehr eingeschränkt.

c) **Manipulierbarkeit der Klone**
Da Klone eine Kopie ihres Klon-Elters sind, wissen diese genau, was in den Klonen vorgeht, was sie fühlen und wie sie denken, denn es sind ihre exakten Ebenbilder. Somit sind Klone gläserne Menschen, die formbar und manipulierbar sind.

d) **Die Selbstsucht der Mutter**
Siris Mutter Iris denkt in erster Linie nur an sich. Sie verspürt den Kinderwunsch erst, als die Krankheit bereits ausgebrochen ist und es ihr schlecht geht. Die Tochter ist somit in verhängnisvoller Weise an die Krankheit der Mutter gebunden. Zuerst will Siri die Mutter heilen, später „muss" sie ihr den Tod wünschen, um sich aus ihrem Schatten befreien zu können.

e) **Der elterliche Leistungsdruck**
Siri untersteht einer strengen musikalischen Ausbildung. Sogar die Schule scheint Iris fast nebensächlich zu sein. Iris setzt alles daran, dass ihre Tochter einmal eine berühmte Pianistin wird. Siri unterwirft sich diesem Ansinnen, da sie nur über ihr Klavierspiel Anerkennung bei der Mutter findet. Sie opfert dafür ihre Tierliebe und schränkt ihre Abenteuerlust ein.

Präsentationshinweis: Die fett gedruckten Überschriften eignen sich als Folienvorlage, die man dann frei (ohne Manuskript) erläutert.

Aufgabe 46

In der Mittelachse des Bildes und des Romangeschehens finden wir Iris Sellin und ihre geklonte Tochter Siri Sellin. Die Pfeile verdeutlichen das Klon-Verhältnis und die Wechselwirkungen, die daraus entspringen.

Eine intime Beziehung hat Iris Sellin mit Kristian, der später auch von Siri erfolglos umworben wird. Katharina Sellin ist die Mutter von Iris Sellin und die Großmutter von Siri Sellin. Auf der anderen Seite steht Daniela Hausmann, die Betreuerin und Erzieherin von Siri Sellin. Als Musikpädagogin ist sie auch für die musikalische Ausbildung Siris verantwortlich. Sie ist von Iris Sellin angestellt und beauftragt. Sie bringt einen eigenen Sohn mit, Janeck Hausmann, der zum wichtigsten Begleiter Siris wird. Thomas Weber ist der Musikagent von Iris Sellin. Er organisiert ihre Konzerte und vermarktet ihre Kompositionen. Prof. Fisher ist der Arzt, dem sich Iris Sellin anvertraut und der sie klont. Jonathan Fisher ist sein Sohn.

Fazit: Die Anzahl der Romanfiguren ist eng begrenzt. Ihre Zuordnung ist einfach, bis auf das konflikt- und problembehaftete Verhältnis von Mutter und Tochter.

Aufgabe 47

Der Leser kann sich gut in dem Roman orientieren. Wenn er etwas nachlesen will, um sich zu vergewissern, so kann er ohne Mühe überall in dem Buch wieder einsteigen.

Ein kritischer Vorbehalt betrifft die Spannung. Schon aus dem Prolog erfährt man, dass die Geschichte gut ausgeht; die geklonte Frau Siri Sellin hat überlebt, ansonsten könnte sie ja nicht ihre Lebensgeschichte aufzeichnen.

Dadurch, dass das Ende vorgegeben ist, wird die Spannung von der Frage „Was wird mit diesem Klonkind passieren?" umgelenkt auf die Frage „Wie hat das Klonkind überlebt?". Die Umpolung der Spannung vom „Was geschieht?" auf das „Wie geschieht es?" ist nichts für Leser, die Bücher mit dem Blick auf das Ende verschlingen, sondern eher für reifere Leser, die sich Zeit lassen können und an einem „Psychogramm" (vgl. Epilog, S. 174) eines außergewöhnlichen, weil noch nicht existenten Menschen interessiert sind.

Außerdem verspricht die Erzählerin, dass sie bei ihrer Autobiografie „rücksichtslos" (S. 9) vorgehen wird, also ungeschminkte Offenheit walten lassen will, und das, was sie ist, nicht unumstößlich festlegt, denn sie bekennt: „Ich will herausfinden, wer das ist, der hier am Konzertflügel sitzt" (S. 9). Das schafft eine eigene Spannung, weil man sich auf eine unkonventionelle Art des Erzählens freut und darauf, einen besonderen Menschen kennenzulernen.

Aufgabe 48 Erzählhaltung

Da die tragische Verstrickung von Siri Sellin als Klonkind anhält, kann sie mit ihrer Vergangenheit nicht endgültig brechen, sondern sich nur auf eine neue Weise mit ihr auseinandersetzen. Also ist die Autobiografie, die sie uns hier vorlegt, **keine abgeklärte Informationsschrift**, wie man als Klon überleben kann. Siri Sellin muss diese Biografie schreiben, weil sie noch mitten in dem Konflikt steht. So endet die Spirale der Verstrickung in die mütterliche Abhängigkeit nicht, sondern flammt immer neu auf und sucht sich **neue Wege der Verständigung**. Die Erzählerin wirkt **authentisch** und **glaubwürdig**, weil sie uns als Leser live an der **Rekonstruktion ihres Lebens** teilhaben lässt.

Der Roman ist keine abgeklärte Informationsschrift, sondern gezeichnet von der Auseinandersetzung mit dieser Situation

Authentizität und Glaubwürdigkeit der Erzählerin

Siri Sellin erzählt sehr persönlich, **subjektiv**, und **wechselt** deshalb auch die **Erzählformen**, vom „ich" zum „wir". Auch aus der dritten Person wird erzählt („er, sie"). Wenn es Siri schlecht geht, schafft sie **Abstand**, indem auch sie sich in der **dritten Person** zu Wort meldet:

subjektive Erzählweise, Perspektivwechsel

Distanz durch 3. Person

> „Sie taumelte durch ein seelisches Niemandsland, haltlos in ihren Gefühlen und nächtlichen Träumen. [...] Und deshalb las Siri in ihrer Hilflosigkeit wie besessen alles, was sie über Zwillinge finden konnte."

Zitat, S. 102

In Erzählpassagen, Gesprächen, Dialogen und inneren Monologen wechselt die **Stimmung**. Diese hängt einmal vom **Erzählgestus** ab, aber auch davon, wie sich die Erzählerin fühlt oder welche **Entwicklungsphase** sie durchläuft. Dabei versucht sie permanent, Ausdrücke und Formulierungen für sich und ihre Situation zu finden, was sie auch zu einer **Sprachschöpferin** werden lässt. Die hochgradige Emotionalität und die dauernde Suche nach Begriffen, Wörtern und Vergleichen halten den Leser in Atem:

emotionale Schwankungen im Erzählgestus

Suche nach Artikulationsmöglichkeiten der Klon-Situation

> Und Siri fragte Iris: „Habe ich wirklich keinen richtigen Vater? Erklär es mir bitte noch einmal ganz genau."
> Iris holte den sorgfältig aufbewahrten Artikel von Mortimer G. Fisher über seine erste Menschenklonierung aus ihrem Schreibtisch. Wie aus einer Iris-Eizelle ein Iris-Klon gemacht

Zitat, S. 72 f.

worden war, erklärte sie Siri anhand der Fotos, und dass sie genau wie eineiige Zwillinge waren.

„Und die verstehen sich und mögen sich deshalb besonders", sagte Iris. Zusammen bewunderten sie das Foto des Siri-Iris-Zweizellers und dann das Bild des Siri-Iris-Fötus: „Da warst du gerade sechzehn Wochen alt."

„Dann bist du meine Muzwi!", rief Siri und klatschte in die Hände.

„Wie bitte?"

„Mein Mutterzwilling! Muzwi, Muzwi", trällerte Siri.

„Daran könnte ich mich sogar gewöhnen, das klingt ganz lustig."

„Und ein Klon-Junge hat dann einen Vazwi! Vazwi!" Siri wiederholte ihre Worterfindungen und freute sich über ihre tolle Idee.

Die Tonlage ihres **Erzählstils** ist sehr wandelbar. So kann sie sehr **nüchtern und klar** den Krankheitszustand ihrer Mutter beschreiben, wobei sie sich nicht scheut, auch nach innen zu schauen:

Erzählstil:
– nüchtern, klar

> Immer mehr Nervenleitungen waren durch die Entzündungsherde unterbrochen oder gestört. An manchen Tagen meinte sie regelrecht zu hören, wo diese Kabelbrände aufflammten und zerstörerisch knisterten. Dann verwickelten sich auch Iris' Gedanken wie unordentliche Wollfäden und sie fand keinen Anfang und kein Ende. Von Zeit zu Zeit rissen die Gedanken mitten entzwei, dann wusste sie nicht mehr weiter, vergaß Dinge und suchte die Zusammenhänge. Wenn Iris ihre Musikeinfälle notieren wollte, traf sie mit der Feder kaum noch die Notenlinien. Daniela half ihr dann und schrieb alles ins Reine. Und nun auch noch dieses Konzert! Die vergangene Aufregung ließ ihre Hände und Beine noch mehr zittern.

Zitat, S. 120

Auf der andern Seite ist sie **anklagend und provozierend**, als sie z. B. das Zwillingstreffen kommentiert:

– anklagend, provozierend

> Die Einheit der Zwillingspaare, die hierher gekommen waren, war echt. Denn alle waren gleich frei oder gleich unfrei. Echte Zwillinge entstehen miteinander, einen gibt es ohne den anderen nicht. Die Einheit aber, die du [Anm.: gemeint ist Iris, WB] mir vorgespielt hattest, seit ich mich erinnern konnte, war unecht. Ich war ein Abbild und du das Vorbild. Du ließest mich herstellen, allein du hattest die Macht. Ohne dich würde ich nicht existieren. Ich würde niemals hierher gehören.
>
> Diese ganze Zwillingsseligkeit, die mir Angst gemacht hatte, war unerträglich.

Zitat, S. 101

Hat sie sich beruhigt, gelingen ihr poetische **Vergleiche:** — *poetische Vergleiche*

> Ich konnte mich in keinen schönen blauen Schmetterling mehr verwandeln und am Ende nur eintrocknen und zerfallen wie diese dumme, unglückliche Raupe.

Zitat, S. 102

Ihr Engagement zieht den **Leser** – zugegeben eher pamphletisch – mit in die Verantwortung, sodass er sich **angesprochen** fühlen muss.

Leser als Adressat

> Viel zu einfach habt ihr es euch gemacht, ihr Einlinge! Eure Rechnung hieß: Klon ist gleich Zwilling. [...]
>
> Das Wort Klonen, das in aller Munde war, ist ein technischer Begriff, wertfrei und neutral. Ich aber will moralisch sein und habe ein moralisches Wort geschaffen, das ich euch vor die Füße spucke: Sprecht besser nicht mehr vom Klonen oder von uns Klonen, sprecht von *Missbrut!*
>
> Dieses Wort ähnelt dem Begriff Missbrauch und genau das ist beabsichtigt. Denn moralisch obszön sind beide und auch die Opfer leiden ähnlich. [...] Stumm schreien die Missbrauchten um Hilfe – genau wie ich, als ich ohnmächtig wurde und mein Kopf auf die Klaviertasten schlug.

Zitat, S. 103 f.

Mit dem Schlusssatz kehrt Siri zu ihrer eigenen Situation zurück. Damit ist ihre streitbare Kunst nicht nur Pamphlet, sondern durch ihre ganze Existenz veranschaulicht.

Auch der **Humor** kommt nicht zu kurz. Als Siri sich beim Zwillingstreffen anmeldet, schildert die Autorin die Situation folgendermaßen:

Humor

> Als Siri sich in die Teilnehmerliste eintrug, überprüfte die Sekretärin ihre Anmeldung und fragte, ob die Zwillingsschwester Iris noch nachkäme.
>
> „Die ist leider krank geworden, eine schwere Grippe", log Siri.
>
> „Schade, dann können Sie morgen ja gar nicht an unserem Hauptwettbewerb teilnehmen. Wir suchen das ähnlichste Paar – und Sie sind doch eineiige Zwillinge?", fragte die Sekretärin.
>
> „Eineiiger geht's gar nicht", sagte Siri. „Ei im Ei, richtig klonig. Gingko statt Bingo!"

Zitat, S. 97

Denkanregungen

Durch das, was er alles über das Klonen erfahren hat, fühlt sich der Leser bereichert. So wäre es ihm ein Leichtes, selbst eine Schrift gegen das Klonen zu verfassen. Schließlich bietet der Anhang „*Was kann die Wissenschaft?*" (S. 185 ff.) eine allgemein verständliche und solide **Einführung in die Gentechnik**, sodass man Grundlegendes erfährt. Manchen Leser wird es sogar reizen, eines der Bücher, auf die sich Charlotte Kerner stützt (vgl. „*Quellen und Danksagung*", S. 203 ff.), in die Hand zu nehmen.

Vermittlung von Faktenwissen zum den Themen Gentechnik und Klonen

Die abwechslungsreiche und provozierende Erzählart der Autorin regt den Leser ferner an, seine **Haltung zum Klonen von Menschen** zu überdenken. Alles mündet in die Frage: Darf man alles, was man kann? Wo liegen die ethischen Grenzen wissenschaftlichen Tuns?

zum Nachdenken provozierende Erzählweise:
– persönliche Haltung zum Klonen
– ethische Grenzen von Wissenschaft

Die meisten Menschen identifizieren mit der freien medizinisch-technischen Entwicklung den Fortschritt. Wer nicht für die unbegrenzte **Freiheit der Forschung** eintritt, gilt leicht als fortschrittsfeindlich, konservativ und moralisierend. Das Buch hilft, sich dieser Vorwürfe zu erwehren und zu entledigen. Wer die Gedanken und Probleme eines Klonkindes wie Siri vor Augen hat, der argumentiert aus der **Innenperspektive** eines leibhaftigen, wenn auch fiktiven Menschen. Er kann sich auf konkrete Situationen und Erfahrungen Siris beziehen, um seine Vorbehalte gegen das Klonen von Menschen zu verdeutlichen.

Wissenschaftliche Entwicklung und Fortschritt

Vorbehalte aus der Perspektive eines Menschen

Auch findet man Rückhalt, wenn man die **Grenzen menschlichen Handelns** in den gesellschaftlich-politischen Rahmen der zweiten Hälfte des 20. Jahrhunderts einbettet. Die Ölkrise der 70er-Jahre, das Reaktorunglück von Tschernobyl 1986 sowie die Veränderung der Ozonschicht und die Klimaerwärmung haben den Menschen offenbart, dass sie die Erde nicht grenzenlos ausbeuten und nicht jede Technologie gefahrlos einsetzen können.

Grenzen des Wachstums

Überall macht sich Skepsis gegen das freie Schalten und Walten der Menschen breit. Die Grenzen des Wachstums treffen sich insofern mit den Bedenken gegen das Klonen, weil sie ein Umdenken im Sinne einer **vernünftigen Selbstbeschränkung** einfordern.

Forderung: Selbstbeschränkung des Menschen

Notizen

✏ **Notizen**

Ihre Meinung ist uns wichtig!

Ihre Anregungen sind uns immer willkommen. Bitte informieren Sie uns mit diesem Schein über Ihre Verbesserungsvorschläge!

Titel-Nr.	Seite	Vorschlag

Bitte hier abtrennen

Die echten Hilfen zum Lernen... **STARK**

17-V1T

Bitte ausfüllen und im frankierten Umschlag an uns einsenden. Für Fensterkuverts geeignet.

Zutreffendes bitte ankreuzen!

Die Absenderin/der Absender ist:
- ☐ Lehrer/in in den Klassenstufen:
- ☐ Fachbetreuer/in
  - Fächer:
- ☐ Seminarlehrer/in
  - Fächer:
- ☐ Regierungsfachberater/in
  - Fächer:
- ☐ Oberstufenbetreuer/in

- ☐ Schulleiter/in
- ☐ Referendar/in, Termin 2. Staatsexamen:
- ☐ Leiter/in Lehrerbibliothek
- ☐ Leiter/in Schülerbibliothek
- ☐ Sekretariat
- ☐ Eltern
- ☐ Schüler/in, Klasse:
- ☐ Sonstiges:

Unterrichtsfächer: (Bei Lehrkräften!)

**STARK Verlag
Postfach 1852
85318 Freising**

Kennen Sie Ihre Kundennummer?
Bitte hier eintragen.

Absender (Bitte in Druckbuchstaben!)

Name/Vorname

Straße/Nr.

PLZ/Ort

Telefon privat Geburtsjahr

E-Mail-Adresse

Schule/Schulstempel (Bitte immer angeben!)

Bitte hier abtrennen

Sicher durch das Abitur!

Effektive Abitur-Vorbereitung für Schülerinnen und Schüler:
Klare Fakten, systematische Methoden, prägnante Beispiele sowie Übungsaufgaben auf Abiturniveau mit erklärenden Lösungen zur Selbstkontrolle.

Mathematik

Titel	Best.-Nr.
Analysis Pflichtteil – Baden-Württemberg	84001
Analysis Wahlteil – Baden-Württemberg	84002
Analytische Geometrie Pflicht-/Wahlteil BW	84003
Analysis – LK	94002
Analysis – gk	94001
Analytische Geometrie und lineare Algebra 1	94005
Analytische Geometrie und lineare Algebra 2	54008
Stochastik – LK	94003
Stochastik – gk	94007
Kompakt-Wissen Abitur Analysis	900151
Kompakt-Wissen Abitur Analytische Geometrie	900251
Kompakt-Wissen Abitur Wahrscheinlichkeitsrechnung und Statistik	900351
Wiederholung Geometrie	90010
Wiederholung Algebra	90009

Physik

Titel	Best.-Nr.
Elektrisches und magnetisches Feld (LK)	94308
Elektromagnetische Schwingungen und Wellen (LK)	94309
Atom- und Quantenphysik (LK)	943010
Kernphysik (LK)	94305
Physik 1 (gk)	94321
Physik 2 (gk)	94322
Kompakt-Wissen Abitur Physik 1 Mechanik, Wärmelehre, Relativitätstheorie	943012
Kompakt-Wissen Abitur Physik 2 Elektrizität, Magnetismus und Wellenoptik	943013
Kompakt-Wissen Abitur Physik 3 Quanten, Kerne und Atome	943011

Chemie

Titel	Best.-Nr.
Training Methoden Chemie	947308
Chemie 1 – Baden-Württemberg	84731
Chemie 2 – Baden-Württemberg	84732
Chemie 1 – Bayern LK K 12	94731
Chemie 2 – Bayern LK K 13	94732
Chemie 1 – Bayern gk K 12	94741
Chemie 2 – Bayern gk K 13	94742
Rechnen in der Chemie	84735
Abitur-Wissen Protonen und Elektronen	947301
Abitur-Wissen Struktur der Materie und Kernchemie	947303
Abitur-Wissen Stoffklassen organischer Verbindungen	947304
Abitur-Wissen Biomoleküle	947305
Abitur-Wissen Biokatalyse u. Stoffwechselwege	947306
Abitur-Wissen Chemie am Menschen – Chemie im Menschen	947307
Kompakt-Wissen Abitur Chemie Organische Stoffklassen Natur-, Kunst- und Farbstoffe	947309
Kompakt-Wissen Abitur Chemie Anorganische Chemie, Energetik, Kinetik, Kernchemie	947310

Biologie

Titel	Best.-Nr.
Training Methoden Biologie	94710
Biologie 1 – Baden-Württemberg	84701
Biologie 2 – Baden-Württemberg	84702
Biologie 1 – Bayern LK K 12	94701
Biologie 2 – Bayern LK K 13	94702
Biologie 1 – Bayern gk K 12	94715
Biologie 2 – Bayern gk K 13	94716
Chemie für Biologen	54705
Abitur-Wissen Genetik	94703
Abitur-Wissen Neurobiologie	94705
Abitur-Wissen Verhaltensbiologie	94706
Abitur-Wissen Evolution	94707
Abitur-Wissen Ökologie	94708
Abitur-Wissen Zell- und Entwicklungsbiologie	94709
Kompakt-Wissen Biologie Zellbiologie · Genetik · Neuro- und Immunbiologie Evolution – Baden-Württemberg	84712
Kompakt-Wissen Abitur Biologie Zellen und Stoffwechsel Nerven, Sinne und Hormone · Ökologie	94712
Kompakt-Wissen Abitur Biologie Genetik und Entwicklung Immunbiologie · Evolution · Verhalten	94713
Lexikon Biologie	94711

Geschichte

Titel	Best.-Nr.
Training Methoden Geschichte	94789
Geschichte 1 – Baden-Württemberg	84761
Geschichte 2 – Baden-Württemberg	84762
Geschichte 1 – Bayern	94781
Geschichte 2 – Bayern	94782
Geschichte 1 – NRW	54761
Geschichte 2 – NRW	54762
Geschichte 1	84761A
Geschichte 2	84762A
Abitur-Wissen Die Antike	94783
Abitur-Wissen Das Mittelalter	94788
Abitur-Wissen Die Französische Revolution	947810
Abitur-Wissen Die Ära Bismarck: Entstehung und Entwicklung des deutschen Nationalstaats	94784
Abitur-Wissen Imperialismus und Erster Weltkrieg	94785
Abitur-Wissen Die Weimarer Republik	47815
Abitur-Wissen Nationalsozialismus und Zweiter Weltkrieg	94786
Deutschland von 1945 bis zur Gegenwart	947811
Kompakt-Wissen Abitur Geschichte Oberstufe	947601
Lexikon Geschichte	94787

Wirtschaft/Recht

Titel	Best.-Nr.
Betriebswirtschaft	94851
Abitur-Wissen Volkswirtschaft	94881
Abitur-Wissen Rechtslehre	94882
Kompakt-Wissen Abitur Volkswirtschaft	948501

(Bitte blättern Sie um)

Politik

Abitur-Wissen Internationale Beziehungen .... Best.-Nr. 94802
Abitur-Wissen Demokratie .... Best.-Nr. 94803
Abitur-Wissen Sozialpolitik .... Best.-Nr. 94804
Abitur-Wissen Die Europäische Einigung .... Best.-Nr. 94805
Abitur-Wissen Politische Theorie .... Best.-Nr. 94806
Kompakt-Wissen Abitur Politik/Sozialkunde .... Best.-Nr. 948001
Lexikon Politik/Sozialkunde .... Best.-Nr. 94801

Erdkunde

Training Methoden Erdkunde .... Best.-Nr. 94901
Geographie Atmosphäre · Küstenlandschaften in Europa
Wirtschaftsprozesse und -strukturen –
Baden-Württemberg .... Best.-Nr. 84902
Erdkunde Relief- und Hydrosphäre · Wirtschaftsprozesse
und -strukturen · Verstädterung .... Best.-Nr. 84901A
Abitur-Wissen GUS-Staaten/Russland .... Best.-Nr. 94908
Abitur-Wissen Entwicklungsländer .... Best.-Nr. 94902
Abitur-Wissen USA .... Best.-Nr. 94903
Abitur-Wissen Europa .... Best.-Nr. 94905
Abitur-Wissen Asiatisch-pazifischer Raum .... Best.-Nr. 94906
Kompakt-Wissen Abitur Erdkunde
Allgemeine Geografie · Regionale Geografie ...... Best.-Nr. 949010
Lexikon Erdkunde .... Best.-Nr. 94904

Deutsch

Training Methoden Deutsch .... Best.-Nr. 944062
Dramen analysieren und interpretieren .... Best.-Nr. 944092
Erörtern und Sachtexte analysieren .... Best.-Nr. 944094
Gedichte analysieren und interpretieren .... Best.-Nr. 944091
Epische Texte analysieren und interpretieren ..... Best.-Nr. 944093
Übertritt in die Oberstufe .... Best.-Nr. 90409
Abitur-Wissen
Erörtern und Sachtexte analysieren .... Best.-Nr. 944064
Abitur-Wissen Textinterpretation .... Best.-Nr. 944061
Abitur-Wissen Deutsche Literaturgeschichte ...... Best.-Nr. 94405
Abitur-Wissen Prüfungswissen Oberstufe .... Best.-Nr. 94400
Kompakt-Wissen Rechtschreibung .... Best.-Nr. 944065
Lexikon Autoren und Werke .... Best.-Nr. 944081

Ethik

Ethische Positionen
in historischer Entwicklung (gk) .... Best.-Nr. 94951
Abitur-Wissen Philosophische Ethik .... Best.-Nr. 94952
Abitur-Wissen Glück und Sinnerfüllung .... Best.-Nr. 94953
Abitur-Wissen Freiheit und Determination .... Best.-Nr. 94954
Abitur-Wissen Recht und Gerechtigkeit .... Best.-Nr. 94955
Abitur-Wissen Religion und Weltanschauungen .... Best.-Nr. 94956
Abitur-Wissen
Wissenschaft – Technik – Verantwortung .... Best.-Nr. 94957
Abitur-Wissen Politische Ethik .... Best.-Nr. 94958
Lexikon Ethik und Religion .... Best.-Nr. 94959

Pädagogik / Psychologie

Grundwissen Pädagogik .... Best.-Nr. 92480
Grundwissen Psychologie .... Best.-Nr. 92481

Latein

Abitur-Wissen Lateinische Literaturgeschichte ...... Best.-Nr. 94602
Wiederholung Grammatik .... Best.-Nr. 94601
Wortkunde .... Best.-Nr. 94603
Kompakt-Wissen Kurzgrammatik .... Best.-Nr. 906011

Französisch

Landeskunde Frankreich .... Best.-Nr. 94501
Themenwortschatz .... Best.-Nr. 94503
Literatur .... Best.-Nr. 94502
Abitur-Wissen Literaturgeschichte .... Best.-Nr. 94506
Kompakt-Wissen Abitur Themenwortschatz .... Best.-Nr. 945010
Kompakt-Wissen Kurzgrammatik .... Best.-Nr. 945011

Religion

Katholische Religion 1 (gk) .... Best.-Nr. 84991
Katholische Religion 2 (gk) .... Best.-Nr. 84992
Abitur-Wissen gk ev. Religion
Der Mensch zwischen Gott und Welt .... Best.-Nr. 94973
Abitur-Wissen gk ev. Religion
Die Verantwortung des Christen in der Welt .... Best.-Nr. 94974
Abitur-Wissen Glaube und Naturwissenschaft ...... Best.-Nr. 94977
Abitur-Wissen Jesus Christus .... Best.-Nr. 94978
Abitur-Wissen Die Frage nach dem Menschen ...... Best.-Nr. 94990
Abitur-Wissen Die Bibel .... Best.-Nr. 94992
Abitur-Wissen Christliche Ethik .... Best.-Nr. 94993
Lexikon Ethik und Religion .... Best.-Nr. 94959

Sport

Bewegungslehre .... Best.-Nr. 94981
Trainingslehre .... Best.-Nr. 94982

Kunst

Abitur-Wissen Kunst Grundwissen Malerei .... Best.-Nr. 94961
Abitur-Wissen Kunst Analyse und Interpretation .. Best.-Nr. 94962

Englisch

Übersetzungsübung .... Best.-Nr. 82454
Grammatikübung .... Best.-Nr. 82452
Themenwortschatz .... Best.-Nr. 82451
Grundlagen der Textarbeit .... Best.-Nr. 94464
Sprachmittlung .... Best.-Nr. 94469
Textaufgaben Literarische Texte und Sachtexte
Baden-Württemberg .... Best.-Nr. 84468
Textaufgaben Literarische Texte und Sachtexte .... Best.-Nr. 94468
Grundfertigkeiten des Schreibens .... Best.-Nr. 94466
Sprechfertigkeit mit CD .... Best.-Nr. 94467
Englisch – Übertritt in die Oberstufe .... Best.-Nr. 82453
Abitur-Wissen Landeskunde Großbritannien .... Best.-Nr. 94461
Abitur-Wissen Landeskunde USA .... Best.-Nr. 94463
Abitur-Wissen Literaturgeschichte .... Best.-Nr. 94465
Kompakt-Wissen Abitur Themenwortschatz .... Best.-Nr. 90462
Kompakt-Wissen Kurzgrammatik .... Best.-Nr. 90461
Kompakt-Wissen Abitur Landeskunde/Literatur .. Best.-Nr. 90463
Kompakt-Wissen Abitur
Landeskunde/Literatur – NRW .... Best.-Nr. 50463

Bestellungen bitte direkt an: STARK Verlagsgesellschaft mbH & Co. KG
Postfach 1852 · 85318 Freising · Tel: 08161 / 179-0 · FAX: 08161 / 179-51
Internet: www.stark-verlag.de · E-Mail: info@stark-verlag.de